普通高等教育"十三五"汽车类规划教材

汽车造型设计工程基础

主　编　柯善军

副主编　刘红杰　魏　莹

主　审　高　敏

机械工业出版社

造型是消费者选购汽车时的第一印象。造型设计已经成为汽车产品开发过程中非常重要的一环。本书面向汽车造型设计工作需求，结合作者多年从事汽车造型设计教学及实践的经验，系统梳理、讲述了汽车造型设计人员在汽车产品造型设计过程中需具备的工程技术基础知识。按照与汽车造型设计的相关性，依次介绍了汽车与汽车工业、汽车构造、汽车性能、汽车空气动力学、车身制造工艺以及汽车人机工程学。

本书旨在帮助热爱和从事汽车造型设计的人员，学习与汽车造型相关的工程技术基础知识。本书既可以作为普通高等院校汽车造型设计专业的教材，也可以作为汽车造型设计从业人员及爱好者的参考书。

本书配有课件，可免费赠送给采用本书作为教材的教师，可登录www.cmpedu.com 下载，或联系编辑（tian. lee9913@163. com）索取。

图书在版编目（CIP）数据

汽车造型设计工程基础/柯善军主编 . —北京：机械工业出版社，2019. 7

普通高等教育"十三五"汽车类规划教材

ISBN 978-7-111- 63219-1

Ⅰ. ①汽… Ⅱ. ①柯… Ⅲ. ①汽车—造型设计—高等学校—教材 Ⅳ. ①U462. 2

中国版本图书馆 CIP 数据核字（2019）第 143051 号

机械工业出版社（北京市百万庄大街 22 号　邮政编码 100037）
策划编辑：宋学敏　责任编辑：宋学敏　段晓雅　任正一
责任校对：潘　蕊　封面设计：张　静
责任印制：郜　敏
北京圣夫亚美印刷有限公司印刷
2019 年 9 月第 1 版第 1 次印刷
184mm×260mm · 11. 5 印张 · 282 千字
标准书号：ISBN 978-7-111-63219-1
定价：32. 00 元

电话服务　　　　　　　　网络服务
客服电话：010-88361066　　机 工 官 网：www.cmpbook.com
　　　　　010-88379833　　机 工 官 博：weibo. com/cmp1952
　　　　　010-68326294　　金 书 网：www.golden-book.com
封底无防伪标均为盗版　　机工教育服务网：www.cmpedu.com

前　言

汽车是大规模生产的民用产品中最为复杂的工业产品，汽车产业关联度高，产业链长，对国家经济和地区经济具有巨大的拉动效应。因此汽车产业在经济发展中的地位越来越突出，并逐渐成为各主要工业国家的支柱产业。我国汽车工业创建于20世纪60年代，经历了改革开放以后的全面发展和21世纪以来的高速增长过程，汽车产品由提高劳动效率的生产工具，逐渐转变成为人民群众改善生活的消费品，这决定了今天汽车产品的"高技术、高情感"特性。汽车造型设计也因此成为融合技术复杂性、情感抽象性和需求多样性的多进程、多领域交叉的设计活动。这就要求汽车造型设计人员必须具备相对全面的汽车工程技术基础知识，具备将造型的艺术情感性与工程的技术复杂性融合的能力。然而，当前汽车工程技术的书籍专业性很强，不适合造型设计人员对汽车工程技术知识浅而广的要求。

本书面向汽车造型设计人员在汽车产品造型设计过程中的工程技术基础知识需求，按照与汽车造型设计的相关性，依次介绍了汽车与汽车工业、汽车构造、汽车性能、汽车空气动力学、车身制造工艺以及汽车人机工程学。

第1章由重庆邮电大学魏莹编写，介绍了与汽车造型设计相关的汽车基本概念、汽车历史与文化、汽车的基本特征，主要内容包括汽车的定义与分类、汽车及汽车工业的发展、汽车基本组成与行驶原理。

第2～5章由重庆理工大学柯善军编写，按照与造型设计的相关性由弱到强的次序，分别介绍了汽车构造、汽车性能、汽车空气动力学、车身制造工艺。

第6章由重庆理工大学刘红杰和李牧阳、重庆师范大学陈昊以及重庆交通大学林立编写，以汽车造型设计前期的人体布置为线索，讲解了汽车人机工程的人体模型和工具、相关定位基准和尺寸代号、汽车造型和内饰设计相关的人机工程学工作以及汽车人机工程学软件。

本书的编写得到了重庆理工大学米林教授、重庆大学郭钢教授及许多老师的指导和帮助，在此一并表示感谢。本书由重庆理工大学柯善军统稿，并由重庆大学高敏教授主审，感谢高敏教授为本书的编写提出了许多宝贵的意见。此外，本书在编写过程中，参考了大量车辆工程及相关专业书籍和网络资料，在此对相关人员表示衷心的感谢。

由于编者水平有限，书中难免有所疏漏，欢迎读者提出宝贵意见，电子邮箱：shanjunke@cqut.edu.cn。

编　者

目　录

第1章

汽车与汽车工业

1.1 汽车的定义与分类

1.1.1 汽车的定义

　　汽车作为一种交通工具，变革了人类的出行方式，促进了人类社会的发展与繁荣。与汽车一样在陆地上用轮子转动的交通工具，还包括铁路机车、摩托车，以及各种人力和畜力车辆等。那么，汽车与其他陆上交通工具是如何区分的？人们又是如何定义汽车的呢？出于对汽车及交通运输管理的需要，每个国家对汽车的定义并不完全一样。

　　美国对汽车的定义，由汽车工程师协会标准SAE J687C中给出。汽车是指由本身携带的动力驱动（不包括人力、畜力和风力），装有驾驶操纵装置，在固定轨道以外的道路或地域上运送客货或牵引车辆的车辆。日本工业标准JISK 0101中对汽车的定义是：自身装有动力和操纵装置，不依靠固定轨道和架线能在陆上行驶的车辆。在德国，汽车被定义为使用液体燃料，用内燃机驱动，具有三个或三个以上车轮，用于载运客货的车辆。美国的汽车定义指出了汽车的用途但没有规定车轮数量，因此摩托车也属于汽车的范畴；日本对汽车的定义则相对较宽泛，甚至没有指明汽车的用途，因此儿童电动玩具车也是汽车；而德国对汽车的定义明显带有历史的原因，特别强调使用液体燃料的内燃机作为动力装置，是因为德国人卡尔·本茨在1886年获得了用汽油机驱动的三轮车的专利。

　　按照我国国家标准GB/T 3730.1—2001《汽车和挂车类型的术语和定义》，我国对汽车的定义是：由动力驱动，具有四个或四个以上车轮的非轨道承载的车辆，主要用于载运人员和（或）货物、牵引载运人员和（或）货物的车辆、特殊用途。标准还指出，该术语还包含与电力线相连的车辆（如无轨电车）以及整车整备质量超过400kg的三轮车辆。我国对汽车的定义包含了四方面的含义：界定驱动动力类型，包括各种类型的发动机或电动机，但不包含人力、畜力；明确车轮数量四个及以上，但整备质量超过400kg的三轮车也属于汽车的范畴；限制承载方式不依赖轨道，因此有轨电车不属于汽车；规定用途范畴，即载运客货或其他特殊用途。

1.1.2 汽车的分类

　　按照我国对汽车的定义，很多陆上交通工具都可归为汽车的范畴。为方便交通运输管理，需要对不同的汽车，依据其使用用途、结构形式等进行分类，以制定不同的管理法规、规范。我国现行的汽车分类标准GB/T 3730.1—2001《汽车和挂车类型的术语和定义》是从

2004 年开始实施的，用以替代原标准 GB/T 3730.1—1988《汽车产品型号编制规则》。

原标准将汽车划分为八大类，分别为载货汽车、越野汽车、自卸汽车、牵引车、专用汽车、客车、轿车、半挂车。因分类模糊，且与国际标准不一致，于 2004 年被废止，但仍有部分企业在使用。现行标准按照使用用途将汽车分为乘用车和商用车两大类，其中乘用车又包含 11 个小类别，商用车则分为客车、半挂牵引车及货车三个子类。此外，标准 GB/T 3730.1—2001《汽车和挂车类型的术语和定义》还定义了其他两个类型的车辆，分别为挂车及汽车列车。

1. 乘用车（Passenger Car）

乘用车是指在其设计和技术特性上主要用于载运乘客及其随身行李和/或临时物品的汽车，包括驾驶人座位在内最多不超过 9 个座位。它也可以牵引一辆车，包含以下 11 种类型。图 1-1 所示为部分类型的乘用车。

图 1-1　部分类型的乘用车

(1) 普通乘用车（Saloon、Sedan）　普通乘用车具有以下特征：封闭式车身，侧窗中柱有或无；固定式硬车顶盖，有的顶盖一部分可以开启；4 个及以上座位，至少两排，后座椅可折叠或移动，以形成装载空间；2 个或 4 个侧门，可有一后开启门。

(2) 活顶乘用车（Convertible Saloon）　活顶乘用车具有以下特征：具有固定侧围框架的可开启式车身；硬或软车顶盖，至少有两个位置（封闭，开启或拆除），可开启式车身可以通过使用一个或数个硬顶部件和/或合拢软顶将开启的车身关闭；4 个及以上座位，至少两排；2 个或 4 个侧门；4 个及以上侧窗。

(3) 高级乘用车（Pullman Saloon、Pullman Sedan、Executive Limousine）　高级乘用车具有以下特征：封闭式车身，前后座之间可以设有隔板；固定式硬车顶盖，有的顶盖一部分可以开启；4 个及以上座位，至少两排，后排座椅前可安装折叠式座椅；4 个或 6 个侧门，

可有一个后开启门；6个及以上侧窗。

（4）小型乘用车（Coupe）　小型乘用车具有以下特征：封闭式车身，通常后部空间较小；固定式硬车顶盖，有的顶盖一部分可以开启；2个及以上座位，至少一排；2个侧门，可有一个后开启门；2个及以上侧窗。

（5）敞篷车（Convertible、Open Tourer、Roadster、Spider）　敞篷车具有以下特征：可开启式车身；软或硬车顶盖，至少有两个位置（第一个位置遮覆车身，第二个位置车顶卷收或可拆除）；2个及以上座位，至少一排；2个或4个侧门；2个及以上侧窗。

（6）仓背式乘用车（Hatchback）　仓背式乘用车具有以下特征：封闭式车身，侧窗中柱有或无；固定式硬顶盖，有的顶盖一部分可以开启；4个及以上座位，至少两排，后座椅可折叠或可移动，以形成一个装载空间；2个或4个侧门，车身后部有一仓门。

（7）旅行车（Station Wagon）　旅行车具有以下特征：封闭式车身；固定式硬顶盖，有的顶盖一部分可以开启；4个及以上座位，至少两排，座椅的一排或多排可拆除，或装有向前翻倒的座椅靠背，以提供装载平台；2个或4个侧门，并有一后开启门；4个或4个以上侧窗。

（8）多用途乘用车（Multipurpose Passenger Car）　多用途乘用车是上述（1）～（7）车辆以外的，只有单一车室载运乘客及其行李或物品的乘用车。但如果这种车辆同时具有下列两个条件，则不属于乘用车而属于货车：① 除驾驶人以外的座位数不超过6个（只要车辆具有可使用的座椅安装点，就应算"座位"存在）；② $P - (M + N \times 68) > N \times 68$（式中，$P$ 为最大设计总质量；M 为整车整备质量与1位驾驶人质量之和；N 为除驾驶人以外的座位数）。

（9）短头乘用车（Forward Control Passenger Car）　乘用车的一种，其一半以上的发动机长度位于车辆前风窗玻璃最前点以后，并且转向盘的中心位于车辆总长的前四分之一部分内。

（10）越野乘用车（Off-road Passenger Car）　越野乘用车指在其设计上所有车轮同时驱动（包括一个驱动轴可以脱开的车辆），或其几何特性（接近角、离去角、纵向通过角，最小离地间隙）、技术特性（驱动轴数、差速锁止机构或其他型式机构）和它的性能（爬坡度）允许在非道路上行驶的一种乘用车。

（11）专用乘用车（Special Purpose Passenger Car）　专用乘用车指运载乘员或物品并完成特定功能的乘用车，它具备完成特定功能所需的特殊车身和/或装备，如旅居车、防弹车、救护车、殡仪车等。

1）旅居车（Motor Caravan），是一种至少具有下列生活设施结构的乘用车：座椅和桌子；睡具，可由座椅转换而来；炊事设施；储藏设施。

2）防弹车（Armoured Passenger Car），是指用于保护所运送的乘员和/或物品并符合装甲防弹要求的乘用车。

3）救护车（Ambulance），是指用于运送病人或伤员并为此目的配有专用设备的乘用车。

4）殡仪车（Hearse），是指用于运送死者并为此目的而配有专用设备的乘用车。

2. 商用车（Commercial Vehicle）

商用车指不包括乘用车，在设计和技术特性上用于运送人员和货物的汽车，并且可以牵引挂车，包含以下三个类别及其子类。

（1）客车（Bus） 客车指在设计和技术特性上用于载运乘客及其随身行李的商用车辆，包括驾驶人座位在内座位数超过9座，有单层的或双层的，也可牵引一挂车。据其使用用途及容量大小和使用环境等的差异，客车又可分为八个小类。图1-2所示为部分类型的客车。

城市客车　　　　　　　　　　长途客车

越野客车　　　　　　　铰接客车/无轨电车

图1-2　部分类型的客车

1）小型客车（Minibus），用于载运乘客，除驾驶人座位外，座位数不超过16座的客车。

2）城市客车（City-bus），是指一种为城市内运输而设计和装备的客车。这种车辆设有座椅及乘客站立的位置，并有足够的空间供频繁停站时乘客上下车走动用。

3）长途客车（Interurban Coach），是指一种为城间运输而设计和装备的客车。这种车辆没有专供乘客站立的位置，但在其通道内可载运短途站立的乘客。

4）旅游客车（Touring Coach），是指一种为旅游而设计和装备的客车。这种车辆的布置要确保乘客的舒适性，不载运站立的乘客。

5）铰接客车（Articulated Bus），是指一种由两节刚性车厢铰接组成的客车。两节刚性车厢永久联接，只有在工厂车间使用专用的设施才能将其拆开。在这种车辆上，两节车厢是相通的，乘客可通过铰接部分在两节车厢之间自由走动。这种车辆可以按2）~4）进行装备。

6）无轨电车（Trolley Bus），是指一种经架线由电力驱动的客车。这种电车可指定用作多种用途，并按2）、3）和5）进行装备。

7）越野客车（Off-road Bus），指在其设计上所有车轮同时驱动（包括一个驱动轴可以脱开的车辆）或其几何特性（接近角、离去角、纵向通过角、最小离地间隙）、技术特性（驱动轴数、差速锁止机构或其他型式机构）和它的性能（爬坡度）允许在非道路上行驶的一种车辆。

8）专用客车（Special Bus），指在其设计和技术特性上只适用于需经特殊布置安排后才能载运人员的车辆。

（2）半挂牵引车（Semi-trailer Towing Vehicle）　半挂牵引车指装备有特殊装置用于牵引半挂车的商用车辆，如图 1-3 所示。

图 1-3　半挂牵引车

（3）货车（Goods Vehicle）　货车是一种主要为载运货物而设计和装备的商用车辆，它能否牵引一挂车均可。根据其使用用途及使用环境等的差异，货车又可分为六个小类。图 1-4 所示为部分类型的货车。

普通货车　　　　　　　　　　　　　多用途货车

越野货车　　　　　　　　专用作业车（消防车）

图 1-4　部分类型的货车

1）普通货车（General Purpose Goods Vehicle），是一种在敞开（平板式）或封闭（厢式）载货空间内载运货物的货车。

2）多用途货车（Multipurpose Goods Vehicle），指在其设计和结构上主要用于载运货物，但在驾驶人座椅后带有固定或折叠式座椅，可运载 3 个以上乘客的货车。

3）全挂牵引车（Trailer Towing Vehicle），是一种牵引牵引杆式挂车的货车。它本身可在附属的载运平台上运载货物。

4）越野货车（Off-road Goods Vehicle），指在其设计上所有车轮同时驱动（包括一个驱

动轴可以脱开的车辆）或其几何特性（接近角、离去角、纵向通过角，最小离地间隙）、技术特性（驱动轴数、差速锁止机构或其他型式的机构）和它的性能（爬坡度）允许在非道路上行驶的一种车辆。

5）专用作业车（Special Goods Vehicle），指在其设计和技术特性上用于特殊工作的货车。例如：消防车、救险车，垃圾车、应急车、街道清洗车、扫雪车、清洁车等。

6）专用货车（Specialized Goods Vehicle），指在其设计和技术特性上用于运输特殊物品的货车。例如：罐式车、乘用车运输车、集装箱运输车等。

3. 挂车（Trailer）

挂车指其设计和技术特性需由汽车牵引，才能正常使用的一种无动力的道路车辆，用于载运人员、货物或其他特殊用途，包括牵引杆挂车、半挂车和中置轴挂车三种类型。

牵引杆挂车具有以下特征：至少有两根轴；一轴可转向；通过角向移动的牵引杆与牵引车联结；牵引杆可垂直移动，联结到底盘上，因此不能承受任何垂直力。具有隐藏支地架的半挂车也作为牵引杆挂车。

半挂车指车轴置于车辆重心（当车辆均匀受载时）后面，并且装有可将水平或垂直力传递到牵引车的联结装置的挂车。

中置轴挂车具有以下特征：牵引装置不能垂直移动（相对于挂车），车轴位于紧靠挂车的重心（当均匀载荷时）的挂车，这种车辆只有较小的垂直静载荷作用于牵引车，不超过相当于挂车最大质量的 10% 或 1000N 的载荷（两者取较小者）。其中一轴或多轴可由牵引车来驱动。

4. 汽车列车（Combination Vehicles）

汽车列车是指一辆汽车与一辆或多辆挂车的组合。常见组合形式有：乘用车列车、客车列车、货车列车、牵引杆挂车列车、铰接列车、双挂列车、双半挂列车、平板列车。

1.1.3　乘用车分级

汽车等级是源自德国大众对汽车的一种分级方法，它不是权威的标准，只是大众当初为自己制定平台战略时，制定的一套参考数值，后来被广泛使用。大众公司将车型平台按照大小和定位，分成 A00 级、A0 级、A 级、B 级、C 级、D 级六个级别。A 级（包括 A0 级、A00 级）车是指小型乘用车；B 级车是中档乘用车；C 级车是高档乘用车；而 D 级车指的是豪华乘用车。其等级划分主要依据轴距、排量、重量等参数，字母顺序越靠后，该级别车的轴距越长、排量和重量越大，乘用车的豪华程度也不断提高。

随着技术发展，车型日益丰富，各生产厂商建立起自己的一套分级及命名体系。有些厂商以字母次序表示等级差异，有些厂商则通过数字次序表示等级差异。

1. 奥迪

奥迪和宝马都以字母表示乘用车的类型差异，以数字次序表示乘用车的等级差异，数字越大表示等级越高。以奥迪为例，轿车、旅行车和 MPV 用 Audi 的首字母 A 开头，A2 系列是小型旅行车，A3（A3 3-Door）系列是小型旅行车，A4 系列是运动轿车，A4 Avant 系列是中型旅行车，A4 Cabriolet 系列是敞篷车，A5 系列是跑车，A6（A6L）系列是公务轿车，A6 Avant 系列是大型旅行车，A6 Allroad Quattro 系列是全地形旅行车，A8（A8L）系列是大型公务轿车。S 开头的是运动车，如 S3、S4、S4 Avant、S4 Cabriolet、S5、S6、S6 Avant、S8。

RS 开头的是高性能运动车，如 RS4、RS4 Avant、RS4 Cabriolet。Q 开头的是越野车，如 Q3、Q5、Q7。TT 开头的是跑车，如 TT Coupe、TT Roadster。R 开头的是 GT 跑车，如 R8 GT。

2. 奔驰

奔驰直接以字母及其组合来表示类型和级别。A 级是入门级车，B 级是紧凑车型，C 级为小型轿车，E 级为中级，S 级为高级轿车；CL 和 SL 属于轿跑车型，CL 系列有 CL、CLK 和 CLS 车型，SL 系列有 SL 和 SLR 车型；另外，SLK 属于跑车车型。M 开头的属于 SUV 车型，其中 M 级是一款城市型 SUV，ML 级为豪华型自动四驱 SUV。G 级为越野车，GL 级为超豪华越野车，GLK 级为紧凑型豪华越野车。V 级为多功能厢式车。R 级为旅行车和 MPV。而车型名称中间的数字表示发动机排量，如 280、300 及 500 分别表示发动机排量为 2.8L、3L 及 5L。

3. 标致

标致则以纯数字及其组合来表示类型和级别，分别是中间有一个 0 的三位数组合，如 308，和中间有两个 0 的四位数组合，如 4008。中间一个 0 表示常规车型，中间两个 0 则表明是变体车型，如跨界车。0 前面的数字表明汽车的大小（也就是级别），0 后面的数字表明型号（数字越大，型号越新）。因此，一部标致 406 肯定比一部标致 305 更大更新。这一通用规则也有例外，例如标致 309 就比 306 更老些。另外一些例外都是因为车型改进款，如 206sw，它基本和 4 系列的车差不多大小。

1.1.4 车辆识别代码

车辆识别代码 VIN 是英文 Vehicle Identification Number 的缩写，由 17 位字码组成，所以俗称十七位码。字码由除 I、O 和 Q 以外的大写英文字母和阿拉伯数字 0~9 组成。车辆识别代码也称车架号，就是汽车的身份证号，每辆车的车辆识别代码都不一样，大多在汽车上比较明显的位置，如前风窗玻璃左下角（驾驶人侧），在汽车行驶证上也可以看到。

车辆识别代码由世界制造厂识别代码（Word Manufacturer Identifier，WMI）、车辆说明部分（Vehicle Descriptor Section，VDS）和车辆指示部分（Vehicle Indicator Section，VIS）三部分组成，包含了车辆的生产厂家、年代、车型、车身类型代码、发动机代码及组装地点等信息，如图 1-5 所示。

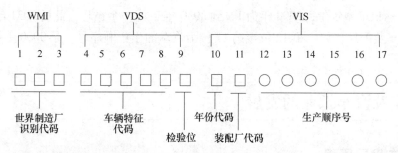

图 1-5 车辆识别代码的组成

1. 世界制造厂识别代码（WMI）

世界制造厂识别代码（WMI）由车辆识别代码（VIN）的前3位字码构成，是国际标准化组织（ISO）分配给各个国家世界制造厂的识别代码，各国再分配给本国的制造厂。

第1个字码是地理区域字码，1~5代表北美洲，S~Z代表欧洲，6和7代表大洋洲，A~H代表非洲，J~R代表亚洲，8、9和0代表南美洲。第2个字码为标明一个特定地区内的一个国家的字码。第3个字码为由国家机构指定的，用来标明某个特定的制造厂的字码。

我国实行的世界制造厂识别代码（WMI）的第1位是L，表示中国，第2位和第3位表示制造厂。如我国一汽轿车的WMI是LFP，上海大众是LSV，一汽大众是LFV，神龙富康是LDC，广州本田是LHG，长安汽车是LS5，上海通用是LSG，北京现代是LNB。

2. 车辆说明部分（VDS）

车辆说明部分（VDS）由车辆识别代码（VIN）的第4位至第9位、共6位字码构成，第4位至第8位用以说明汽车的车系、动力系统、车身类型等车辆的型式特征，第9位为校验码。不同厂家可以进行不同的代码规定，如上汽通用五菱规定：

VIN码的第4位标识车辆类型，A代表乘用车，B代表客车，C代表载货车，D代表非完整车辆。

VIN码的第5位标识车身类型，A代表单排座驾驶室车身，B代表双排座驾驶室车身，C代表单厢式车身，D代表两厢式车身，E代表三厢式车身。

VIN的第6位字码表示车辆最大总质量，A代表总质量大于或等于1t且小于2.5t，B代表总质量大于或等于2.5t且小于3.5t。

VIN码的第7位标识发动机燃油类型，G代表汽油，D代表柴油。

VIN的第8位字码表示发动机排量，A代表排量大于或等于0.5L且小于1.5L，B代表排量大于或等于1.5L且小于2.5L，C代表排量大于或等于2.5L且小于3.5L，D代表排量大于或等于3.5L且小于4.5L，E代表排量大于或等于4.5L且小于5.5L。

VIN码的第9位为检验位。

3. 车辆指示部分（VIS）

车辆指示部分（VIS）由车辆识别代码（VIN）的第10位至第17位字码构成，最后6位字码应该全部为数字，标识车辆的车型年份、装配厂和生产顺序号。

第10位标识车型年份，2000年为1，到2030年Y为一个循环，此后2031年又是1。第11位标识汽车装配厂代码。第12位至第17位为汽车的生产顺序号，是000001~999999的6位纯数字字码。

1.2 汽车及汽车工业的发展

1.2.1 汽车发展历程

汽车在达到今天高度科技化的形式之前，经历了两百多年的漫长发展历程。汽车发展的两百多年是人类不断应用新技术，对汽车进行改进、创新的历程。总的说来，汽车发展史可分为蒸汽汽车、内燃汽车、现代汽车、新能源及智能汽车等几个阶段。

1. 蒸汽汽车

18 世纪下半叶，瓦特制造出第一台具有实用价值的蒸汽机，第一次工业革命开始了。1769 年，法国人 N. J. 居纽制造出了世界上第一辆蒸汽驱动的三轮汽车。这辆汽车被命名为"卡布奥雷"，车架上放置着一个像梨一样的大锅炉，前进时靠前轮控制方向，每前进 12~15min 需停车加热 15min，运行速度 3.5~3.9km/h。它是古代交通运输（以人、畜或风为动力）与近代交通运输（动力机械驱动）的分水岭，具有划时代的意义。

到 1804 年，脱威迪克设计并制造了一辆蒸汽汽车，这辆汽车还拉着 10t 重的货物在铁路上行驶了 15.7km。1825 年，英国人斯瓦底·嘉内制造了一辆蒸汽公共汽车，18 座，车速为 19km/h，世界上最早的公共汽车运营开始了。1831 年，美国的史沃奇·古勒将一台蒸汽汽车投入运输，相距 15km 的格斯特和切罗腾哈姆之间便出现了有规律的运输服务。

随着一系列的技术发展与改进，蒸汽机逐渐发展成为铁道车辆和船舶使用的外燃动力源，但对于小体量的汽车，以体积庞大的蒸汽机作为驱动装置并不适合。因此人们开始为汽车寻找功率体积比和功率重量比较高的轻便动力装置。

2. 内燃汽车

1866 年，德国工程师尼古拉斯·奥托成功地试制出动力史上有划时代意义的立式四冲程内燃机。1876 年，他又试制出第一台实用的活塞式四冲程煤气内燃机。这台单缸卧式功率为 2.9kW 的煤气机，压缩比为 2.5，转速为 250r/min。后来，人们一直将四冲程循环称为奥托循环。奥托以内燃机奠基人被载入史册，其发明为汽车的发明奠定了基础。

1879 年，德国工程师卡尔·本茨（Karl Benz）首次试验成功一台二冲程试验性发动机。1883 年 10 月，他创立了"本茨公司和莱茵煤气发动机厂"，并于 1885 年制成了第一辆本茨专利机动车，该车为三轮汽车，如图 1-6 所示。这辆汽车装用一台 0.9 马力（1 马力 = 735.499W）的单缸汽油机，车重 254kg，最高时速 15km/h，并具备现代汽车的一些基本特征，即电点火、水循环、钢管车架、钢板弹簧、后轮驱动、前轮转向、制动手柄等。

图 1-6 第一辆本茨专利机动车

1886 年 1 月 29 日，本茨制造的汽车取得了专利权。同年，德国人特里布·戴姆勒研制成功第一辆四轮汽车，采用四冲程汽油机，排量 0.46L，功率 0.82kW，时速 18km/h。由于上述原因，人们一般都把 1886 年作为汽车元年，也有些学者把卡尔·本茨制成第一辆三轮汽车之年（1885 年）视为汽车诞生年。本茨和戴姆勒则被尊为汽车工业的鼻祖。

本茨和戴姆勒发明的都是汽油机，当时的人们在尝试用汽油作为燃料的同时，也尝试用其他燃油作为燃料。1897 年，德国人鲁道夫·狄塞尔（1858—1913）成功地试制出了第一台柴油机。柴油机是动力工程方面的又一项伟大的发明，它的出现不仅为柴油找到了用武之地，而且它比汽油省油、动力大、污染小。鲁道夫·狄塞尔的发明改变了整个世界，人们为了纪念他，就把柴油机称作狄塞尔柴油机。

汽车发展的初期，发动机安置在车身下方，靠近后桥，并让后桥成为驱动桥。20 世纪

初，制造商们开始把发动机放在前方，在一块平板的前面，以保护乘客免受汽油、烟和噪声的困扰。作为防火墙的同时，这块平板也成为安装风窗玻璃和发动机工况监控设备的理想位置。由此迎来了至今广泛认同的汽车布置的开始，即发动机前置，随后是防火墙和车身。

3. 现代汽车

1896 年，亨利·福特试制出第一台汽车，1903 年建立福特汽车公司，1908 年，他将奥尔兹、利兰以及其他人的设计和制造思想结合成为一种新型汽车——T 型车，如图 1-7 所示。T 型车定位于一种不加装饰、结实耐用、容易驾驶和维修、可行驶在乡间道路、满足大众市场需要的低价位车，装载 4 缸 20 马力汽油机，前置于发动机舱盖内。1909 年开始 T 型车单一品种生产，当年售

图 1-7　福特 T 型车

价 850 美元，产量达万辆。1913 年，福特将泰勒的流水生产线技术运用到汽车上，装配线不仅有助于在装配过程中通过生产设备使零部件连续流动，而且便于对制造技能进行分工，把复杂技术简化、程序化。组装 1 辆汽车由原定置式的 750min 缩短为 93min，工厂单班生产能力达 1212 辆。这就是后来为全世界汽车厂继承的汽车大批量生产方式的原型。

1927 年，通用公司的哈利厄尔设计出凯迪拉克 lasalle，它有圆润的线条，锥形的尾部，修长低矮的轮廓。1928 年哈利厄尔在汽车设计中加入了镀铬装饰，20 世纪 30 年代开始，他建立的艺术色彩部使通用汽车逐渐成为最强大的汽车帝国。1938 年，他设计出世界上第一款概念车别克 Y job 船型车身，复杂曲面构建的流线型车身此后几十年都是厂商模仿的对象，Y job 还第一次引入黏土模型技术，使汽车外形更加灵活，该技术一直沿用至今。

20 世纪 30 年代，在美国，大众车的性能和造型向中、高级车靠拢。中、高级车的奇异造型和昂贵的特殊配置竞相出局，更为注重实用。车型设计开始重视空气动力学效应，整体结构车身备受瞩目，流线型车身就是在这样的时期诞生的。如 1933 年皮尔斯-箭公司推出的银箭原型车，1934 年克莱斯勒的气流和迪索多公司的气流型车，虽然都是挡泥板和车身分开的传统结构，但其造型与流线却浑然一体。

第二次世界大战后，世界进入汽车时代，汽车无论是在外形、性能还是颜色上，都发展变化很快，汽车外形演变的每一个时期都在不断地开拓着汽车新的造型，除了使汽车性能得以提升，同时也是汽车美学的发展。1973 年、1979 年世界出现两次石油危机，汽车需求锐减，小型省油车市场看好，对世界汽车发展和汽车工业格局影响很大。

4. 新能源及智能汽车

20 世纪 70 年代的石油危机极大地促进了汽车节能技术，尤其是和优化排放相关技术的发展。在汽车保有量快速增长的背景下，1960 年以后汽车排气污染环境和交通事故等社会问题突显，还出现了"反汽车论"。汽车新技术的推出并不能完全避免汽车使用过程中对环境的污染，所以绿色能源逐渐成为汽车的首选，新能源汽车将是一个主要的发展方向，电动汽车在全球范围内正逐渐被消费者广泛接受。

进入 20 世纪 80 年代，汽车逐渐步入电子化、智能化，新兴的电子技术取代汽车原来单纯的机电液操纵控制系统，以适应对汽车安全、排放、节能日益严格的要求。随着汽车电子

技术的发展，汽车智能化技术正在逐步得到应用，如苹果公司于2014年推出的车载系统Carplay。汽车网络化，即车联网，将依托于汽车制造商、经销商与运营商，汽车电子化与智能化实现"人-车"互动，车联网实现"人-车-网络"的互动，而智能交通将实现"人-车-网络-路"的互动。可以预见，汽车的电子化、智能化还将出现许多新系统、新成果，使驾乘汽车变得更加安全、环保、节能、舒适和愉悦。

1.2.2　汽车外形演变

汽车车身类型的发展过程主要经历了以下六个阶段：马车型汽车、箱型汽车、甲壳虫型汽车、船型汽车、鱼型汽车、楔型汽车，如图1-8所示。

图 1-8　车身发展过程中的六个阶段

1. 马车型汽车

汽车发展的初期，它只是一个摩托化了的没有马的马车车厢。这种摩托化的轻便马车具有它父辈的所有特征——从各种简单的敞篷马车到精巧的封闭式马车，都非常像马车车厢。英文名"Sedan"就是指欧洲贵族乘用的一种豪华马车。1908年，美国福特汽车公司生产了著名的T型车，最初的T型车是一种带布篷的小客车，成为马车型汽车的代表。汽车的马车型时代，由于汽车没有自己的造型风格，所以也可以说是汽车造型的史前时代。

2. 箱型汽车

马车型汽车很难抵挡风雨的侵袭，美国福特汽车公司于1915年生产出一种不同于马车型的汽车，其外形就像一只大箱子装上门和窗，因此被称为"箱型汽车"。因这类车的造型酷似于人抬"轿子"式轻便座椅，所以它在商品目录中被命名为"轿车"。箱型汽车重视了人体工程学，内部空间大，乘坐舒适，有活动房屋的美称。但是，空气阻力大，妨碍了汽车前进的速度，为汽车的发展提出新的要求。

3. 甲壳虫型汽车

箱型汽车时代后期，人们开始认识到空气阻力的重要性。除了迎风面积和车速之外，汽车的空气阻力还和汽车的纵剖面形状有关。流线型的汽车，正面阻力和后面涡流较小，因此，人们致力于流线型车身的设计。1934年，美国克莱斯勒汽车公司首先采用了流线型的

车身设计。

1937年，费尔南德·波尔舍开始设计类似甲壳虫外形的汽车，使得大众汽车成为当时流线型汽车的代表。甲壳虫型汽车最大限度地发挥了甲壳虫外形的长处，甲壳虫也成为该车的代名词。由于第二次世界大战的原因，甲壳虫型汽车直到1949年才真正大批量生产，并开始畅销世界各地，同时以一种车型累计生产超过二千万辆的纪录而著称于世。但甲壳虫型汽车也有缺点，一是乘员活动空间狭小，二是对横风的不稳定性。

4. 船型汽车

船型汽车改变了以往汽车造型的模式，使前翼子板和发动机舱盖、后翼子板和行李舱盖融于一体，大灯和散热器罩也形成一个平滑的面，车室位于车的中部，整个造型很像一只小船，所以人们把这类车称为"船型汽车"。这种车是设计者首次把人体工程学应用在汽车的设计上，强调以人为主体的设计思想。船型汽车不论从外形上还是性能上来看都优于甲壳虫型汽车，而且还解决了甲壳虫型汽车对横风不稳定的问题。

从20世纪50年代开始一直到现在，不论是美国还是欧亚大陆，不管是大型车或者是中、小型车都采用了船型车身，从而使船型造型成为世界上数量最多的一种车型。福特公司1949年制造的福特V8型汽车，就是船型汽车的代表。但由于车的尾部过长，形成了阶梯状，高速行驶时会产生较强的空气涡流，影响了车速的进一步提高。

5. 鱼型汽车

为了克服船型汽车的尾部过分向后伸出、在高速行驶时会产生较强的空气涡流作用这一缺陷，人们把船型汽车的后窗玻璃逐渐倾斜，倾斜的极限即成为斜背式。由于斜背式汽车的背部像鱼的脊背，所以这类车称为"鱼型汽车"。鱼型汽车和甲壳虫型汽车光从背部来看很相似，但仔细观察可以看出鱼型汽车的背部和地面的角度比较小，尾部较长，围绕车身的气流也比较平顺，涡流阻力也较小。另外鱼型汽车基本上保留了船型汽车的长处，车室宽大，视野开阔，舒适性也好，另外鱼型汽车还增大了行李舱的容积。

1952年，美国通用汽车公司的别克牌轿车开创了鱼型汽车的时代。但是它也并非完美无缺，一是由于鱼型车的后窗玻璃倾斜得过于厉害，致使玻璃的表面积增大了1~2倍，强度有所下降，产生了结构上的缺陷；二是当汽车高速行驶时汽车的升力较大，升力使汽车与地面附着力减小，使汽车行驶稳定性和操纵稳定性降低。

6. 楔型汽车

为了从根本上解决鱼型汽车的升力问题，人们设想了种种方案，最后终于找到了一种模型的设计方法，就是将车身整体向前下方倾斜，车身后部像刀切一样平直，这种造型能有效地克服升力。

1963年，司蒂倍克·阿本提第一次设计了楔型小客车。楔型车在高速汽车设计方面已接近于理想的造型。楔形汽车是从空气动力学的角度来设计的，这类车型通常现代感和速度感比较强。现在世界各大汽车生产国都已生产出带有楔型效果的小客车，这些汽车的外形清爽利落、简洁大方，具有现代气息，给人以美的享受。

1.2.3 汽车工业发展历程

汽车虽然诞生于欧洲，但以大规模生产为标志的汽车工业的形成却是在美国，以后又扩展到欧洲、亚洲。

1. 汽车工业的形成

汽车诞生于欧洲，但当时欧洲的汽车生产是手工装配的单件小量生产方式，作坊式汽车制造公司按买主要求，依靠技巧娴熟的工匠用手工配制每辆各不相同的轿车。整个欧洲每年的汽车产量也不过几千辆，汽车工业还没有形成。

真正意义上的汽车工业的形成，以美国福特 T 型车为标志。1903 年福特汽车公司诞生以后，就积极研制结构简单、实用、性能完善而售价低廉的普及型轿车。福特汽车公司于 1908 年正式投产 T 型汽车，并于 1913 年创建世界上第一条汽车装配生产流水线，并实行了工业大生产管理方式，实现了产品系列化和零件标准化，极大地增加了汽车产量。到 1926 年，福特的年产量达到 200 万辆，而每辆汽车售价由首批的 850 美元下降到 1923 年的 265 美元。福特 T 型车使汽车在美国得到了普及，让汽车进入了普通的美国家庭。福特生产 T 型车的经验不仅为美国，也为世界汽车工业的发展奠定了基础，因此，福特汽车公司被誉为"汽车现代化的先驱"。

2. 欧洲汽车工业的繁荣

1930 年后，欧洲各国为了保护本国民族工业，开始对美国汽车进口提高了关税，特别是对汽车零部件进口加以重税，迫使美国在欧洲各国的汽车总装厂改造成汽车制造厂，由此也促进了欧洲各国汽车工业的发展。欧洲各国还利用本国的技术优势，以多品种和轻便普及型新产品与美国汽车进行竞争。

第二次世界大战后，随着经济复苏与政府的支持，欧洲汽车工业开始大发展。特别是联邦德国，1960 年的汽车年产量已达 205.5 万辆，超过了英国，成为当时仅次于美国的世界第二汽车制造国。欧洲汽车工业的大发展使世界汽车工业的重心逐渐由美国移到欧洲。欧洲汽车工业的特点，既有美国式的大规模生产的特征，又有欧洲式多品种高技术的趋势。汽车技术的高科技含量增加，汽车品种进一步增多。汽车工业界对于汽车造成的安全问题、污染问题，在政府的督促和支持下制定了许多对策，并使汽车在结构、性能等方面都得到了大幅度提高。

3. 亚洲汽车工业的崛起

亚洲汽车工业的崛起首先是在日本，日本汽车工业在 20 世纪 50 年代形成完整体系，20 世纪 60 年代是突飞猛进的时期。正当美国与欧洲的汽车工业激烈竞争的时期，日本推行了终身雇佣制及全面质量管理（TQC），出现了有名的丰田生产方式，从而在生产组织管理上出现了突破，生产出高质量、低消耗、廉价精巧的汽车并畅销全世界。20 世纪 70 年代的两次石油危机使日本认识到包括能源在内的资源短缺是日本的致命弱点，于是，日本政府不断强化汽车法规。1978 年修改的排放及噪声法规是世界上最严格的标准，从而迫使日本汽车工业放弃了向大功率、高车速、豪华大型车辆发展的意图，形成了经济、实用的日本汽车的风格。

韩国汽车工业则利用学习、消化国外生产技术和实现主要技术的国产化，使其汽车工业得到了飞速发展。1973 年，韩国政府实行汽车国产化政策，各汽车公司开始大规模引进国外生产技术。1973 年，现代汽车公司引进日本三菱公司发动机、传动系统和底盘技术，1975 年便开始自己开发生产汽车，并大量向非洲出口。大宇汽车公司于 1972 年与美国通用汽车合资，1990 年第一辆自主设计的名为王子的国产车推出，并在市场上取得成功。汽车的国产化政策使韩国的汽车工业获得了飞速的发展。

1.2.4　中国汽车工业

近代中国的造车梦先后经历三次尝试，但都因战争原因而失败，到中华人民共和国成立时，中国尚无汽车制造业。中国汽车工业的创建与发展，都是在新中国成立之后。

1. 创建阶段（1949~1965 年）

新中国成立之初，中国只有汽车使用和维修业。直到 1953 年，第一汽车制造厂在长春动工兴建，1956 年国产第一辆解放牌载货汽车驶下总装配生产线，结束了中国不能自己制造汽车的历史。当时汽车工业发展的内因是扩大生产的需求，新中国需要发展自己的汽车工业，"造出争气车，献给毛主席"是当时流行的口号；外因是苏联的全面援助，流程、厂房等都由苏联提供。中苏关系破裂后，中国汽车工业再一次陷入低谷。

2. 成长阶段（1966~1980 年）

在这个历史阶段，主要是贯彻中央的精神建设三线汽车厂，以中、重型载货汽车和越野汽车为主，同时发展矿用自卸车。在此期间，一汽、南汽、上汽和济汽，4 个老厂投入技术改造扩大生产能力，并承担包建和支持三线汽车厂的任务；地方发展汽车工业，几乎全部仿制国产车型；改装车生产向多品种、专业化生产发展，生产厂点近 200 家。1966~1980 年生产各类汽车累计 163.9 万辆。1980 年，生产汽车 22.2 万辆，全国民用汽车保有量 169 万辆，其中载货汽车 148 万辆。

当时贯彻中央建设精神，国内开始大面积搞汽车工业。但受当时国际环境格局的影响，我国的汽车工业与世界隔绝，失去了交流提高的机会，使我国的汽车工业逐渐地被现代化的世界汽车工业抛在后面。

3. 全面发展阶段（1981~1999 年）

改革开放以后，我国经济迅速发展，汽车工业为经济带来了良好效益，国内对汽车的需求越来越强。老产品（如解放、跃进和黄河车型）升级换代，结束 30 年一贯制的历史；调整商用车产品结构，开始改变"缺重少轻"的生产格局；与此同时，中国汽车工业出现合资企业，开始引进资金和技术；行业管理体制和企业经营机制逐步发生变化，汽车品种、质量和生产能力大幅提高。第一个合资企业上海大众成立于 1985 年 3 月，中德双方投资比例各占 50%。上海大众的诞生，结束了中国汽车工业"闭门造车"低水平徘徊的历史。

随后，随着我国由计划经济体制向市场经济体制的转变，汽车工业企业逐步摆脱了计划经济体制下存在的严重的行政管理的束缚。政府通过产业政策对汽车工业进行宏观管理。通过引进技术、合资经营，使中国汽车工业产品水平有了较大提高。1997 年 1 月 8 日，奇瑞汽车股份有限公司注册成立，总部位于安徽省芜湖市，旗下产品覆盖乘用车、商用车、微型车等领域。

4. 高速增长与回归阶段（2000 年至今）

在此期间，我国的汽车工业尤其是轿车工业技术进步的步伐大大加快，新车型层出不穷；科技进步加快，整车技术特别是环保指标大幅度提高，电动汽车开发初见进展；与国外汽车巨头的生产与营销合作步伐明显加快，引进国外企业的资金、技术和管理的力度不断加深；企业组织结构调整稳步前进。中国汽车工业已经从原来那个各自独立的散、乱、差局面转变成现在的以大集团为主的规模化、集约化的产业新格局。中国汽车工业已经成为世界汽车工业的重要组成部分。

随着国民经济的进一步发展，中国汽车市场继续保持着平稳发展的步伐，汽车产销量两方面均创历史新高，并蝉联世界汽车产销量第一的位置。与此同时，汽车的爆发式增长带来的交通及环境问题开始引起广泛关注，一些扶植政策被限制规定所替代。车市增幅缩小，逐步回归理性。

1.3　汽车基本组成与行驶原理

1.3.1　汽车的总体构造

现代汽车一般由发动机、底盘、车身、电气与电子设备等部分组成，如图 1-9 所示。

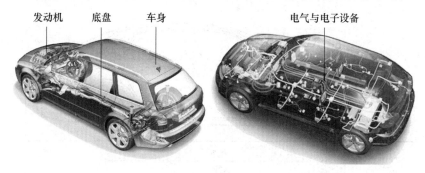

图 1-9　汽车的总体构成

发动机是汽车的动力源，由机体、曲柄连杆机构、燃料供给系统、冷却系统、润滑系统、点火系统（汽油发动机用）和起动系统等几部分组成。

底盘是汽车的基础，接受发动机发出的动力，使汽车正常行驶。它由传动系统、行驶系统、转向系统和制动系统等组成。其中，传动系统负责将发动机的动力传递给车轮，使车轮转动以带动汽车行驶，一般由离合器、变速器、万向传动装置及驱动桥等组成；行驶系统是汽车的行驶和承载部分，一般由车架、车桥、悬架和车轮等部分构成；转向系统负责汽车行驶方向的保持或变化，一般由转向器、转向盘、转向传动装置等组成；制动系统是制约汽车行驶的部分，一般由制动器和制动驱动机构组成。

电气设备由电源（发电机和蓄电池）、发动机点火系统、起动系统、照明与信号装置、空调、仪表等组成。汽车电子设备主要有电控燃油喷射系统及微机控制点火系统、电控自动变速器、电控防抱死制动系统（ABS）、电控门锁、自动防盗报警装置、车辆网络系统和汽车音响等。

车身是汽车的载体，用以装载驾驶人操纵装置、载客或载货。货车车身由驾驶室和货厢（或封闭式货厢）组成；轿车和客车车身是一个整体，有承载式车身和非承载式车身两种。

1.3.2　汽车的主要尺寸和参数

（1）汽车的外廓尺寸　汽车的外廓尺寸包括车长、车宽、车高，如图 1-10 所示，是根据汽车的用途、道路条件、吨位（或载客数）、外形设计、公路限制和结构布置等因素来确

定的。每个国家对公路运输车辆的外廓尺寸均有法规限制。这是为了使汽车的外廓尺寸适合本国的公路桥梁、涵洞和铁路运输的标准及保证行驶的安全性。

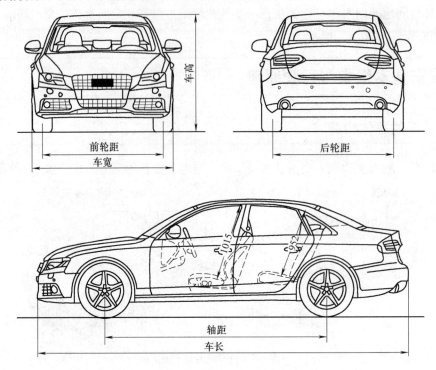

图 1-10　汽车的主要尺寸

（2）轴距　如图 1-10 所示，轴距是描述汽车轴与轴之间距离的参数，通常可通过汽车前后车轮中心来测量。轴距的长短直接影响到汽车的长度、重量和使用性能。轴距短，汽车长度就短，自重就轻，最小转弯直径和纵向通过角就小；但若轴距过短，车厢长度就不足或后悬过长，使汽车的操纵性和稳定性变坏。

（3）轮距　轮距包括前轮距和后轮距，如图 1-10 所示，指同一轴上车轮接地点中心之间的距离，对双胎汽车，则是指两双胎接地点连线的中点之间的距离。轮距对汽车的总宽、总重、横向稳定性和机动性影响较大。轮距越大，则横向稳定性越好，对增加轿车车厢内宽也有利。但轮距宽了，汽车的总宽和总重一般也会加大，会影响汽车的安全性。

（4）前悬　前悬是指汽车最前端（除灯罩、后视镜等非刚性固定部件外）至前轴中心之间的水平距离。前悬的长度应足以固定和安装发动机、散热器、转向器、弹簧前托架和保险杠等零件和部件。前悬不宜过长，否则，汽车的接近角过小。

（5）后悬　后悬是指汽车最后端（除灯罩等非刚性固定部件外）至后桥中心之间的水平距离，后悬的长度主要取决于货厢长度、轴距和轴荷分配情况，同时要保证适当的离去角。

（6）最小离地间距　最小离地间距是在水平面上汽车底盘的最低点与地面的间距。不同车型其离地间距是不同的，离地间距越大，车辆的通过性就越好，所以通常越野车的离地间隙要比轿车大。但过高的离地间隙会影响汽车的行驶稳定性。

（7）最小转弯直径　最小转弯直径指外转向轮的轨迹圆直径，它是指汽车的外转向轮

的中心平面在车辆支承平面（一般就是地面）上的轨迹圆直径，即汽车前轮处于最大转角状态行驶时，汽车前轴离转向中心最远车轮胎面中心在地面上形成的轨迹圆直径。最小转弯直径是表明汽车转弯性能灵活与否的参数，由于转向轮的左右极限转角一般有所不同，因此分为左转弯直径和右转弯直径。

（8）车门数 车门数指的是汽车车身上含行李舱门在内的总门数。这项参数可作为汽车用途的标志，普通的三厢轿车一般都是四门，一些运动型轿车有很多是两门，个别豪华车有六门设计的。一般的两厢轿车，SUV 和 MPV 都是五门的（后门为掀起式），也有一些运动型两厢车为三门设计。

（9）座位数 座位数指的是汽车内含驾驶人在内的座位数量，一般轿车为五座，前排座椅是两个独立的座椅，后排座椅一般是长条座椅。一些豪华轿车后排则是两个独立的座椅，所以为四座。某些跑车则只有前排座椅，所以为两座。商务车和部分越野车则配有第三排座椅，所以为六座或七座。

（10）行李舱容积 行李舱容积是用来衡量一款车携带行李或其他备用物品多少的能力的，单位通常为升（L）。依照车型的大小及其各自突出的特性，其行李舱容积有所不同，一般来说，越大的车则行李舱也越大。越野车和商务车行李舱都比较大，而一些跑车由于造型设计原因，行李舱则比较小。

（11）空车质量 空车质量指的是汽车按出厂技术条件装备完整（如备胎、工具等安装齐备），各种油水添满后的质量，通常单位为千克（kg）。

（12）允许总质量 允许总质量指的是汽车在正常条件下准备行驶时，包括载人（包括驾驶人）、载物时允许的总质量，通常单位为千克（kg）。允许总质量减去空车质量则是车辆的最大承载质量，即这部车最大能够承载多少质量。

（13）油箱容积 油箱容积是指一辆车能够携带燃油的体积，通常单位为升（L）。一般油箱容积与该车的油耗有直接的关系，一般一辆车一箱油都能行驶 500 公里以上，例如百公里 10 升的车，油箱容积都在 60 升左右。每个车型的油箱容积是不同的，同类车型不同品牌的车油箱容积也不相同。

（14）接近角 接近角是指在汽车满载静止时，汽车前端突出点向前轮所引切线与地面的夹角。即水平面与切于前轮轮胎外缘（静载）的平面之间的最大夹角，通常单位为度（°），前轴前面任何固定在车辆上的刚性部件不得在此平面的下方。

（15）离去角 离去角是指汽车满载静止时，自车身后端突出点向后车轮引切线与路面之间的夹角，即是水平面与切于车辆最后车轮轮胎外缘（静载）的平面之间的最大夹角，通常单位为度（°）。位于最后车轮后面的任何固定在车辆上的刚性部件不得在此平面的下方。它表征了汽车离开障碍物（如小丘、沟洼地等）时，不发生碰撞的能力。离去角越大，则汽车的通过性越好。

（16）通过角 通过角指的是汽车满载、静止时，分别通过前、后车轮外缘作切线交于车体下部较低部位所形成的夹角，通常单位为度（°）。

（17）爬坡度角 爬坡度角是指汽车满载时在良好路面上用第一档克服的最大坡度角，它表征了汽车的爬坡能力。爬坡度用坡度的角度值（以度数表示）或以坡度起止点的高度差与其水平距离的比值（正切值）的百分数来表示。

图 1-11　汽车的接近角、离去角和通过角

1.3.3　汽车的行驶原理

1. 汽车的牵引力

汽车的牵引力是推动汽车行驶的动力。发动机工作时产生的动力经传动系统传递给车轮，使车轮转动。车轮转动时产生对地面的纵向（平行于地面）作用力 F，根据力的相互作用原理，地面对车轮施以大小相等的反向作用力 F_1，该力推动汽车前进，称为牵引力。

2. 汽车的行驶阻力

汽车行驶阻力包括滚动阻力、空气阻力、坡度阻力、加速阻力。其中滚动阻力和空气阻力是在任何行驶条件下均存在的，而坡度阻力和加速阻力仅在一定行驶条件下存在。

滚动阻力 P_1：当轮胎在路面上滚动时所受到的与滚动方向相反的阻力。

空气阻力 P_2：空气对汽车产生的阻碍汽车前进的力。

坡度阻力 P_3：汽车在坡道上行驶时，其重力沿坡道方向的分力。

加速阻力 P_4：汽车加速行驶时，克服其质量加速运动的惯性力。

3. 汽车行驶的条件

汽车行驶的驱动条件：牵引力 F_1 必须大于或等于行驶总阻力（滚动阻力、空气阻力、坡度阻力之和），是汽车行驶的必要条件，但不是充分条件。

汽车行驶的附着条件：牵引力只有在驱动轮与地面不发生滑转时才能实现，因此汽车行驶还受轮胎与地面附着条件的限制。

汽车的驱动条件与附着条件合并一起，称为汽车行驶的充分必要条件。即汽车行驶必须有大于或等于行驶阻力之和的牵引力，且牵引力的最大值只能等于或小于驱动轮的附着力。

此外，当 $F_1 = P_1 + P_2 + P_3$ 时，汽车等速行驶；当 $F_1 > P_1 + P_2 + P_3$ 时，汽车加速行驶；当 $F_1 < P_1 + P_2 + P_3$ 时，汽车减速行驶。

第2章

汽 车 构 造

2.1 汽车动力系统

2.1.1 发动机概述

汽车的动力源是发动机，发动机是把某一种形式的能量转变成机械能的机器。当前汽车所使用的发动机以内燃机为主，内燃机是把燃料燃烧的化学能转变成热能，然后再把热能转变成机械能的机器，并且这种能量转换过程是在发动机气缸内部进行的。

1. 内燃机的分类

内燃机的分类方法很多，按照不同的分类方法可以把内燃机分成不同的类型。

(1) 按照所用燃料分类 内燃机按照所使用燃料的不同可以分为汽油机和柴油机。使用汽油为燃料的内燃机称为汽油机；使用柴油为燃料的内燃机称为柴油机。汽油机与柴油机各有特点：汽油机转速高，质量小，噪声小，起动容易，制造成本低；柴油机压缩比大，热效率高，经济性能和排放性能都比汽油机好。

(2) 按照行程分类 内燃机按照完成一个工作循环所需的行程数可分为四冲程内燃机和二冲程内燃机。把曲轴转两圈（720°），活塞在气缸内上下往复运动四个行程，完成一个工作循环的内燃机称为四冲程内燃机。把曲轴转一圈（360°），活塞在气缸内上下往复运动两个行程，完成一个工作循环的内燃机称为二冲程内燃机。

(3) 按照冷却方式分类 内燃机按照冷却方式不同可以分为水冷发动机和风冷发动机。水冷发动机是以在气缸体和气缸盖冷却水套中循环流动的冷却液作为冷却介质进行冷却的；而风冷发动机是以气缸体与气缸盖外表面散热片之间流动的空气作为冷却介质进行冷却的。水冷发动机冷却均匀，工作可靠，冷却效果好，被广泛地应用于现代汽车。

(4) 按照气缸数目分类 内燃机按照气缸数目不同可以分为单缸发动机和多缸发动机。仅有一个气缸的发动机称为单缸发动机；有两个及以上气缸的发动机称为多缸发动机，如双缸、三缸、四缸、五缸、六缸、八缸、十二缸等都是多缸发动机。现代汽车多采用四缸、六缸、八缸发动机。

(5) 按照气缸排列方式分类 内燃机按照气缸排列方式不同可以分为单列式和双列式。单列式发动机的各个气缸排成一列，一般是垂直布置的，但为了降低高度，有时也把气缸布置成倾斜的甚至水平的。双列式发动机把气缸排成两列，两列之间的夹角小于180°（一般为90°），称为 V 型发动机；若两列之间的夹角等于180°，称为对置式发动机。

(6) 按照进气系统是否采用增压方式分类 内燃机按照进气系统是否采用增压方式可以分为自然吸气（非增压）式发动机和强制进气（增压）式发动机。

2. 内燃机名称和型号

为了便于内燃机的生产管理和使用，国家标准 GB/T 725—2008《内燃机产品名称和型号编制规则》中对内燃机的名称和型号做了统一规定。

内燃机名称均按所使用的主要燃料命名，例如汽油机、柴油机、煤气机等。

内燃机型号由阿拉伯数字和汉语拼音字母组成，由以下四部分构成：

(1) 首部 为产品系列符号和换代标志符号，由制造厂根据需要自选相应字母表示，但需经主管部门核准。

(2) 中部 由缸数符号、气缸排列形式符号、行程符号和缸径符号组成。

(3) 后部 结构特征和用途特征符号，以字母表示。

(4) 尾部 ①燃料符号，以字母表示。②区分符号。同一系列产品因改进等原因需要区分时，由制造厂选用适当符号表示。

内燃机型号的排列顺序及符号所代表的含义如图 2-1 所示。

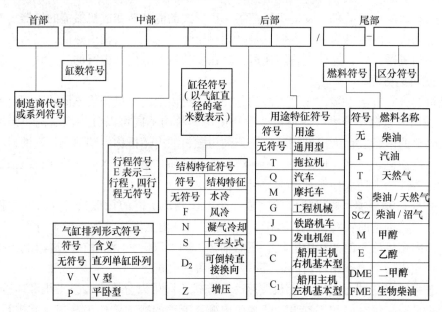

图 2-1 内燃机型号代表的含义

2.1.2 发动机的工作原理及总体构造

1. 汽车发动机的相关名词术语

(1) 上止点和下止点 活塞顶离曲轴旋转中心最远（近）处，即活塞的最高（低）位置。

(2) 活塞行程 S 活塞上、下止点之间的距离。若曲柄半径为 R，则 $S=2R$。

(3) 气缸工作容积（气缸排量）V_s 活塞从上止点到下止点所扫过的容积。$V_s = (\pi/4)2DS$，常作为表征内燃机尺寸大小及动力性能的主要结构参数之一。

(4) 发动机排量（发动机工作容积）V_L 发动机各气缸工作容积的总和。$V_L = V_s i$（i 为发动机气缸数）。

（5）燃烧室容积 V_c　活塞在上止点时，活塞顶以上的空间容积。

（6）气缸总容积 V_a　活塞在下止点时，活塞顶以上的空间容积。$V_a = V_s + V_c$。

（7）压缩比 ε_c　压缩前气缸中气体的最大容积与压缩后的最小容积之比。$\varepsilon_c = V_a / V_c$，表示气缸内气体被压缩的倍数或燃气燃烧后膨胀的倍数。压缩比是发动机的重要性能参数。一般来讲，柴油机的压缩比大于汽油机。

相关名词术语如图 2-2 所示。

2. 四冲程发动机的工作原理

发动机的一个工作循环包括进气、压缩、做功、排气四个阶段，如图 2-3 所示，完成这一个工作循环需要四个行程，曲轴转两圈，所以称为四冲程发动机。

（1）第一个行程（进气行程）　曲轴带动活塞由上止点向下止点运动，进气门打开，汽油和空气的混合气被吸入气缸，当活塞到达下止点，进气行程结束。

（2）第二个行程（压缩行程）　在进气行程结束后，活塞已经到达下止点，此时气缸内已充注汽油和空气的混合气。曲轴继续带动活塞由下止点向上止点运动，进气门和排气门均关闭，混合气被压缩，压力和温度升高，至活塞到达上止点，压缩行程结束。

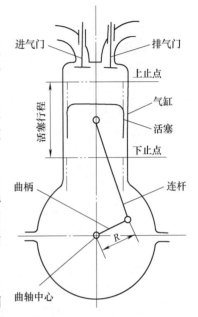

图 2-2　发动机名词术语

（3）第三个行程（做功行程）　压缩行程即将结束，活塞到达上止点前的某一刻，点火系统提供的高压电作用于火花塞，火花塞点火，点燃气缸中的混合气，因为活塞的运行速度极快而迅速地越过上止点，同时混合气迅速燃烧膨胀做功，推动活塞下行，带动曲轴输出动力，到达下止点，做功行程结束。

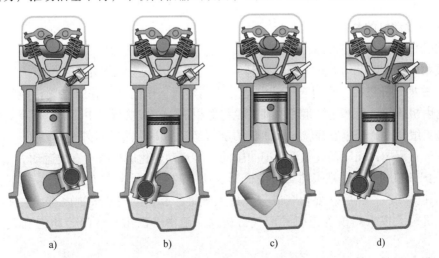

图 2-3　四冲程发动机工作原理

a）进气行程　b）压缩行程　c）做功行程　d）排气行程

（4）第四个行程（排气行程）　做功行程结束后，活塞到达下止点，曲轴带动活塞由下止点向上止点运动，此时排气门要打开，燃烧后的废气经排气门排出。排气结束，活塞处于上止点，开始下一个进气行程。

3. 二冲程发动机的工作原理

发动机气缸体上有三个孔，即进气孔、排气孔和换气孔，这三个孔分别在一定时刻由活塞关闭。其工作循环包含两个行程，如图2-4所示。

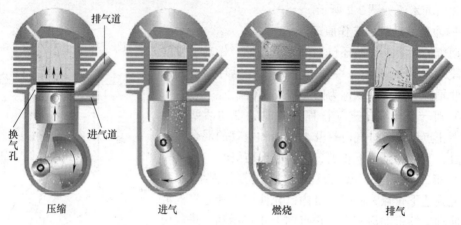

图 2-4　二冲程发动机工作原理

（1）**第一行程**　活塞自下止点向上移动，三个气孔同时被关闭后，进入气缸的混合气被压缩；在进气孔露出时，可燃混合气流入曲轴箱。

（2）**第二行程**　活塞压缩到上止点附近时，火花塞点燃可燃混合气，燃气膨胀推动活塞下移做功。这时进气孔关闭，密闭在曲轴箱内的可燃混合气被压缩。当活塞接近下止点时，排气孔开启，废气冲出。随后换气孔开启，受预压的可燃混合气冲入气缸，驱除废气，进行换气过程。

4. 汽车发动机的总体构造

发动机是一种由许多机构和系统组成的复杂机器，虽然结构形式多种多样，但由于基本工作原理相似，所以结构大同小异，如图2-5所示，基本包括以下几个部分。

（1）**曲柄连杆机构**　曲柄连杆机构是发动机实现工作循环，完成能量转换的主要运动零件。它由机体组、活塞连杆组和曲轴飞轮组等组成。在做功行程中，活塞承受燃气压力在气缸内做直线运动，通过连杆转换成曲轴的旋转运动，并从曲轴对外输出动力。而在进气、压缩和排气行程中，飞轮释放能量又把曲轴的旋转运动转化成活塞的直线运动。

（2）**配气机构**　配气机构的功用是根据发动机的工作顺序和工作过程，定时开启和关闭进气门和排气门，使可燃混合气或空气进入气缸，并使废气从气缸内排出，实现换气过程。配气机构大多采用顶置气门式配气机构，一般由气门组、气门传动组和气门驱动组组成。

（3）**燃料供给系统**　汽油机燃料供给系统的功用是根据发动机的要求，配制出一定数量和浓度的混合气，供入气缸，并将燃烧后的废气从气缸内排到大气中去。柴油机燃料供给系统的功用是把柴油和空气分别供入气缸，在燃烧室内形成混合气并燃烧，最后将燃烧后的废气排出。

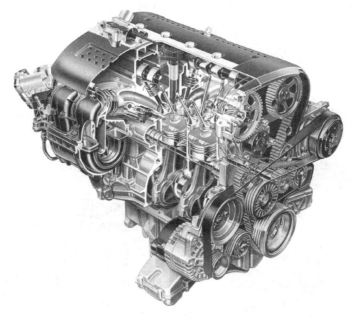

图 2-5　发动机总体构造

（4）润滑系统　润滑系统的功用是向做相对运动的零件表面输送定量的清洁润滑油，以实现液体摩擦，减小摩擦阻力，减轻机件的磨损，并对零件表面进行清洗和冷却。润滑系统通常由润滑油道、机油泵、机油滤清器和一些阀门等组成。

（5）冷却系统　冷却系统的功用是将受热零件吸收的部分热量及时散发出去，保证发动机在最适宜的温度状态下工作。水冷发动机的冷却系统通常由冷却水套、水泵、风扇、散热器、节温器等组成。

（6）点火系统　在汽油机中，气缸内的可燃混合气是靠电火花点燃的，为此在汽油机的气缸盖上装有火花塞，火花塞头部伸入燃烧室内。能够按时在火花塞电极间产生电火花的全部设备称为点火系统，点火系统通常由蓄电池、发电机、分电器、点火线圈和火花塞等组成。柴油机采用压燃技术，没有点火系统。

（7）起动系统　要使发动机由静止状态过渡到工作状态，必须先用外力转动发动机的曲轴，使活塞做往复运动，气缸内的可燃混合气燃烧膨胀做功，推动活塞向下运动使曲轴旋转，发动机才能自行运转，工作循环才能自动进行。因此，曲轴在外力作用下开始转动到发动机开始自动地怠速运转的全过程，称为发动机的起动。完成起动过程所需的装置，称为发动机的起动系统。

2.1.3　曲柄连杆机构

曲柄连杆机构（Crank Train）是发动机的主要运动机构。其功用是将活塞的往复运动转变为曲轴的旋转运动，同时将作用于活塞上的力转变为曲轴对外输出的转矩，以驱动汽车车轮转动。曲柄连杆机构由机体组、活塞连杆组和曲轴飞轮组构成。

1. 机体组

机体组主要由气缸体、气缸盖、气缸盖罩、气缸垫、油底壳等组成，如图 2-6 所示。机

体组是发动机的支架，是曲柄连杆机构、配气机构和发动机各系统主要零部件的装配基体。气缸盖用来封闭气缸顶部，并与活塞顶和气缸壁一起形成燃烧室。另外，气缸盖和机体内的水套和油道以及油底壳又分别是冷却系统和润滑系统的组成部分。

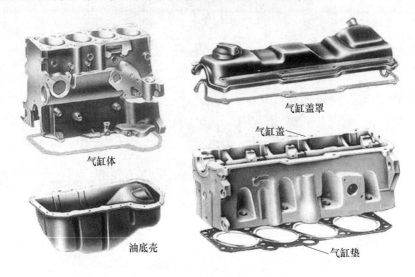

气缸盖罩

气缸盖

气缸体

油底壳

气缸垫

图 2-6　机体组的构成

（1）气缸体　气缸体是引导活塞在其中进行直线往复运动的圆筒形金属机件。现代汽车上基本都采用水冷多缸发动机。对于多缸发动机，气缸的排列形式决定了发动机外形尺寸和结构特点，对发动机机体的刚度和强度也有影响，并关系到汽车的总体布置。按照气缸的排列方式不同，气缸体分为单列式、V 型和对置式等。

（2）气缸盖　气缸盖安装在气缸体的上面，从上部密封气缸并构成燃烧室。它经常与高温高压燃气相接触，因此承受很大的热负荷和机械负荷。水冷发动机的气缸盖内部制有冷却水套，缸盖下端面的冷却水孔与缸体的冷却水孔相通，利用循环水来冷却燃烧室等高温部分。缸盖上还装有进、排气门座，气门导管孔，用于安装进、排气门，还有进气通道和排气通道等。汽油机的气缸盖上加工有安装火花塞的孔，而柴油机的气缸盖上加工有安装喷油器的孔。气缸盖一般采用灰铸铁或合金铸铁铸成，铝合金的导热性好，有利于提高压缩比，所以铝合金气缸盖被采用得越来越多。

（3）气缸盖罩　气缸盖罩是盖在发动机缸体上的罩壳，其作用包括：防止外部杂质等进入发动机、防止内部机油泄漏、油雾分离、曲轴箱压力调节、隔离结构传递噪声、做其他零部件的安装支座。

（4）油底壳　油底壳是曲轴箱的下半部，又称为下曲轴箱。作用是封闭曲轴箱作为贮油槽的外壳，防止杂质进入，并收集和储存由柴油机各摩擦表面流回的润滑油，散去部分热量，防止润滑油氧化。油底壳多由薄钢板冲压而成，形状较为复杂的一般采用铸铁或铝合金浇注成形。油底壳侧面装有量油尺，用来检查机油量，底部最低处还装有放油螺塞。

2. 活塞连杆组

活塞连杆组将活塞的往复运动变为曲轴的旋转运动，同时将气体燃烧后产生的作用于活塞上的推力转变为曲轴对外输出的转矩，以驱动汽车车轮转动。它是发动机的传动件，它把

燃烧气体的压力传给曲轴，使曲轴旋转并输出动力。如图 2-7 所示，活塞连杆组主要由活塞、活塞环、活塞销及连杆等组成。

（1）活塞　活塞的主要作用是承受气缸的气体压力，并将此力通过活塞销传给连杆，以推动曲轴旋转，它把燃烧气体的压力传给曲轴，使曲轴旋转并输出动力；活塞的顶部还与气缸盖、气缸壁共同组成燃烧室。

（2）活塞环　活塞环包括气环和油环。气环的作用是保证活塞与气缸壁间的密封，防止高温高压燃气进入曲轴箱。油环的作用主要是刮油、布油和辅助密封。油环用来刮除气缸壁上多余的机油，并在气缸壁上铺涂一层均匀机油膜，这

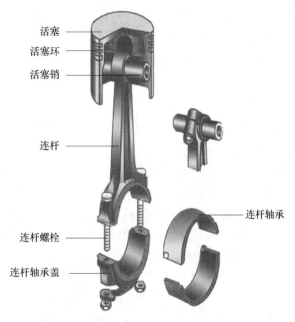

图 2-7　活塞连杆组的构成

样既可以防止机油串入燃烧室，又可以减小活塞与气缸的磨损与摩擦阻力。

（3）连杆　连杆的功用是连接活塞和曲轴，把活塞的往复运动转变为曲轴的旋转运动，并将活塞承受的力传给曲轴。连杆一般由小头、杆身和大头三部分组成，小头与活塞销相连，大头与曲轴的曲柄销相连。

3. 曲轴飞轮组

曲轴飞轮组主要由曲轴、飞轮以及其他不同作用的零件和附件组成，如图 2-8 所示。曲轴飞轮组的作用是把活塞的往复运动转变为曲轴的旋转运动，为汽车的行驶和其他需要动力的机构输出转矩。同时还储存能量，用以克服非做功行程中的阻力，使发动机运转平稳。

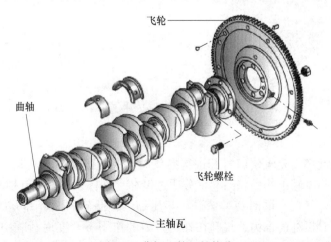

图 2-8　曲柄飞轮组的构成

（1）曲轴　曲轴的作用包括：①在做功行程中，将连杆传来的推力变成旋转的转矩，经汽车传动系统驱动车辆行驶；②利用曲轴和飞轮的旋转惯性，经连杆带动活塞上下运动，

完成排气、进气、压缩等辅助行程，为下一做功行程做准备；③驱动配气机构、机油泵、风扇、水泵、发电机、空气压缩机等附属装置。

（2）飞轮　飞轮的作用包括：①储存做功行程时的动能，用以克服辅助行程时的阻力，使曲轴旋转均匀；②飞轮外圈装有齿圈，用起动机起动发动机时，驱动齿轮与齿圈啮合，使曲轴旋转起动；③飞轮是离合器的主动部分。飞轮边缘刻有第一气缸活塞位于上止点的标志（刻线或钢球），是汽油机用以作为调整和检查点火正时的依据。

2.1.4　配气机构

配气机构由凸轮轴、推杆、挺柱、摇臂、进气门、排气门等构成，如图2-9所示。配气机构是进、排气管道的控制机构，它按照气缸的工作顺序和工作过程的要求，准时地开闭进、排气门，向气缸供给可燃混合气（汽油机）或新鲜空气（柴油机）并及时排出废气。在压缩与做功行程中，关闭气门保证燃烧室的密封。

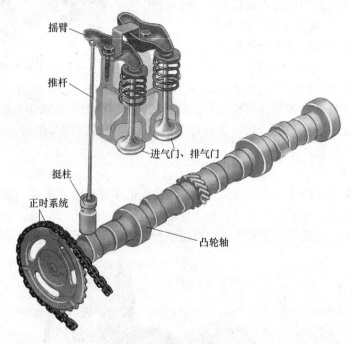

图2-9　配气机构的构成

1. 工作原理

当气缸的工作循环需要将气门打开进行换气时，曲轴通过传动机构（如正时齿轮）驱动凸轮轴旋转，使凸轮轴上的凸轮凸起部分通过挺柱、推杆、调整螺钉推动摇臂摆转，摇臂的另一端便向下推开气门，同时使弹簧进一步压缩。当凸轮的凸起部分的顶点转过挺柱以后，便逐渐减小了对挺柱的推力，气门在弹簧张力的作用下开度逐渐减小，直至最后关闭。压缩和做功行程中，气门在弹簧张力的作用下严密关闭。

2. 凸轮轴布置形式

根据凸轮轴的位置，凸轮轴布置形式有三种类型，如图2-10所示。

（1）凸轮轴下置式配气机构　凸轮轴装在曲轴箱内，直接由凸轮轴正时齿轮与曲轴正

凸轮轴下置式

凸轮轴中置式

凸轮轴上置式

图 2-10　凸轮轴布置形式的类型

时齿轮相啮合，由曲轴带动。气门传动组包括上述全部零件，其应用最为广泛。

（2）凸轮轴中置式配气机构　凸轮轴位于气缸体的上部。为了减小气门传动机构的往复运动的质量，对于高转速的发动机，可将凸轮轴的位置移到气缸体的上部，由凸轮轴经过挺柱直接驱动摇臂而省去推杆。该形式的配气机构因曲轴与凸轮轴的中心线距离较远，一般要在中间加入一个中间齿轮。

（3）凸轮轴上置式配气机构　凸轮轴布置在气缸盖上。凸轮轴直接通过摇臂来驱动气门，没有挺柱和推杆，使往复运动的质量大为减小，对凸轮轴和气门弹簧的要求也最低，因此它适用于高速强化发动机。

3. 凸轮轴传动方式

凸轮轴由曲轴带动旋转，它们可以通过正时齿轮、正时链条或正时同步带来传动，如图 2-11 所示。四冲程发动机每完成一个工作循环，曲轴旋转两圈，各缸的进、排气门各开启一次，即凸轮轴只转一圈，所以曲轴与凸轮轴的传动比为 2：1。

4. 发动机增压系统

发动机增压系统就是将空气预先压缩后供入气缸，以提高空气密度、增加进气量。使发动机进气量增加，可增加循环供油量，从而可增加发动机功率，得到良好的加速性，改善燃油经济性。

（1）机械增压　通过发动机曲轴

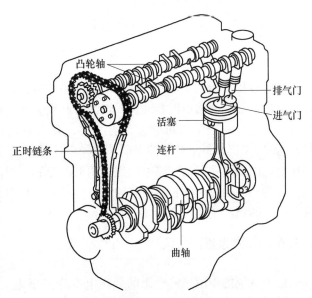

图 2-11　凸轮轴传动

直接驱动压气机，以提高发动机进气压力。优点是低速增压效果好，结构紧凑，与发动机易匹配；缺点是驱动增压器需要消耗发动机功率，燃油消耗比非增压发动机高。

（2）废气涡轮增压 将发动机排出的废气引入涡轮机，利用废气能量驱动涡轮机旋转，由此驱动与涡轮机同轴的压气机实现增压。废气涡轮增压器与发动机之间无机械联系，因此燃油消耗经济性比机械增压和非增压发动机高；缺点是发动机低转速时，涡轮增压效果不明显，而且发动机工况变化时的瞬态响应特性不好，加速特别是低速加速性较差。

2.1.5 燃油供给系统

燃油供给系统由油箱、电动燃油泵、燃油滤清器、燃油分配管、喷油器、压力调节器等组成，如图 2-12 所示。燃油供给系统的任务是根据发动机各种不同工况的要求，配制出一定数量和浓度的可燃混合气，使其在气缸内燃烧而膨胀做功。最后，燃油供给系统还应将燃烧废气排入大气中。

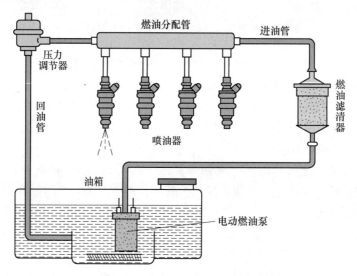

图 2-12　燃油供给系统的组成

工作过程：油箱中的燃油在电动燃油泵的吸力作用下进入进油管，并经过燃油滤清器的过滤而更清洁；清洁后的燃油进入燃油分配管，通过喷油器喷射进入进气管或直接喷射进入气缸，与空气一起形成可燃性混合气体，在气缸内被点火燃烧（汽油机）或压燃（柴油机）。不同工况条件下的燃油量需求差异，通过燃油分配管内压力来调节；而燃油分配管内的压力则由安装在回油管路中的压力调节器控制；当需要较少的燃油供给量时，压力调节器让更多的燃油通过回油管路回到油箱，燃油分配管内的压力变小，通过喷油器喷射进入进气管或气缸的燃油量相应变少。

2.1.6 点火系统

点火系统的作用是将电源的低压电变为高压电，并按发动机工作顺序和点火时间的要求，适时、准确地点燃各气缸的可燃混合气，使发动机工作。点火系统主要是由电源（蓄电池或发电机）、分电器、点火控制器、点火线圈、火花塞等组成。

1. 点火原理

图 2-13 所示为 TZ-i 式点火系统电路图，其工作过程可以分为以下两个步骤：①分电器

内部传感器向点火控制器发出信号，接通初级电路（点火控制器内部对引脚 16 接地），初级线圈产生磁通；②分电器内部传感器向点火控制器发出信号，断开初级电路（点火控制器内部对引脚 16 悬空），初级电路电流迅速下降并很快至零，磁通也随之迅速减小，在初级线圈和次级线圈中都产生感应电动势，一次绕组匝数少，产生 $200 \sim 300V$ 的自感电动势，二次绕组由于匝数多，产生互感电动势高达 $15 \sim 20kV$，足以击穿火花塞间隙，产生火花放电。

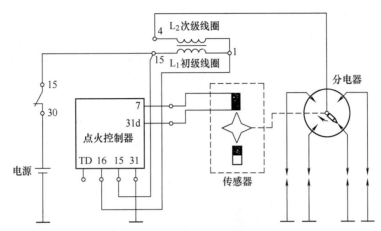

图 2-13　TZ-i 式点火系统电路图

2. 多缸发动机的点火顺序

汽车发动机都是多缸发动机，常见的轿车发动机是四缸和六缸。多缸发动机由若干个相同的气缸排列在一个机体上，共用一根曲轴。为了保持工作平衡，各缸点火间隔角要求都相等，且各缸做功都有一个顺序，称为发动机的点火顺序。点火顺序取决于发动机的结构等因素，总体的原则是连续做功的两缸相隔尽量远些，V 型发动机左右两排气缸尽量交替做功等。

常见直列式四缸发动机的点火顺序是：1-4-2-3 或 1-3-4-2。直列式五缸发动机的点火顺序是：1-2-4-5-3。直列式六缸发动机的点火顺序是：1-5-3-6-2-4 或 1-4-2-6-3-5。

V 型六缸发动机的点火顺序，需要先确定气缸序号的排列方法。以人坐在驾驶室内的面向为基准，如果气缸序号是右边自前往后为 1、3、5，左边自前往后为 2、4、6，则点火顺序一般是 1-4-5-2-3-6；如果气缸序号是右边自前往后为 2、4、6，左边自前往后为 1、3、5，则点火顺序一般是 1-6-5-4-3-2。

2.1.7　润滑与冷却

1. 发动机润滑系统

润滑系统的功用：发动机工作时，摩擦表面（如曲轴轴颈与轴承，凸轮轴轴颈与轴承，活塞环与气缸壁，正时齿轮副等）之间以很高的速度做相对运动，金属表面之间的摩擦不仅增大发动机内部的功率消耗，使零部件工作表面迅速磨损，而且摩擦所产生的热量还可能使某些工作零件表面熔化，导致发动机无法正常运转。为保证发动机的正常工作，必须对发动机内相对运动部件表面进行润滑，也就是在摩擦表面覆盖一层润滑剂（机油或油脂），使

金属表面之间间隔一层薄的油膜，以减小摩擦阻力，降低功率损耗，减轻磨损，延长发动机使用寿命。

润滑系统主要组成部件：①油底壳，用来贮存润滑油，为润滑油散热；②机油泵，将一定量的润滑油从油底壳中抽出经机油泵加压后，源源不断地送至各零件表面进行润滑，维持润滑油在润滑系统中的循环；③机油滤清器，过滤掉润滑油中的杂质、磨屑、油泥及水分等杂物，确保送到各润滑部位的都是干净清洁的润滑油；④主油道，直接在缸体与缸盖上铸出，用来向各润滑部位输送润滑油。

2. 发动机冷却系统

冷却系统的功用：对发动机进行强制冷却，保证发动机能始终处在最适宜温度状态工作，使发动机获得较高的经济性能、动力性能和工作可靠性能。

目前绝大多数汽车采用水冷系统，其主要组成部件包括：①水泵，对冷却液加压，保证其在冷却系统中循环流动；②散热器，由进水室、出水室及散热器芯三部分构成，冷却液在散热器芯内流动，空气在散热器芯外通过，热的冷却液由于向空气散热而变冷，冷空气则因为吸收冷却液散出的热量而升温，所以散热器是一个热交换器；③冷却风扇，当风扇旋转时吸进空气，使其通过散热器，以增强散热器的散热能力，加速冷却液的冷却；④节温器，是控制冷却液流动路径的阀门，它根据冷却液温度的高低，打开或者关闭冷却液通向散热器的通道；⑤补偿水桶，当冷却液受热膨胀时，部分冷却液流入补偿水桶，而当冷却液降温时，部分冷却液又被吸回散热器，所以冷却液不会溢失。

2.1.8 起动系统

要使发动机由静止状态过渡到工作状态，必须先用外力转动发动机的曲轴，使活塞做往复运动，气缸内的可燃混合气燃烧膨胀做功，推动活塞向下运动使曲轴旋转。发动机才能自行运转，工作循环才能自动进行。因此，曲轴在外力作用下开始转动到发动机开始自动地怠速运转的全过程，称为发动机的起动。

完成起动过程所需的装置，称为发动机的起动系统。汽车发动机的起动方式有电动机起动和手摇起动两种。手摇起动结构简单，但加重了驾驶人的劳动强度，而且操作不便，故很少采用。目前绝大多数汽车发动机都采用电动机起动，其工作原理如图 2-14 所示。

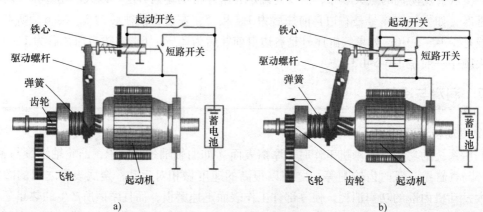

a) b)

图 2-14 电动机起动工作原理

起动开关断开时，短路开关断开，起动机不工作，齿轮与飞轮分开，如图 2-14a 所示。起动开关闭合时，由于线圈产生磁力的原因，铁心右移，短路开关闭合，起动机转动，同时驱动螺杆压紧弹簧，使得齿轮与飞轮啮合，飞轮再带动发动机曲轴旋转，实现发动机起动，如图 2-14b 所示。

2.2　汽车传动系统

汽车发动机与驱动轮之间的动力传递装置称为汽车的传动系统。它应保证汽车具有在各种行驶条件下所必需的牵引力、车速，以及保证牵引力与车速之间协调变化等功能，使汽车具有良好的动力性和燃油经济性；还应保证汽车能倒车，以及左、右驱动轮能适应差速要求，并使动力传递能根据需要而平稳地结合或彻底、迅速地分离。

2.2.1　传动系统的布置形式

传动系统常见布置形式主要与发动机的位置及汽车的驱动形式有关，可分为：

1. 前置后驱——FR

发动机前置、后轮驱动是最传统的布置形式。国内外的大多数货车、部分轿车和部分客车都采用这种形式。

2. 后置后驱——RR

发动机后置、后轮驱动，在大型客车上多采用这种布置形式，少量微型、轻型轿车也采用这种形式。发动机后置，使前轴不易过载，并能更充分地利用车厢面积，还可有效地降低车身地板的高度或充分利用汽车中部地板下的空间安置行李，也有利于减轻发动机的高温和噪声对驾驶人的影响。缺点是发动机散热条件差，远距离操纵也使操纵机构变得复杂，维修调整不便。

3. 前置前驱——FF

发动机前置、前轮驱动，现在大多数轿车采取这种布置形式。这种形式操纵机构简单，发动机散热条件好。但上坡时汽车重心后移，使前驱动轮的附着力减小，驱动轮易打滑；下坡制动时则由于汽车重心前移，前轮负荷过重，高速时易发生翻车现象。

4. 中置后驱——MR

发动机放置在前、后轴之间，同时采用后轮驱动，类似 F1 赛车的布置形式。优点是轴荷分配均匀，具有很中性的操控特性。缺点是发动机占去了座舱的空间，降低了空间利用率和实用性，因此 MR 大都是追求操控表现的跑车。

5. 四轮驱动——4WD

无论上面的哪种布局，都可以采用四轮驱动。越野汽车一般为全轮驱动，发动机前置，在变速器后装有分动器将动力传递到全部车轮上，高性能跑车出于提高操控性考虑也越来越多地采用四轮驱动。4WD 的优点是四个车轮均有动力，地面附着率最大，通过性和动力性好。

2.2.2　传动系统的组成

传动系统由离合器、变速器、万向传动装置和驱动桥组成，如图 2-15 所示。

1. 离合器

功用：①离合器可使汽车发动机与传动系统逐渐接合，保证汽车平稳起步；②离合器可暂时切断发动机与传动系统的联系，便于发动机的起动和变速器的换档，以保证传动系统换档时工作平顺；③离合器还能限制所传递的转矩，防止传动系统过载。

2. 变速器

功用：①实现变速变矩；②实现汽车倒驶；③必要时中断动力传输；④实现动力输出。

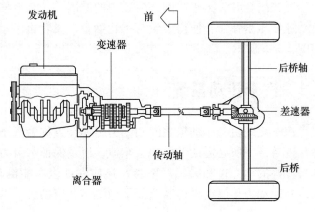

图 2-15　传动系统的组成

3. 万向传动装置

功用：在汽车上任何一对轴间夹角和相对位置经常发生变化的转轴之间传递动力。一般出现在变速器（或分动器）与驱动桥之间。

4. 驱动桥

驱动桥将万向传动装置（或变速器）传来的动力经降速增扭、改变动力传递方向（发动机纵置时）后，分配到左、右驱动轮，使汽车行驶，并允许左、右驱动轮以不同的转速旋转。

2.2.3　离合器的功用及工作原理

离合器是将发动机和整个汽车底盘系统连接起来的重要部件，离合器位于发动机与变速器之间（变速器前、发动机后），用来切断和连接发动机和传动系统之间的动力传递。

1. 离合器的功用

（1）保证汽车平稳起步　汽车在起步的时候，离合器是逐渐接合（驾驶人逐渐松开离合器踏板，使发动机与传动系统逐渐接合）的，保证汽车平稳起步。

（2）保证换档工作平顺　起步或者换档时，暂时切断发动机与传动系统的联系，便于发动机的起动（降低起动力矩）和变速器的换档（减轻或消除换档冲击）。

（3）防止传动系过载　在汽车紧急制动时，当载荷过大，离合器会自动打滑，从而达到保护发动机的作用。

（4）传递转矩　在汽车机械式传动系统中，发动机转矩是利用离合器的摩擦力矩传递给变速器和传动系统的。

2. 离合器的基本组成与工作原理

离合器的类型包括靠机械摩擦传动的摩擦式离合器、靠工作液（油液）之间的耦合作用来传动转矩的液力耦合器、靠线圈的通断来控制离合器的接合与分离的电磁离合器。其中摩擦式离合器使用最为广泛，其基本组成如图 2-16 所示。

其工作原理如下：离合器处于接合状态时，踏板处于最高位置，压板在压紧弹簧的作用下向左压紧摩擦盘，并使得摩擦盘压紧飞轮盘，摩擦盘和飞轮之间相对静止，发动机的转矩

经飞轮及摩擦盘传给变速器输入轴，实现动力传
递。离合器所传递的最大转矩取决于摩擦盘表面
的最大静摩擦力。它与摩擦表面间的压紧力大小、
摩擦面积的大小以及摩擦材料的性质有关。对一
定结构的离合器而言，其最大静摩擦力是一个定
值，若传动系统传递的转矩超过这一定值，离合
器就会打滑，从而起到了过载保护的作用。离合
器分离时，需踩下离合器踏板，通过拉杆将压板
向右拉，使得摩擦盘与飞轮分离，发动机的转矩
传到飞轮处，无法再传递给摩擦盘，使得变速器
输入轴端无转矩输入，实现动力传递中断。当需
要动力传递时，缓慢抬起离合器踏板，在压紧弹

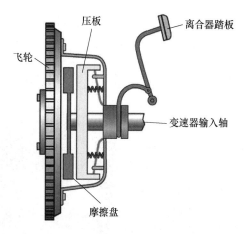

图 2-16　摩擦式离合器的基本组成

簧的作用下，压板向左移动，并让摩擦盘逐渐压紧飞轮盘，摩擦力矩也渐渐增大。摩擦盘与
飞轮盘刚接触时，摩擦力矩比较小，摩擦盘与飞轮盘可以不同步旋转，即离合器处于打滑状
态。随着压紧力的逐步加大，摩擦盘与飞轮盘转速也渐趋相等，直至完全接合而停止打滑。

2.2.4　机械式变速器的组成与工作原理

1. 传动比与变速原理

变速器的功用主要包含三个方面：①改变传动比，满足不同行驶条件对牵引力的需要，
使发动机尽量工作在有利的工况下，满足可能的行驶速度要求；②实现倒车行驶，用来满足
汽车倒退行驶的需要；③中断动力传递，在发动机起动、怠速运转、汽车换档或需要停止动
力输出时，中断向驱动轮的动力传递。

传动比是指主动齿轮转速与从动齿轮转速的比值。一对直径不同的齿轮啮合传动时，若
小齿轮为主动齿轮，带动大齿轮传动，则转速降低，转矩增大；若大齿轮驱动小齿轮时，则
转速升高，转矩降低。汽车变速器就是根据这一原理，利用若干大小不同的齿轮副传动而实
现变速和变转矩的。所以传动比既是转速比，也是变矩比。

当传动比大于 1 时，为降速增扭传动，其档位称为降速档；当传动比小于 1 时，为增速
降扭传动，其档位称为超速档；当传动比等于 1 时，为等速等扭传动，其档位称为直接档。

习惯上把变速器传动比值较小的档位称为高档，传动比值较大的档位称为低档；变速器
的变换称为换档，由低档向高档变换为加档（或升档），反之称为减档（或降档）。变速器
就是通过档位变换来改变传动比，从而实现多级变速的。

2. 变速器的结构

变速器根据传动比的变化方式分为：①有级变速器，指采用齿轮传动，具有若干个定值
传动比；②无级变速器，其传动比是连续变化的；③综合式变速器，是部分无级式的。根据
操纵方式分为手动变速器（MT）、自动变速器（AT）、手动自动一体变速器。

以手动、有级、普通齿轮变速器为例，其基本组成如图 2-17 所示，包括：①变速传动
机构，用以改变转矩的大小和方向，包括轴、主动齿轮、档位齿轮及同步器；②操纵机构，
用以实现换档，包括变速杆及换档拨叉。

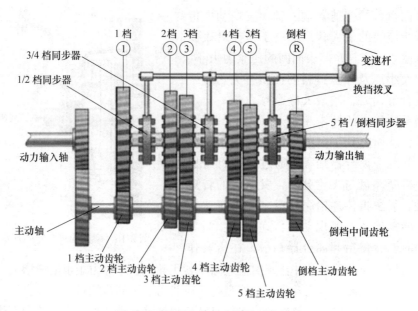

图 2-17 手动齿轮变速器的基本组成

2.2.5 万向传动装置的组成及分类

由于发动机、变速器的动力输出轴线和驱动桥的动力输入轴线不可能完全在一条直线上，况且驱动桥在车辆行驶时在上下跳动，输入轴轴线位置不断变化，动力传递需要能够适应这个变化，同时还要传递转矩。

万向传动装置的功用是在轴间夹角和相对位置经常发生变化的转轴之间传递动力。它主要由万向节和传动轴组成，有的还设置有中间轴承。万向传动装置在汽车上主要用来连接变速器与驱动桥、连接操纵机构等，图 2-18 所示为万向传动装置连接变速器与驱动桥。

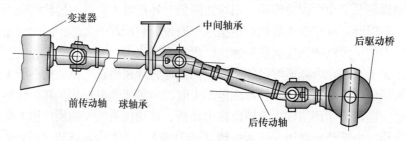

图 2-18 万向传动装置

万向节是实现不同方向的轴动力传输的主要部件，是万向传动装置的"关节"部件。按照万向节在扭转方向上有无明显弹性，将其分为刚性万向节和挠性万向节，刚性万向节是指在扭转方向上无明显弹性的万向节，可分为不等速万向节、准等速万向节和等速万向节。

（1）不等速万向节 指连接的输出轴和输入轴之间以变化的瞬时角速度比传递运动，但平均角速度相等的万向节。

（2）准等速万向节 指在设计的角度下以相等的瞬时角速度传递运动，而在其他角度下以近似相等的瞬时角速度传递运动的万向节。

（3）**等速万向节**　等速万向节所连接的输出轴和输入轴以始终相等的瞬时角速度传递运动，可分为球叉式等速万向节和球笼式等速万向节。

2.2.6　驱动桥

驱动桥处于动力传动系统的末端，其基本功能是：①将万向传动装置传来的发动机转矩通过主减速器、差速器、半轴等传到驱动车轮，实现降速和增大转矩；②通过主减速器锥齿轮副改变转矩的传递方向；③通过差速器实现两侧车轮的差速作用，保证在汽车转向时内、外侧车轮以不同转速转动；④通过桥壳体和车轮实现承载及传递转矩作用。

驱动桥主要由主减速器、差速器、半轴和桥壳等组成，如图 2-19 所示。

1. 主减速器

主减速器一般用来改变传动方向，降低转速，增大转矩，保证汽车有足够的驱动力和适当的速度，分为单级、双级减速器等。其中，单级主减速器由一对减速齿轮实现减速，而双级主减速器用于载重较大的汽车。实现较大的减速比时，如果用单级主减速器传动，则从动齿轮的直径就必须增大，会影响驱动桥的离地间隙，所以采用两次减速，两组减速齿轮，实现两次减速增扭。

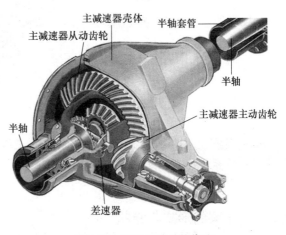

图 2-19　驱动桥的结构构成

2. 差速器

差速器用以连接左右半轴，可使两侧车轮以不同角速度旋转，同时传递转矩，保证车轮的正常滚动。有些多桥驱动的汽车，在分动器内或在贯通式传动的轴间也装有差速器，称为桥间差速器。其作用是在汽车转弯或在不平坦的路面上行驶时，使前后驱动车轮之间产生差速作用。

3. 半轴

半轴是将差速器传来的转矩再传给车轮，驱动车轮旋转，推动汽车行驶的实心轴。半轴分为全浮式、半浮式、3/4 浮式三种型式。

4. 桥壳

桥壳分为整体式桥壳和分段式桥壳。整体式桥壳强度和刚度性能好，应用广泛。分段式桥壳一般分为两段，由螺栓将两段连成一体，比较易于铸造和加工。

2.3　汽车行驶系统

2.3.1　行驶系统的组成及功用

汽车行驶系统一般由车架、悬架、车桥和车轮组成。车轮通过轴承安装在车桥的两边，

车桥通过悬架与车架（或车身）连接，车架（或车身）是整车的装配基体，如图 2-20 所示。

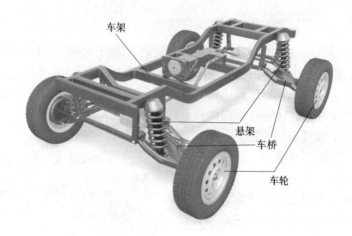

图 2-20　行驶系统的构成

行驶系统的功用：①支承汽车的重量并承受、传递路面作用在车轮上各种力的作用；②接受传动系统传来的转矩并转化为汽车行驶的牵引力；③缓和冲击，减少振动，保证汽车平顺行驶。

2.3.2　车架的形式与结构

车架是跨接在汽车前后车桥上的框架式结构，俗称大梁，是汽车的基体。一般由两根纵梁和几根横梁组成，经由悬架装置、前桥、后桥支承在车轮上。车架必须具有足够的强度和刚度以承受汽车的载荷和从车轮传来的冲击。车架的功用是支承、连接汽车的各总成，如发动机、传动系统、悬架、转向系统等，使各总成保持相对正确的位置，并承受汽车内外的各种载荷。汽车上采用的车架有四种类型：边梁式车架、中梁式车架、综合式车架和无梁式车架。目前汽车上多采用边梁式车架和无梁式车架。

1. 边梁式车架

边梁式车架是由两根纵梁和若干根横梁构成。纵梁和横梁之间通过铆接或焊接的方法连接起来。这种车架结构简单，便于整车的布置，所以在各种类型的汽车上都广泛应用。

2. 中梁式车架

中梁式车架只有一根位于中央贯穿前后的纵梁，因此亦称为脊梁式车架。这种结构对于横向弯曲及其水平菱形扭动有很好的抵御作用，但车架制造工艺复杂，维修不便。

3. 综合式车架

车架的前部是边梁式车架，而后部是中梁式的，这种车架称为综合式车架（也称复合式车架）。它同时具有中梁式和边梁式车架的特点。

4. 无梁式车架

无梁式车架是用车身兼做车架，汽车的所用零部件、总成都安装在车身上，车身要承受各种载荷的作用，因而这种车身又成为承载式车身，广泛用于轿车和客车。

2.3.3 悬架的结构类型及主要功用

悬架是车架（或车身）与车桥（或车轮）之间一切传力连接装置的总称。悬架的功用包含：①连接车架（或车身）和车轮，把路面作用到车轮的各种力传给车架（或车身）；②缓和冲击，衰减振动，使乘坐舒适，具有良好的平顺性；③保证汽车具有良好的操纵稳定性。

1. 悬架的结构

悬架一般由弹性元件、减振器、导向机构等组成，分别起缓冲、减振和力的传递作用，轿车一般还有横向稳定器，如图 2-21 所示。

弹性元件用来承受并传递垂直载荷，缓和不平路面、紧急制动、加速和转弯引起的冲击或车身位置的变化。常见的弹性元件包括钢板弹簧、螺旋弹簧、扭杆弹簧、油气弹簧、空气弹簧和橡胶弹簧。

减振器用来衰减由于弹性系统引起的振动。减振器的类型有筒式减振器、

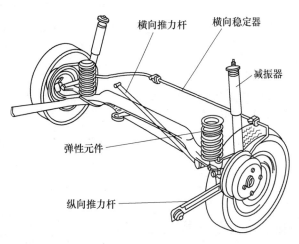

图 2-21 悬架的基本构成

阻力可调式减振器和充气式减振器，用于限制弹簧的自由振荡，提高乘坐舒适性。

导向装置用来使车轮按一定运动轨迹相对车身运动，同时起传递力的作用。通常导向装置由控制摆臂式杆件组成，有单杆式和连杆式的。钢板弹簧作为弹性元件时，它本身兼导向作用，可不另设导向装置。

横向稳定器也属于导向装置。在有些轿车和客车上，为防止车身在转向等情况下发生过大的横向倾斜，在悬架系统中加设有横向稳定杆，目的是提高侧倾刚度，使汽车具有不足转向特性，改善汽车的操纵稳定性和行驶平顺性。

2. 悬架的种类

汽车悬架有非独立悬架和独立悬架两种类型，如图 2-22 所示。

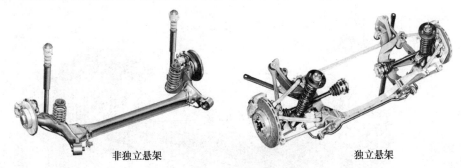

非独立悬架　　　　　　　　　　　　　　　独立悬架

图 2-22 悬架的类型

非独立悬架的结构特点是两侧车轮安装在一根整体式车桥上，车轮和车桥一起通过弹性悬架悬挂在车架（或车身）下面，所以一侧车轮发生位置变化后会导致另一侧车轮的位置

也发生变化。独立悬架的两侧车轮分别独立地与车架（或车身）弹性相连，与其配用的车桥为断开式车桥，所以两侧车轮的运动是相对独立、互不影响的。

2.3.4　车桥

车桥两端安装车轮，它通过悬架与车架（整体式车身）相连。当汽车行驶时，车轮受到的滚动阻力、驱动力、制动力和侧向力及其弯矩和转矩均通过车桥传递给悬架和车架，同时车架上各部件的载荷也通过车桥传递给车轮。车桥的作用包括：①安装车轮；②承受垂直载荷；③传递车架（或承载式车身）与车轮之间各方向的作用力及其力矩。

1. 车桥的分类

按车桥上车轮所起作用的不同可分为转向桥、驱动桥、转向驱动桥和支持桥，其中转向桥和支持桥都属于从动桥。根据汽车驱动方式的不同，汽车前、后桥的类型见表2-1。

表2-1　汽车前、后桥的类型

驱动方式	前桥类型	后桥类型
发动机前置前驱	转向驱动桥	支持桥
发动机前置后驱	转向桥	驱动桥
发动机后置后驱	转向桥	驱动桥
四轮驱动	转向驱动桥	驱动桥

按悬架结构的不同可分为整体式车桥和断开式车桥两种：整体式车桥是刚性的实心或空心梁，它与非独立悬架配用，断开式车桥为活动关节式结构，它与独立悬架配用。

以上两种分类分别组合，车桥类型包括：整体式转向桥、断开式转向桥、整体式转向驱动桥、断开式转向驱动桥、整体式驱动桥、断开式驱动桥、支持桥。

2. 转向桥

转向桥的功用包括：①承受垂直载荷；②承受纵向力及侧向力及其造成的力矩；③使车轮可以偏转一定角度以实现汽车的转向。

转向桥主要由前轴（梁）、转向节、主销和轮毂等四部分组成，基本结构如图2-23所

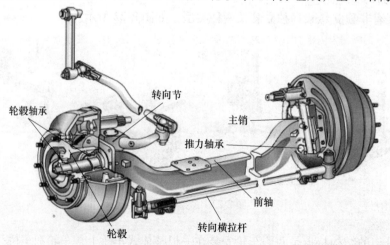

图2-23　转向桥的基本结构

示。前轴用中碳钢锻造而成，为工字形断面，可以提高轴的抗弯强度，减轻重量，两端加粗部分呈拳形，其中有通孔，主销则插入此孔内。转向节是用中碳钢锻造而成的叉形部件，转向节与前轴通过主销采用铰接连接方式，转向节可绕主销转动一定角度。主销的作用是铰接前轴与转向节，使转向节绕着主销摆动，以使车轮偏转实现转向。轮毂的作用是将车身或半轴传来的各种作用力或转矩传递到整个车轮以及在车辆行驶过程中随车轮一起旋转。

　　根据匹配悬架的类型，转向桥分为整体式和断开式两种。整体式转向桥匹配非独立悬架，两侧车轮连接为一个整体，当一侧车轮遇到凹凸路面时整个车身都会倾斜，影响舒适性。断开式转向桥匹配独立悬架，其中部为活动关节式的结构，使得两侧的车轮在汽车的横向平面内可以相对运动，左右车轮单独跳动，互不相干，能减小车身的倾斜和振动。

2.3.5　车轮与轮胎

　　车轮和轮胎总称为车轮总成，其结构如图 2-24 所示。车轮总成位于车身与路面之间，起支承汽车和装载的重量、传递汽车与路面之间的各种力和力矩、缓冲车轮受路面颠簸时所引起的振动、保持汽车的行驶方向等作用。此外，轮胎还是汽车重要的安全件，几乎所有的汽车行驶性能都与轮胎有关。

1. 车轮的构造

　　车轮是介于轮胎和车轴之间用来承受负荷的旋转组件，由轮辋和轮辐两个主要部件组成。轮辋是在车轮上安装和支承轮胎的部

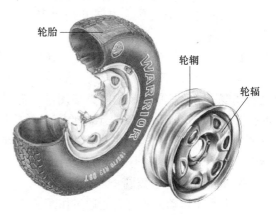

图 2-24　车轮总成及其结构

件，轮辐是在车轮上介于车轴和轮辋之间的支承部件。车轮除上述部件外，有时还包含轮毂。

　　按照轮辐构造的不同，车轮分为辐板式和辐条式。辐板车轮的轮辐为钢质圆板，它将轮毂和轮辋连接为一体，大多冲压成形，少数是与轮毂铸成一体。辐板与轮辋是铆接或焊接在一起的。辐板上开有若干孔，用以减轻重量，同时有利于制动器散热。辐条式车轮是以钢丝辐条或铸造辐条为轮辐，由于价格昂贵、维修安装不便，故仅用于赛车和某些高级轿车上。铸造辐条用于重型货车上。

　　轮辋的常见形式有深槽轮辋、平底轮辋和对开式轮辋等。深槽轮辋主要用于轿车及越野车，结构简单，刚度大，重量较轻，对于小尺寸弹性较大的轮胎最适宜，而尺寸较大的、较硬的轮胎则不适宜装进这种整体轮辋内。平底轮辋主要用于货车，适用于尺寸较大而弹性较小的轮胎。对开式轮辋多用于越野车，拆卸轮胎时相对方便。

2. 轮胎的构造与标识

　　轮胎是在各种车辆或机械上装配的接地滚动的圆环形弹性橡胶制品，通常安装在金属轮辋上，能支承车身，缓冲外界冲击，实现与路面的接触，并保证车辆的行驶性能。

　　按照胎体结构，轮胎可分为充气轮胎和实心轮胎，现在常用的是充气轮胎；按照组成结构，可以分为有内胎轮胎和无内胎轮胎，现代轿车常用无内胎轮胎。按照帘布层和缓冲层的排列方式分为子午线轮胎、斜交轮胎，现代轿车常用子午线轮胎，其基本构成如图 2-25 所

示。其中，帘布层是轮胎的骨架，轮胎的强度主要取决于帘布层的强度。轮胎常见的鼓包也是帘布层的断裂所引起的。轮胎的鼓包多出现在胎侧处，由于没有了带束的保护，经过冲击后的轮胎往往会造成帘布的破裂。带束层又被称为缓冲层，在帘布层和胎面之间，吸收路面的局部冲击与变形。带束由胶片和两层（或多层）衬布组成，在带束的上下两侧都会贴上厚厚的胶片来提高缓冲能力。胎圈由钢圈组成，它用来固定帘布层的两侧，以保持内部气压，也防止轮胎从轮毂上脱落。

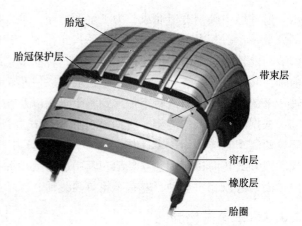

图 2-25　子午线轮胎的结构构成

轮胎标识是指按国家标准规定，在轮胎两侧标记出的生产编号、生产厂商商标、尺寸规格、层级、最大负荷和相应气压、胎体帘布代号、安装要求和行驶方向记号等。主要标识由轮胎宽度、轮胎扁平比、轮胎类型代号、轮辋直径、负荷指数、许用车速代号六部分组成。如：205/60R16 91V，205 表示轮胎宽度（单位：mm），60 表示轮胎扁平比（横断面高度/宽度）为 60%，R 代表子午线轮胎，16 为轮辋直径（单位：in，1in＝0.0254m），91 是负荷指数，V 是许用车速代号。

3. 轮胎受力与卡姆圆

所有汽车运动的改变只能通过作用于轮胎上的力来实现，作用于轮胎上的力可以分解成三个方向，分别是纵轴方向的驱动力、制动力、摩擦力，横轴方向的向心力、横向风力、侧偏力，铅垂轴方向的载荷与振动。

卡姆圆是轮胎附着力的一种简单表现形式，它假设一只轮胎可以提供的抓地力为一个圆，如图 2-26 所示。汽车前进的时候，受到了纵轴方向的驱动力或制动力作用；而车辆转弯的时候，则出现了横轴方向的转向离心力。纵轴方向和横轴方向的合力在卡姆圆的范围内，车辆处于安全的驾驶状态。纵轴方向和横轴方向的合力超出卡姆圆时，轮胎则超出了所能承受的极限，发生失控。失控的表现之一是转向不足，车辆在转弯中的实际转向角度比前轮的转动角度小，常见的场景是转弯速度过快，转弯的时候转不过来。修正方法是降低车速，减

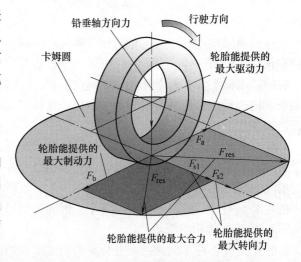

图 2-26　轮胎受力与卡姆圆

小侧向力，使侧向力和驱动力的合力处于卡姆圆范围内。失控的另一种表现是转向过度，车辆在转向中的实际转向角度比前轮的转动角度大，常见的场景是车辆发生了一定程度的侧滑

甩尾，极端情况是车辆原地打圈。

2.4 汽车转向系统

就轮式汽车而言，要改变行驶方向必须使转向轮绕主销轴线偏转一定角度，直到新的行驶方向符合驾驶人的要求时，再将转向轮恢复到直线行驶位置。在汽车直线行驶时，往往转向轮也会受到路面侧向干扰力的作用，自动偏转而改变行驶方向。此时，驾驶人也可以利用这套机构使转向轮向相反方向偏转，从而使汽车恢复原来的行驶方向。这一套用来改变或恢复汽车行驶方向的专设机构，即为汽车转向系统（俗称汽车转向系）。因此，汽车转向系统的功用是保证汽车能按驾驶人的意志进行转向行驶。

按照助力形式，转向系统可以分为机械式（无助力）和动力式（有助力）两种，其中动力式转向系统又可以分为气压动力式、液压动力式、电动助力式、电液助力式等种类。动力式转向系统是兼用驾驶人体力和发动机（或电动机）的动力为转向能源的转向系统，它是在机械式转向系统的基础上加设一套转向加力装置而形成的。

2.4.1 机械转向系统的组成及转向原理

1. 转向系统组成及转向过程

机械转向系统以驾驶人的体力作为转向能源。机械转向系统由转向操纵机构、转向器和转向传动机构三大部分组成，如图 2-27 所示。其中转向操纵机构包括转向盘、转向轴，转向传动机构包括转向直拉杆、转向节臂、转向节。

汽车转向时，驾驶人转动转向盘，通过转向轴，将转向力矩输入转向器。转向器中有 1~2 级啮合传动副，具有减速增力作用。经转向器减速后的运动和增大后的力矩，通过转向直拉杆传给固定于转向节上的转向节臂，使转向节及装于其上的转向轮绕主销偏转。

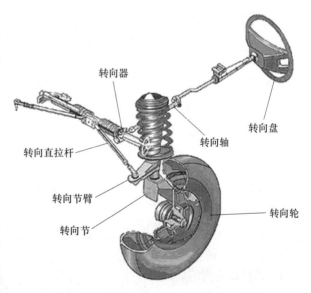

图 2-27 转向系统的组成

2. 阿克曼转向

汽车转向有盘式转向和阿克曼转向两种类型，如图 2-28 所示。盘式转向常用于多轴挂车，特点是重心高，转向时产生较大的倾斜力矩，容易造成侧翻。现代汽车一般采用阿克曼转向，在阿克曼转向系统中，每个轮子都有一个独立的转向轴。

阿克曼转向系统中每个轮子都有自己独立的转向轴。基于阿克曼转向几何原理，如图 2-29 所示，车辆沿着弯道转弯时，利用四连杆的相等曲柄使内侧轮的转向角比外侧轮大 2°~4°，使四个轮子路径的圆心大致交会于后轴的延长线上，让车辆可以顺畅地转弯，解决了转弯过程中内外转向轮路径指向的圆心不同的问题。

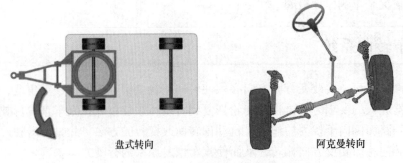

盘式转向　　　　　　　　　　阿克曼转向

图 2-28　汽车转向的类型

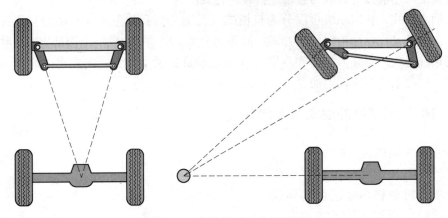

图 2-29　阿克曼转向几何原理

2.4.2　转向器的结构类型及工作原理

　　转向器的作用是把来自转向盘的转向力矩和转向角进行适当的变换（主要是减速增矩），再输出给转向拉杆机构，从而使汽车转向，所以转向器本质上就是减速传动装置，一般有 1~2 级减速传动副。

　　转向器按结构形式可分为多种类型，目前应用较广泛的有蜗杆曲柄指销式、齿轮齿条式和循环球式等几种。

1. 蜗杆曲柄指销转向器

　　蜗杆曲柄指销转向器主要由转向器壳体、转向蜗杆、转向摇臂、指销等组成，如图 2-30 所示。转向器壳体固定在车架的转向器支架上。壳体内装有传动副，其主动件是转向蜗杆，从动件是装在摇臂轴曲柄端部的指销。

　　汽车转向时，驾驶人通过转向盘带动转向蜗杆（主动件）转动，与其相啮合的指销（从动件）一边自转，一边以曲柄为半径绕摇臂轴轴线

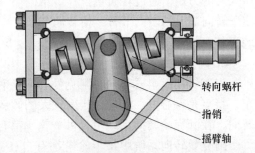

转向蜗杆
指销
摇臂轴

图 2-30　蜗杆曲柄指销转向器的结构

在蜗杆的螺纹槽内做圆弧运动，从而带动曲柄、进而带动转向摇臂摆动，实现汽车转向。

2. 齿轮齿条转向器

齿轮齿条转向器由与转向轴做成一体的转向齿轮和常与转向横拉杆做成一体的齿条组成，如图 2-31 所示。

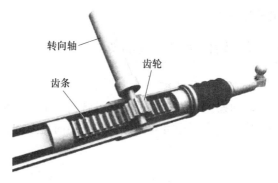

图 2-31 齿轮齿条转向器的结构

转向轴通过球轴承、滚柱轴承铅垂安装在转向器壳体中，其下端是与轴制成一体的转向齿轮。转向齿轮是转向器的主动件，与它相啮合的转向齿条（从动件）水平布置，齿条背面装有压簧垫块。在压簧的作用下，压簧垫块将齿条压靠在齿轮上，保证二者无间隙啮合。调整螺塞可用来调整压簧的预紧力。压簧不仅起消除啮合间隙的作用，而且还是一个弹性支承，可以吸收部分振动能量，缓和冲击。

转向齿条的中部通过拉杆支架与左、右转向横拉杆连接。转动转向盘时，转向齿轮转动，与之相啮合的转向齿条沿轴向移动，从而使左、右转向横拉杆带动转向节转动，使转向轮偏转，实现汽车转向。

齿轮齿条转向器结构简单，传动效率高，操纵轻便，重量轻，由于不需要转向摇臂和转向直拉杆，还使转向传动机构得以简化。这种转向器在前轮为独立悬架的中级以下轿车和轻型、微型货车上应用广泛。

3. 循环球转向器

循环球转向器是目前国内外汽车应用最广泛的一种转向器。与其他形式的转向器相比，循环球转向器在结构上的主要特点是有两级传动副，如图 2-32 所示。第一级传动副是转向螺杆-转向螺母；转向螺母的下表面加工成齿条，与齿扇轴内侧的齿扇相啮合，构成齿条-齿扇第二级传动副。显然，转向螺母既是第一级传动副的从动件，又是第二级传动副的主动件。通过转向盘转动转向螺杆时，转向螺母不能随之转动，而只能沿杆轴向移动，并驱使齿扇轴（即摇臂轴）转动。

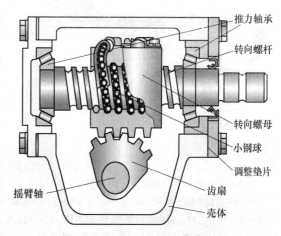

图 2-32 循环球转向器的结构

转向螺杆支承在两个推力球轴承上，轴承的预紧度可用调整垫片调整。在转向螺杆上松套着转向螺母。为了减少它们之间的摩擦，二者的螺纹并不直接接触，在二者之间的密闭螺旋通道内装有许多小钢球，以实现滚动摩擦，所谓的循环球指的就是这些小钢球。

当转动转向螺杆时，通过小钢球将力传给转向螺母，使螺母沿杆轴向移动。同时，由于摩擦力的作用，所有钢球便在螺杆和螺母之间的螺旋通道内滚动。钢球在螺旋通道内绕行几周后，流出螺母而进入导管的一端，再由导管的另一端流回螺母内。故在转向器工作时，几列钢球只在各自的封闭流道内循环流动，而不会脱出。

循环球转向器传动效率高，操纵轻便，转向结束后自动回正能力强，使用寿命长，广泛

用于各类各级汽车。

2.4.3 转向操纵和传动机构

1. 转向操纵机构

转向操纵机构是驾驶人操纵转向器工作的装置,由转向盘、防伤转向机构、转向传动轴等组成,其作用是将驾驶人作用在转向盘上的力传递到转向器,如图 2-33 所示。

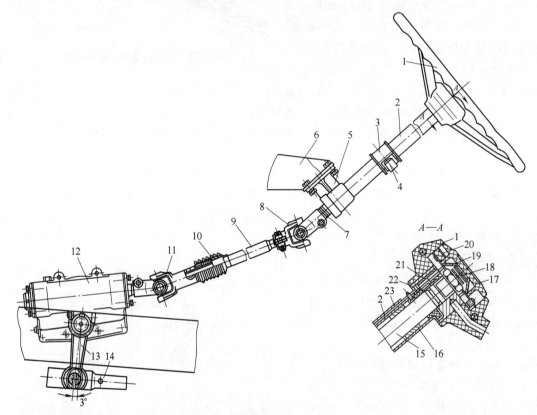

图 2-33 转向操纵机构的构成

1—转向盘 2—转向柱管 3—橡胶垫 4—转向柱管支架 5—转向柱管支座 6—转向操纵机构支架
7—转向轴限位弹簧 8—上万向节 9—转向传动轴 10—花键防护套 11—下万向节 12—转向器
13—转向摇臂 14—转向直拉杆 15—转向轴 16—转向轴衬套 17—电喇叭按钮盖 18—电喇叭按钮搭铁弹簧
19—电喇叭按钮接触罩 20—搭铁接触板组件 21—按钮电刷组件 22—集电环组件 23—导线组件

转向操纵机构包括:转向盘 1、转向柱管 2、转向轴 15、上万向节 8、下万向节 11 和转向传动轴 9 等。转向柱管 2 中部用橡胶垫 3 和半圆形冲压支架 4 固定在驾驶室前围板上,下端插入铸铁支座 5 的孔中。支座 5 则固定在转向操纵机构支架 6 上。

穿过转向柱管的转向轴 15 上端由衬套 16 支承,下端则支承在转向柱管支座 5 中的圆锥滚子轴承(图上未示出)上,其轴向位置由限位弹簧 7 限定。转向轴通过双万向节万向传动装置与转向器中的转向蜗杆相连。下万向节 11 与转向传动轴 9 用滑动花键连接。

为了保证转向器摇臂轴在中间位置时,从转向摇臂 13 起始的全套转向传动机构也处于中间位置,在摇臂轴的外端面和转向摇臂上孔外端面上各刻印有短线,作为装配标记。装配

时，应将两个零件上的标记短线对齐。

转向盘由轮缘、轮辐和轮毂组成。轮辐一般为三根辐条或四根辐条，也有用两根辐条的。转向盘轮毂孔具有细牙内花键，借此与转向轴连接。转向盘内部是由成型的金属骨架构成。骨架外面一般包有柔软的合成橡胶或树脂，也有包皮革的，这样可有良好的手感，而且还可防止手心出汗时握转向盘打滑。

当汽车发生碰撞时，从安全性考虑，不仅要求转向盘应具有柔软的外表皮，可起缓冲作用，而且还要求转向盘在撞车时，其骨架能产生变形，以吸收冲击能量，减轻驾驶人的受伤程度。转向盘上都装有喇叭按钮，有些轿车的转向盘上还装有车速控制开关和撞车时保护驾驶人的气囊装置。

2. 转向传动机构

转向传动机构的功用是将转向器输出的力和运动传到转向桥两侧的转向节，使两侧转向轮偏转，并使两转向轮的偏转角按一定关系变化，以保证汽车转向时车轮与地面的相对滑动尽可能小。转向传动机构的组成和布置因转向器位置和转向轮悬架类型而异。

（1）与非独立悬架配用的转向传动机构　如图 2-34a 所示，一般由转向摇臂、转向直拉杆、转向节臂、两个梯形臂和转向横拉杆等组成，各杆件之间都采用球形铰链连接，并设有防止松脱、缓冲吸振、自动消除磨损后的间隙等的结构措施。

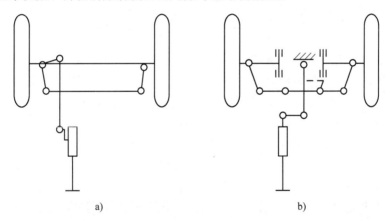

图 2-34　转向传动机构

a）与非独立悬架配用的转向传动机构　b）与独立悬架配用的转向传动机构

（2）与独立悬架配用的转向传动机构　如图 2-34b 所示，由于每个转向轮都需要相对于车架（或车身）做独立运动，所以，转向桥必须是断开式的。与此相对应，转向传动机构中的转向梯形也必须分成两段或三段，转向摇臂在平行于路面的平面中左右摆动，传递力和运动。

2.4.4　汽车的动力转向

动力转向系统是兼用驾驶人体力和发动机（或电动机）的动力作为转向能源的转向系统，是在机械转向系统的基础上加设一套转向加力装置而形成的。目前常见的有机械式液压助力转向、电子式液压助力转向和电动助力转向三种类型。

1. 机械式液压助力转向系统

机械式液压助力转向系统（HPS）是在传统机械转向系统基础上额外加装了一套机械式液压助力系统，包括齿轮齿条转向结构和机械式液压系统（液压助力泵、液压缸、活塞等）两部分，如图 2-35 所示。工作原理是通过液压泵（由发动机传动带带动）提供油压推动活塞，进而产生辅助力推动转向拉杆，辅助车轮转向。

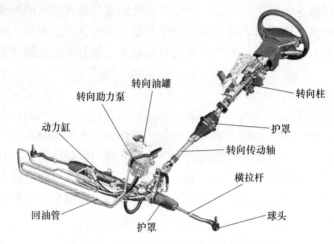

图 2-35　机械式液压助力转向系统的构成

位于转向器上的机械阀体（可随转向柱转动），在转向盘没有转动时，阀体保持原位，活塞两侧的油压相同，处于平衡状态。当转向盘转动时，转向控制阀就会相应地打开或关闭，一侧油液不经过液压缸而直接回流至转向油罐，另一侧油液继续注入液压缸内，这样活塞两侧就会产生压差而被推动，进而产生辅助力推动转向拉杆，使转向更加轻松。

在机械式液压助力转向系统中，车轮的剧烈跳动和遇到坑洼路面导致轮胎出现非自主的转向时，可以通过液压对活塞的作用，很好地缓冲和吸收振动，使传递到转向盘上的振动大大减少。但是单纯的机械式液压助力系统助力力度不可调节，很难兼顾低速和高速行驶时对指向精度的不同需求。另外，不管汽车转不转向，只要发动机工作，液压助力泵就会在发动机的带动下工作，额外消耗发动机的能量，而一旦发动机不工作，液压助力也随之消失。

2. 电子式液压助力转向系统

电子式液压助力转向系统的结构原理与机械式液压助力转向系统大体相同，最大的区别在于提供油压的液压泵的驱动方式不同。机械式液压助力的液压泵是直接通过发动机传动带驱动的，而电子式液压助力采用的是由电力驱动的电子泵。

在液压助力转向系统基础上，增加了控制液体流量的电磁阀、转矩传感器、车速传感器以及转向控制单元等元件。理想情况下，汽车在原地转向时要求转向尽量轻便，在汽车以不同的速度运行时，能实时提供相应的转向助力以克服该运行速度下的转向阻力，使驾驶人既能轻便地操纵转向盘，又有足够的路感。

电子式液压助力的电子泵是由电子系统控制的，不需要转向时，电子泵关闭，进一步减少能耗。电子式液压助力转向系统的电子控制单元利用对车速传感器、转向角度传感器等传感器的信息进行处理，可以通过改变电子泵的流量来改变转向助力的力度大小。

3. 电动助力转向系统

电动助力转向系统主要由传感器、控制单元和助力电动机构成，省去了液压助力系统的液压泵、液压管路、转向柱阀体等结构，结构非常简单，如图 2-36 所示。

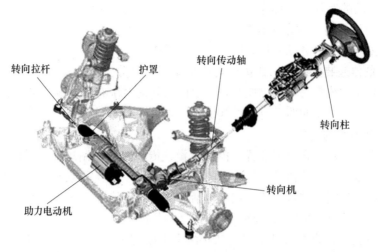

转向拉杆　护罩　转向传动轴　转向柱　转向机　助力电动机

图 2-36　电动助力转向系统的构成

转向盘转动时，位于转向柱位置的转矩传感器将转动信号传到控制器，控制器通过运算修正给电动机提供适当的电压，驱动电动机转动。而电动机输出的转矩经减速机构放大后推动转向柱或转向拉杆，从而提供转向助力。电动助力转向系统可以根据速度改变助力的大小，能够让转向盘在低速时更轻盈，而在高速时更稳定。

电动助力转向有两种实现方式，一种是对转向柱施加助力，是将助力电动机经减速增扭后直接连接在转向柱上，电动机输出的辅助转矩直接施加在转向柱上，相当于电动机直接帮助转动转向盘。另一种是对转向拉杆施加助力，是将助力电动机安装在转向拉杆上，直接用助力电动机推动拉杆使车轮转向。后者结构更为紧凑，便于布置，目前使用比较广泛。

2.5　汽车制动系统

2.5.1　汽车制动系统的类型及主要组成

汽车制动系统的功用主要有：①使行驶中的汽车强制减速甚至停车；②使下坡行驶的汽车速度保持稳定，以保证行车的安全；③使已停驶的汽车在各种道路条件下（包括在坡道上）稳定驻车。

1. 汽车制动系统的类型

（1）按制动系统的作用分类　制动系统可分为行车制动系统、驻车制动系统、应急制动系统和辅助制动系统。行车制动系统用来使行驶中的汽车降低速度甚至停车；驻车制动系统用来使已停驶的汽车驻留原地不动；在行车制动系统失效的情况下，应急制动系统保证汽车仍能实现减速或停车；在行车过程中，辅助制动系统用来降低车速或保持车速稳定，但不能将车辆紧急制动。其中，行车制动系统和驻车制动系统是每一辆汽车都必须具备的。

（2）**按制动操纵能源分类** 制动系统可分为人力制动系统、动力制动系统和伺服制动系统等。以驾驶人的肌体作为唯一制动能源的制动系统称为人力制动系统；完全靠由发动机的动力转化而成的气压或液压形式的势能进行制动的系统称为动力制动系统；兼用人力和发动机动力进行制动的制动系统称为伺服制动系统或助力制动系统。

（3）**按制动能量的传输方式分类** 制动系统可分为机械式、液压式、气压式等。同时采用两种以上传能方式的制动系称为组合式制动系统。

（4）**按能量传递装置回路的数量分类** 制动系统可分为单回路制动系统和双回路制动系统。单回路制动系统只有一条供能管路；双回路制动系统有两条彼此隔绝的供能管路，即使其中一条失败，另一条回路还有能量提供较原先小一些的制动力。

2. 汽车制动系统的组成

汽车制动系统一般包含供能装置、控制装置、传动装置和制动器。供能装置包括供给、调节制动所需能量以及改善传动介质状态的各种部件；控制装置是产生制动动作和控制制动效果的各种部件，如制动踏板；传动装置包括将制动能量传输到制动器的各个部件，如制动主缸、轮缸；制动器是产生阻碍车辆运动或运动趋势的部件。

制动系统一般由制动操纵机构和制动器两个主要部分组成。制动操纵机构产生制动动作、控制制动效果并将制动能量传输到制动器的各个部件；制动器产生阻碍车辆的运动或运动趋势的力（制动力），汽车上常用的制动器都是利用固定元件与旋转元件工作表面的摩擦而产生制动力矩，称为摩擦制动器。如图 2-37 所示，制动操纵机构包括制动总泵、真空助力器、制动踏板机构、制动组合阀等，制动器包括前轮盘式制动器和后轮鼓式制动器。

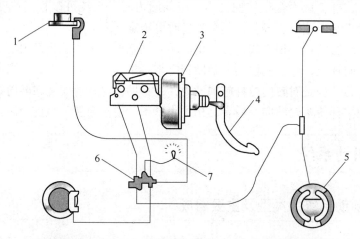

图 2-37　制动操纵机构的组成

1—前轮盘式制动器　2—制动总泵　3—真空助力器　4—制动踏板机构
5—后轮鼓式制动器　6—制动组合阀　7—制动信号灯开关

2.5.2　制动器结构及工作原理

一般制动器都是通过其中的固定元件对旋转元件施加制动力矩，使后者的旋转角速度降低，同时依靠车轮与地面的附着作用，产生路面对车轮的制动力以使汽车减速。凡利用固定元件与旋转元件工作表面的摩擦而产生制动力矩的制动器都称为摩擦制动器。目前汽车所用

的制动器几乎都是摩擦式的，可分为鼓式和盘式两大类。

1. 鼓式制动器

鼓式制动器摩擦副中的旋转元件为制动鼓，其工作表面为圆柱面，其基本结构如图 2-38 所示。在踩下制动踏板时，推动制动总泵的活塞运动，进而在油路中产生压力，制动液将压力传递到车轮的制动轮缸，并推动制动轮缸内的活塞带着制动蹄向外运动，使得摩擦衬片与制动鼓内表面贴紧产生摩擦，达到制动目的。

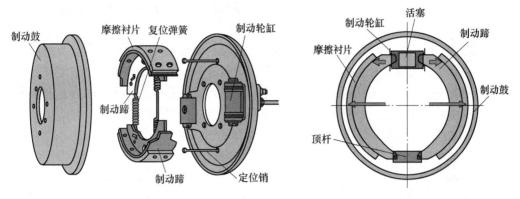

图 2-38　鼓式制动器的基本结构

制动鼓安装在轮毂上，是随车轮一起旋转的部件。它由铸铁制成，形状像是圆鼓，因此称为鼓式制动器。从结构图中可以看出，鼓式制动器工作在一个相对封闭的环境，制动过程中产生的热量不易散出，频繁制动会影响制动效果。不过鼓式制动器可提供很高的制动力，因此广泛应用于重型车上。鼓式制动器的制动衬片磨损较少、成本较低、维修较容易，因此目前仍在经济型轿车后轮上采用。另外，一般轿车的驻车制动器（俗称手刹）都是采用鼓式制动器只对两个后轮起作用。

2. 盘式制动器

盘式制动器也叫碟式制动器，其旋转元件则为旋转的制动盘，以端面为工作表面。盘式制动器的基本结构如图 2-39 所示，主要由制动盘、制动钳、制动摩擦片等部件构成。

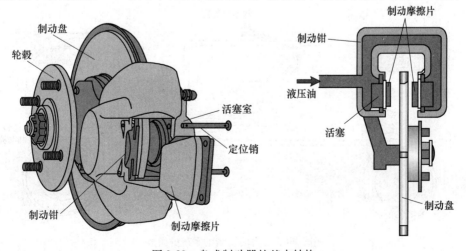

图 2-39　盘式制动器的基本结构

制动盘用合金钢制造并固定在轮毂上，随车轮转动。制动钳固定在制动器的底板上，制动钳上的两个制动摩擦片分别装在制动盘的两侧。活塞室内的活塞受制动液管输送来的液压作用，推动摩擦片压向制动盘发生摩擦制动，动作起来就好像用钳子钳住旋转中的盘子，达到制动目的。

与封闭式的鼓式制动器不同的是，盘式制动器是敞开式的。制动过程中产生的热量可以很快散去，特别是高负载时的耐高温性能好，制动效果稳定。同时，盘式制动器重量轻，构造简单，调整方便，而且不怕泥水侵袭（离心力的作用可将雨水飞散出去），现在已广泛应用于轿车上。

因为制动过程实际上是将动能转化为热能的过程，如果制动器的热量不能及时散出，会影响制动效果。通风制动盘能够进一步地提升制动效能，通风制动盘的内部是中空的或在制动盘上打很多小孔，冷空气可以从中间穿过进行降温。从外表看，它在圆周上有许多通向圆心的洞孔，利用汽车在行驶中产生的离心力使空气对流，达到散热的目的，因此比普通实心盘式的散热效果要好许多。

2.5.3　人力制动系统

人力制动系统的制动能源仅仅是驾驶人的肌体。按其传动装置的结构形式，人力制动系统有机械式和液压式两种。目前机械制动系统只用于驻车制动，而且大多是用于对中央制动器的制动。这是由于车轮与车架之间通过弹性悬架相连接，使机械制动结构复杂，工作不可靠。

人力液压制动系统曾广泛应用于轿车、轻型汽车。人力液压制动系统主要由制动踏板、制动主缸、轮缸和一些连接油管及制动器等组成，如图 2-40 所示。作为制动能源的驾驶人所施加的控制力，通过作为控制装置的制动踏板机构传到容积式液压传动装置的主要部件——制动主缸。制动主缸属于单向作用活塞式液压泵，其作用是将踏板机构输入的机械能转换成液压能。液压能通过油管输入前、后轮制动器中的制动轮缸。制动轮缸属于单向作用活塞式液压缸，其作用是将输入的液压能再转换成机械能，促使制动器进入工作状态。

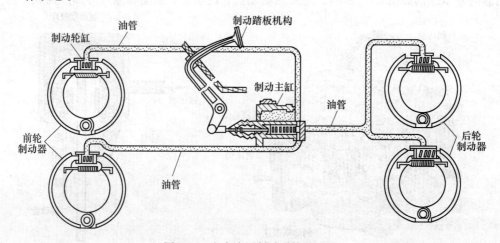

图 2-40　人力液压制动系统的组成

制动踏板机构和制动主缸都装在车架上。因车轮是通过弹性悬架与车架相连的，而且有的还是转向轮，主缸与轮缸的相对位置经常变化，故主缸与轮缸间的连接油管除金属管（铜管）外，还有特制的橡胶制动软管。各液压元件之间及各段油管之间还有各种管接头。

制动踏板到轮缸活塞的制动系统传动比等于踏板机构杠杆比乘以轮缸直径同主缸直径之比。传动比越大，则为获得同样大的制动力矩所需的踏板力越小，但踏板行程却因此而增大，使得制动操作不便。故要求液压制动系统传动比合适，保证制动踏板力较小，同时踏板行程又不太大。

2.5.4 伺服制动系统

伺服制动系统是在人力液压制动系统的基础上加设一套动力伺服系统而形成的。在正常情况下，制动能量大部分由动力伺服系统供给，而在动力伺服系统失效时，还可以完全依靠驾驶人供给。按伺服系统输出力的作用部位和对其控制装置操纵方式的不同，伺服制动系统可分为助力式和增压式两类。

1. 助力式伺服制动系统

助力式又称直接操纵式，其特点是伺服系统由制动踏板机构直接操纵，真空伺服系统产生的助力与踏板力共同作用于制动主缸，以助踏板力之不足。乘用车普遍采用真空助力伺服制动系统，其组成如图 2-41 所示。

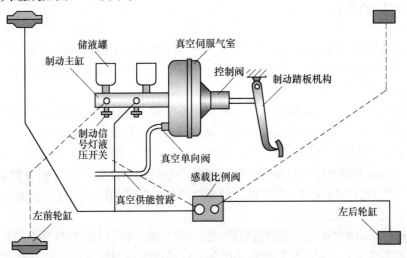

图 2-41　真空助力伺服制动系统的组成

2. 增压式伺服制动系统

增压式又称间接操纵式，其特点是控制阀用制动踏板机构通过主缸输出的液压操纵，且伺服系统的输出力与主缸液压共同作用于辅助缸，使辅助缸输出到制动轮缸的液压远高于制动主缸的液压。增压式伺服制动系统分为真空增压伺服和气压增压伺服两种。

真空增压伺服制动系统的组成如图 2-42 所示。发动机工作时，在发动机进气歧管中的真空度作用下，真空罐中的空气经真空单向阀被吸入发动机，因而罐中也产生并积累一定的真空度，作为伺服制动的能源。踩下制动踏板时，制动主缸的输出液压首先传入辅助缸，作为制动促动压力传入前后制动轮缸，同时又作为控制压力输入控制阀，控制真空伺服气室的工作腔连

通真空罐或连通大气，真空伺服气室输出力与制动主缸传来的液压作用力一起通过辅助缸内的活塞作用于前后制动轮缸，因而辅助缸输送至前后制动轮缸的压力高于制动主缸的压力。

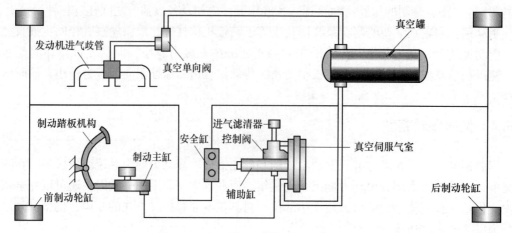

图 2-42　真空增压伺服制动系统的组成

气压增压伺服制动系统的结构原理与真空增压伺服制动系统大体相同。区别在于气压增压器所用的高压是压缩空气压力而不是大气压力，低压是大气压力而不是真空度。

2.5.5　动力制动系统

动力制动系统中，用来进行制动的能量是空气压缩机产生的气压能，或由液压泵产生的液压能，而空气压缩机或液压泵则由汽车发动机驱动。所以，动力制动系统是以汽车发动机为唯一的制动初始能源的。

动力制动系统有气压制动系统、气顶液制动系统和全液压动力制动系统三种。气压制动系统的供能装置和传动装置全部是气压式，其控制装置主要由制动踏板机构和制动阀等气压控制元件组成，有些汽车在踏板机构和制动阀之间还串联有液压式操纵传动装置，主要适用于中型以上特别是重型的货车和客车。气顶液制动系统的供能装置和控制装置都是气压式，传动装置是气压和液压组合式，气压能通过串联的动力气室和液压主缸转换为液压能，液压能传到各个轮缸，产生制动作用。

全液压动力制动系统中除制动踏板机构以外，其供能、控制和传动装置全部是液压式，其基本组成如图 2-43 所示。液压泵把储液罐内的油液经过单向阀压入前后轮制动蓄能器。当踩下制动踏板时，并列双腔液压制动阀开启，使高压油液流入前后制动管路，对前后轮进行制动，当放松制动踏板时，前后制动管路中多余的油经安装在制动阀上的回油管回到储液罐。

2.5.6　制动力调节装置

车轮停止转动，在地面上滑拖的情况被称为"抱死"。受地面附着条件限制，即使制动管路中的工作压力再增大，也不可能使制动力增加。车轮一旦抱死便会失去抗侧滑的能力，如果前轮抱死，会使汽车失去方向操纵性，无法转向；如果后轮抱死而前轮滚动时，会使汽车失去方向稳定性，丧失了对侧向力的抵抗能力而侧滑（甩尾），造成极为严重的后果。因此后轮抱死的危险性远大于前轮。汽车既要得到尽可能大的制动力，又要保持行驶方向的操

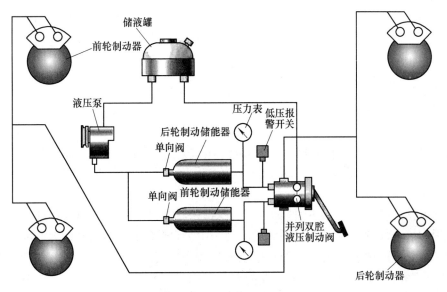

图 2-43　全液压动力制动系统的基本组成

纵性和稳定性（不失控、不甩尾），即最佳制动状态，就要求汽车前后轮同时达到"抱死"的边缘，其条件是：前后车轮制动力之比等于前后车轮对路面垂直载荷之比。但是，随着装载量不同和汽车制动时减速度所引起载荷的转移不同，汽车前后车轮的实际垂直载荷比是变化的。因此，要满足最佳制动状态的条件，汽车前后轮制动力的比例也应是变化的。

为解决上述问题，在一些汽车上采用了各种制动力调节装置，来调节前后车轮制动管路中的工作压力。常用的有限压阀、比例阀和感载比例阀。

限压阀是一种最简单的压力调节阀，串联在制动主缸与后轮制动器的管路之间。它的作用是当前后制动管路压力由零同步增长到一定值后，即自动将后轮制动器管路中的液压限定在该值不变，防止后轮抱死。

比例阀是一种输出量与输入信号成比例的液压阀。它可以按给定的输入信号连续按比例地控制液流的压力、流量和方向，广泛应用于要对液压参数进行连续控制或程序控制，但对控制精度和动态特性要求不太高的液压系统中。

感载比例阀利用车身与车桥之间的距离变化（外界作用力）来改变弹簧的预紧力，随着车辆载荷的增加，相应地进行调整，使得在任何载荷条件下都能得到一个近似理想的制动力分配，基本结构如图 2-44 所示。它安装在制动总泵与后轮制动分泵之间的管道上，由壳体、柱塞、阀门、弹簧等组成。壳体进油孔与制动总泵出油孔相通，出油孔与车轮制动分泵相通。当外界作用力小时，感载比例阀的柱塞在弹簧预紧力的作用下被推至最右边，两孔相通，总

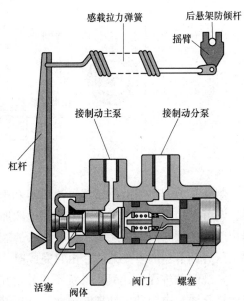

图 2-44　感载比例阀的基本结构

泵与分泵压力相等。当外界作用力大于弹簧预紧力，迫使柱塞左移，令柱塞与阀门接触并关闭了阀门，切断总泵通向分泵的通道；若外界作用力继续增大，又会使柱塞右移，柱塞与阀门脱离接触，阀门又被打开，总泵与分泵又相通。这样比例阀反复动作使分泵的液压不断得到调整，也就不断调整了后轮制动力。

2.5.7　防抱死制动系统

防抱死制动系统（Antilock Brake System，ABS）的作用就是在汽车制动时，自动控制制动器制动力的大小，使车轮不被抱死，处于边滚边滑（滑移率在20%左右）的状态，以保证车轮与地面的附着力在最大值。

汽车在制动过程中存在着两种阻力：一种阻力是制动器摩擦片与制动鼓或制动盘之间产生的摩擦阻力，这种阻力称为制动系统的阻力，由于它提供制动时的制动力，因此也称为制动系统制动力；另一种阻力是轮胎与道路表面之间产生的摩擦阻力，也称为轮胎-道路附着力。如果制动系统制动力小于轮胎-道路附着力，则汽车制动时会保持稳定状态，反之，如果制动系统制动力大于轮胎-道路附着力，则汽车制动时会出现车轮抱死和滑移。

防抱死制动系统主要由轮速传感器、制动压力调节器和电子控制器（ECU）等组成，如图2-45所示。轮速传感器将测量到的车轮转速电压信号传递给电子控制器，电子控制器具有运算功能，接收轮速传感器的电压信号后，计算出车轮速度，并与存储在其内部的参考车速进行比较，得出滑移率及加、减速度，将这些信号加以分析，向制动压力调节器发出控制指令，由制动压力调节器调节制动压力。

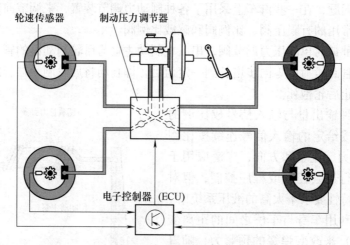

图 2-45　防抱死制动系统的组成

制动压力调节器由电动泵、蓄能器和电磁阀构成，如图2-46所示。电动泵是一个高压泵，它可在短时间内将蓄能器中的制动液加压，并给整个液压系统提供高压制动液体；蓄能器位于电磁阀与液压泵之间，由轮缸来的液压油进入蓄能器，以暂时贮存制动液；电磁阀是制动压力调节器的重要部件，由它完成对ABS的控制。

常规制动过程中，ABS系统不工作。电磁阀的电磁线圈中无电流通过，此时制动主缸与轮缸直通，由制动主缸来的制动液直接进入轮缸，轮缸压力随主缸压力而增减，液压泵也

不需工作。当轮速传感器发出抱死危险信号时，ECU 向电磁阀的电磁线圈通入一个较小的保持电流（约为最大电流的 1/2）时，电磁阀处于"保压"位置，此时主缸、轮缸和回油孔相互隔离密封，轮缸中的制动压力保持一定。如果在"保压"指令发出后，仍有车轮抱死信号，ECU 即向电磁阀的电磁线圈通入一个最大电流，电磁阀处于"减压"位置，此时电磁阀将轮缸与回油通道或储液室接通，轮缸中制动液经输出电磁阀流入储液室，轮缸压力下降。当压力下降后车轮加速太快时，ECU 便切断通往电磁阀的电流，主缸和轮缸再次相通，主缸中的高压制动液再次进入轮缸，使制动压力增加。

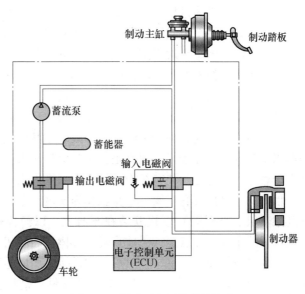

图 2-46 制动压力调节器的构成

2.6 汽车车身及装备

汽车车身既是驾驶人的工作场所，又是容纳乘客和货物的场所。汽车车身应对驾驶人提供便利的工作条件，对乘员提供舒适的乘坐条件，保护他们免受汽车行驶时的振动、噪声、废气的侵袭以及外界恶劣气候的影响，并保证完好无损地运载货物且装卸方便。汽车车身上的一些结构措施和设备还有助于安全行车和减轻事故的后果。汽车车身是一件精致的综合艺术品，应以其明晰的雕塑形体、优雅的装饰件和内部覆饰材料以及悦目的色彩使人获得美的感受，点缀人们的生活环境。

2.6.1 汽车车身的类型及构成

1. 汽车车身的分类

按车身的受力情况分为非承载式和承载式车身，如图 2-47 所示。

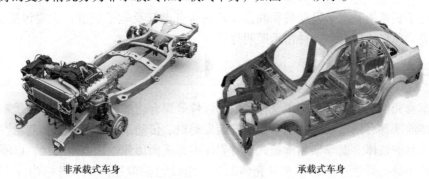

非承载式车身   承载式车身

图 2-47 车身的类型

非承载式车身通过橡胶软垫或弹簧与车架做柔性连接。车架是支撑全车的基础，承受着在其上所安装的各个总成的各种载荷。车身只承受所装载的人员和货物的重力及惯性力，在车架设计时不考虑车身对车架承载所起的辅助作用。优点是：①挠性橡胶垫起到辅助缓冲、适当吸收车架的扭转变形和降低噪声的作用，延长了车身的使用寿命，提高了乘坐舒适性，因此广泛应用于高级轿车和部分中级轿车上；②底盘和车身可以分开装配，然后总装在一起，可以简化装配工艺，便于组织专业化协作；③有车架作为整车的基础，便于汽车上各总成和部件的安装，同时易于更改车型和改装成其他用途的车辆；④车架对车身还有一定的保护作用，车身安全性较好。缺点是：①为保证车架有足够的强度和刚度，增加了整车自重；②由于底盘和车身之间装有车架，使整车高度增大。

承载式车身指没有车架，车身就作为安装汽车各个总成和承受各种载荷的基体，底盘部件（发动机、悬架等）直接安装在车身上，以薄板构成为主，用于大多数中级、普通级、微型轿车的车身。优点是：①质量轻，整体弯曲和扭转刚度好；②车室地板低，车辆高度尺寸小；③以薄板加工为主，且可用点焊焊接，所以易于批量生产。缺点是：①路面和发动机等的噪声及振动容易传入车身，影响舒适性；②因为用整个车身来确保刚度，所以很难改造。

还有一种介于非承载式车身和承载式车身之间的车身结构，被称为半承载式车身。它拥有独立完整的车架，并且车身本体与车架通过焊接或螺栓刚性连接，因此车身壳体可以承受部分载荷。有些部分的骨架如单独的支柱、拱形梁、加固件等，它们彼此连接或借蒙皮连接。半承载式车身一般用于大客车。

2. 汽车车身的构成

汽车车身包括车身本体、车身外装饰件、车身内饰件、车身附件和车身电子装置。

车身本体是一切车身部件的安装基础，通常由纵梁、横梁、立柱、肋板等车身构件和车身覆盖件焊接而成，还包括发动机舱盖、翼子板、车门和行李舱等。

车身外装饰件是起保险或装饰作用的一些部件，以及实现某种功能的车外附件，主要有前后保险杠、车门防撞装饰条、散热器面罩、外饰件、玻璃、密封条和车外后视镜等。

车身内装饰件是车内对人体起保护作用或装饰作用的部件，以及实现某种功能的车内附件，主要有车门内护板、车顶顶棚、地板及侧壁的内饰等。

车身附件是指车身中具有独立功能并成为一个分总成的机构，如座椅、仪表板、空调、后视镜、玻璃升降器、安全带、刮水器、车灯、遮阳板、扶手、车门机构及附件、车内后视镜等。

车身电子装置指除用于发动机和底盘以外的所有电气及电子装置，主要包括空调装置、仪表、开关、前灯、尾灯和各种指示照明灯等。

2.6.2 轿车车身结构

轿车车身壳体结构是由外部覆盖件和内部板件等焊合而成的空间结构。现代轿车的承载式车身壳体前部都有副车架。在副车架上安装发动机、传动系统、前悬架和前轮，组合成便于装配和维修的整体。副车架与承载式车身壳体前部底面用弹性橡胶垫连接，以隔离振动和冲击，提高车身的舒适性。轿车车身壳体的基本组成包括覆盖件、车身结构件，如图 2-48 所示，其中结构件还包含一些结构加强件。

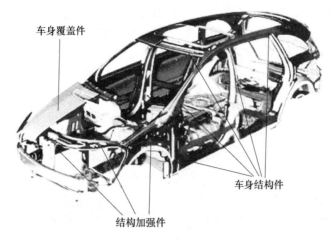

图 2-48　轿车车身壳体结构的基本组成

1. 车身覆盖件

车身覆盖件是指包覆骨架的表面板件，具有较大空间曲面形状的表面和车内板件，起封闭车身、体现车身外观造型及增大结构强度和刚度等作用。主要外观覆盖件包括发动机舱盖、车顶盖、行李舱盖、翼子板和围板等。

（1）发动机舱盖　发动机舱盖（俗称发动机罩）是最醒目的车身构件，起隔热隔音作用，自身质量轻、刚性强。发动机舱盖一般由外板和内板组成，中间夹以隔热材料，内板基本上是骨架形式，起到增强刚性的作用。

（2）车顶盖　车顶盖是车厢顶部的盖板，刚度要求不高，因此允许在车顶盖上开设天窗，设计顶盖时主要考虑如何与前、后窗框及与支柱交界点平顺过渡，以求得最好的视觉感和最小的空气阻力。一般在顶盖下增加一定数量的加强梁，顶盖内层敷设绝热衬垫材料，以阻止外界温度的传导及减少振动时噪声的传递。

（3）行李舱盖　行李舱盖要求有良好的刚性，结构上基本与发动机舱盖相同，也有外板和内板，内板有加强筋。一些被称为"二厢半"的轿车，其行李舱向上延伸，包括后风窗玻璃在内，使开启面积增加，形成一个门，因此又称为背门。

（4）翼子板　翼子板是遮盖车轮的车身外板，因旧式车身该部件形状及位置似鸟翼而得名。按照安装位置又分为前翼子板和后翼子板。前翼子板安装在前轮处，必须要保证前轮转向及跳动时的最大极限空间，因此设计者会根据选定的轮胎型号尺寸用"车轮跳动图"来验证翼子板的设计尺寸。后翼子板不存在车轮转向碰擦的问题，但出于空气动力学的考虑，后翼子板略显拱形弧线向外凸出。

（5）围板　围板分前围板和后围板。前围板是指发动机舱与车厢之间的隔板。前围板上有许多孔口，作为操纵用的拉线、拉杆、管路和电线束通过之用，还要配合踏板、方向机柱等机件的安装位置。为防止发动机舱里的废气、高温、噪声窜入车厢，前围板上要有密封措施和隔热装置。在发生意外事故时，它应具有足够的强度和刚度，以保护客舱乘员。后围板是行李舱与车厢之间的隔板，在一些两厢车型中没有后围板结构。

2. 车身结构件

车身结构件主要是车身结构中的梁和支柱，用来支撑车身覆盖件，并通过焊接形成车身

空间骨架，使车身成为整体式壳体结构，其中轿车车身结构件包括车身前部结构件、客舱、车身后部结构件以及连接用结构件。轿车车身结构件是轿车各总成及乘员的承载体，为了保证各个总成安装运转可靠，乘员舒适安全，其强度和刚度应满足要求。

（1）车身前部结构件 非承载式车身的轿车，车架上装有散热器、发动机、部分传动装置、前悬架等，由于车架承担了主要的载荷，前部结构件不需要很大的强度和刚度，仅仅是用来包容装在轿车前部的各个总成，防止车轮将污泥甩到发动机或装在车身前部的各个总成上。这些前部结构件，多采用螺栓与车架或车身本体相连接。

承载式车身前部结构件具有承载和包容功能，为了支撑轿车散热器、发动机、传动系统和前悬架等，同时承受它们的作用力以及振动和冲击等，承载式车身前部结构件具有较强的刚度和强度，是车身前部的承载构件。在其相应的部位上，装置发动机和前悬架的悬置点，来安装发动机和前悬架，前部结构件构成了一个不可拆卸的整体框架。前照灯框架、前横梁、发动机舱盖前支承板焊接组成了车身前部结构的横向承载单元。车身前部结构两侧的纵向承载单元由前翼子板支架、挡泥板、悬架支座、前纵梁等焊接而成。

（2）客舱 客舱是乘客的承载体和包容体，客舱是由前围组合件、左右侧围、后围组合件、顶盖梁和地板等结构件共同组成的空间框架，客舱是轿车车身的核心，它要为驾驶人提供一个安全、方便的驾驶条件，为乘员提供一个安全、可靠、舒适的乘坐空间和乘坐环境，因此要求客舱的各个结构件除保证有足够的强度和刚度外，还要便于乘员的乘坐和上下车。微型轿车的客舱虽然十分紧凑，也还是要保证乘员有足够的乘坐空间和舒适的乘坐姿势。其中前柱（A柱）、中柱（B柱）和后柱（C柱）的位置尤为关键。

前柱（A柱）必须考虑驾驶者视线的角度问题。一般情况下，驾驶者通过前柱处的视线，双目重叠角总计为5°~6°，从驾驶者的舒适性看，重叠角越小越好，但这涉及前柱的刚度，既要有一定的几何尺寸保持前柱的高刚度，又要减少驾驶者的视线遮挡影响，是一个矛盾的问题。设计时必须尽量使两者平衡以取得最佳效果。

中柱（B柱）不但支撑车顶盖，还要承受前、后车门的支承力，在中柱上还要装置一些附加零部件，例如前排座位的安全带、电线线束等。为考虑乘客上下车的便利性，有些车型取消了中柱，但需要相应增强前、后柱，车身结构也必须要用新的形式。

后柱（C柱）与前柱、中柱的要求不一样，不需要考虑视线遮挡及上下车障碍等问题，因此设计相对自由，但需要考虑与车身整体的密封性。

（3）车身后部结构件 轿车后部结构形式与轿车的整体结构形式有关。折背式轿车后部的行李舱是由客舱的后围板、行李舱的左右内侧板、行李舱的尾板、行李舱盖、后地板以及后地板横梁等构件组成。直背式轿车的后部主要由背门和门框组成，行李舱是由向后延伸的轿车侧围以及与后窗组成一体的大型后舱盖构成的。舱背式轿车的行李舱与轿车的客舱是相通的，采用一个大的后舱门作为轿车的后舱门，这样可以扩大轿车装载货物的容量。

通常轿车的燃油箱、备轮、工具箱和较重或较大的行李被安置在轿车的后部。由于行李舱地板两侧有两个凸起的后轮罩，占据了很大的空间，因此在布置上要充分考虑有效空间的利用、备轮的取出和装入的方便性等。轿车的燃油箱一般布置在后排坐垫框下面，可以充分利用空间。同时在轿车受到后面碰撞时，要保证燃油箱不会被撞坏而泄漏燃油或燃油箱拖地摩擦而引起火灾，另外布置备轮时应尽可能地扩大行李的存放空间，并能方便地取出和装入。

2.6.3　其他类型的车身结构

1. 典型货车驾驶室结构

绝大多数货车驾驶室都是非承载式的结构，驾驶室没有明显的骨架，由外部覆盖件和内部板件焊合成壳体，如图 2-49 所示，通过 3 点或 4 点弹性悬架与车架连接。驾驶室壳体各个零件按顺序分组定位焊连接，最后由地板总成、后围总成、前围总成、顶盖等拼装焊合。

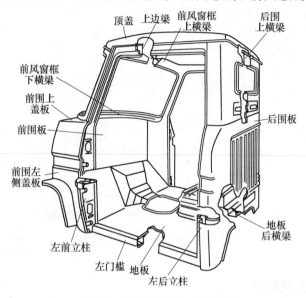

图 2-49　货车驾驶室的基本结构

2. 半承载式客车车身结构

半承载式客车车身结构的特点是在客车专用底盘上将车架用若干加宽悬臂梁与车身侧壁刚性连接，使车身骨架也分担车架的一部分载荷，其中车架由两根前后直通的纵梁与若干横梁等组成，如图 2-50 所示。许多国产大、中型客车车身均采用这种结构形式。

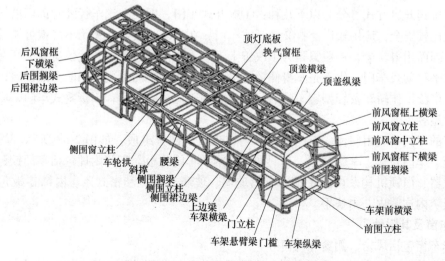

图 2-50　半承载式客车车身结构

3. 承载式客车车身结构

底架是薄钢板冲压或用型钢焊制的纵、横格栅，以取代笨重的车架。所有车身壳体构件（包括覆盖件）都参与承载，互相牵连和协调，充分发挥材料的潜力，使车身质量最小而强度和刚度最大，如图 2-51 所示。

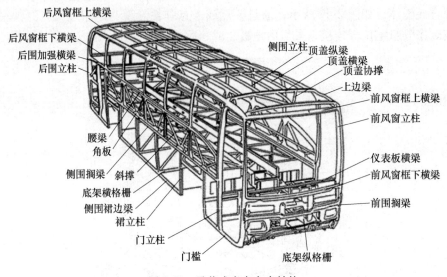

图 2-51　承载式客车车身结构

2.6.4　车门与车窗及附件

1. 车门及其附件

车门（Car Door）为驾驶人和乘客提供出入车辆的通道，并隔绝车外干扰，在一定程度上减轻侧面撞击，保护乘员。车门的好坏，主要体现在防撞性能、密封性能、开合便利性，及其他使用功能的指标等。防撞性能尤为重要，因为车辆发生侧碰时，缓冲距离很短，很容易就伤到车内人员。

车门按其开启方式可分为以下几种：①顺开式车门，即使在汽车行驶时仍可借气流的压力关上，比较安全，应用较广泛；②逆开式车门，在汽车行驶时若关闭不严就可能被迎面气流冲开，因而用得较少，一般只是为了改善上下车方便性及适于迎宾礼仪需要的情况下才采用；③水平移动式车门，优点是车身侧壁与障碍物距离较小的情况下仍能全部开启；④上掀式车门，广泛用作轿车及轻型客车的后门，也应用于低矮的汽车；⑤折叠式车门，广泛应用于大、中型客车上。

轿车的车门一般由门体、车门附件和内饰盖板三部分组成，如图 2-52 所示。门体包括车门内板、车门外板、车门窗框、车门加强横梁和车门肋板。车门附件包括车门铰链、车门开度限位器、门锁机构及内外手柄、车门玻璃、玻璃升降机和密封条。内饰盖板包括固定板、芯板、内饰蒙皮、内扶手。

2. 车窗及其附件

汽车车窗包括风窗、侧窗和天窗等。

汽车的前、后风窗通常采用有利于视野而又美观的曲面玻璃，轿车的前后风窗又称前后

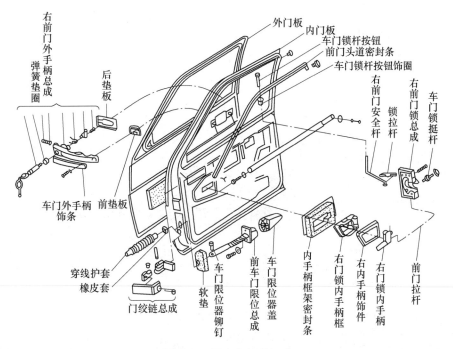

图 2-52 轿车车门的组成

风窗玻璃。

汽车的侧窗可设计成上下开启式或水平移动式。侧窗玻璃采用茶色或带有隔热层，可使室内保温并有安闲宁静的舒适感。具有完善的冷气、暖气、通风及空调设备的高级客车常常将侧窗设计成不可开启式，以提高车身的密封性，其附件包括玻璃升降器。

天窗（也称遮阳顶窗）可以增加车舱内的光照度，而且也是一种较有效的自然通风装置。根据不同的需要，可把遮阳顶窗部分或全部关闭，形成功能优异的全天候式车身结构。天窗的开启有翻开和滑开两种方式，通过驱动电机带动撑杆机构实现。

2.6.5 车身附属装置及安全防护装置

1. 空调系统

汽车空调是通过人为的方式在车内创造一个对人体适宜的气候环境，即对车内空气的温度、湿度、流动速度、清洁度进行人工调节，包含通风系统、暖气系统、制冷系统、空气净化系统、控制系统等，高级客车上还特别安装有空气加湿装置。

通风系统有自然通风和强制通风两种形式。不依靠风机而利用汽车行驶的迎面气流进行车内空气交换的办法，称为自然通风。自然通风可依靠车身上的进、出风口和装在车门上的升降玻璃窗和三角通风窗实现。进风口通常布置在前风窗玻璃下沿前方或车身前围两侧，出风口通常布置在车身侧面向后部的拐角处。

现代轿车的暖气系统大多数是非独立式（也称为余热供暖），其热源是发动机工作时冷却液的热量（水暖）或发动机排气系统的热量（气暖）。水暖式暖气装置多用于轿车、大型货车及采暖要求不高的大客车上；气暖式暖气装置多用于装有风冷式发动机的汽车和有特殊要求的车辆。

实际上，现代轿车中多数空调系统是集通风、暖风、冷气、净化等为一体的联合装置，称为四季空调系统，如图 2-53 所示。

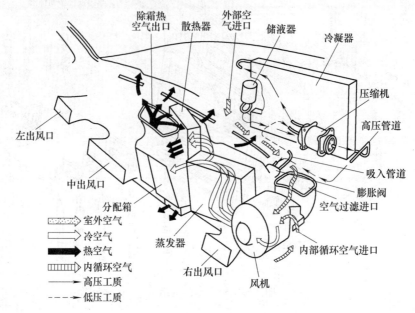

左出风口　中出风口　分配箱　室外空气　冷空气　热空气　内循环空气　高压工质　低压工质　蒸发器　右出风口　风机　内部循环空气进口　空气过滤进口　膨胀阀　吸入管道　高压管道　压缩机　冷凝器　储液器　外部空气进口　散热器　除霜热空气出口

图 2-53　现代轿车中的四季空调系统

2. 座椅

座椅是车身内部的重要装置。座椅的作用是支撑人体，使驾驶操作方便和乘坐舒适。座椅由骨架、坐垫、靠背、头枕和调节机构等部分组成，如图 2-54 所示。先进的座椅调节机构用微型电机驱动，有多种行程和角度调节方式，为电动调节座椅。座椅的设计主要考虑人体工学和安全性。

3. 安全防护装置

安全防护装置主要是指车内保护乘客和车外保护行人的装置及结构。

（1）车身壳体结构的防护措施　车身壳体的正确结构是：使客舱具有较大的刚度以便在碰撞时尽量减少变形，同时使车身的头部、尾部等其他离乘员较远部位的刚度相对较小，在碰撞时产生较大的变形而吸收撞击能量。

（2）保险杠及护条　汽车最前端和最后端都有保险杠，许多轿车左右两侧还有纵贯前后的护条。保险杠和护条的安装高度应符合规定，以便汽车相撞时两车的保险杠或护条能首先接触。

保险杠的防护结构应包括两部分：首先是减少行人受伤的保险杠软表层，由弹性较大的泡沫塑料制成；其次是可吸收一部分撞击能量的装置，有金属构架、全塑料装置、半硬质橡胶缓冲结构、液压或气压装置等。

车身侧面的护条以防止汽车相互刮擦为主，与行人接触的概率较小，一般由半硬质塑料或橡胶制成。

（3）汽车其他外部构件　根据事故统计资料，除了保险杠外，经常使行人受伤的构件

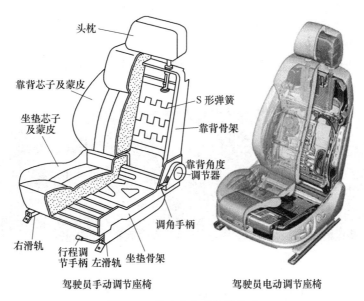

图 2-54　汽车座椅的结构构成

主要有前翼板、前照灯、发动机舱盖、前轮、风窗玻璃等。这些构件不应尖锐和坚硬，最好是既平滑又富有弹性。有些轿车的整个正面都用大块聚氨酯泡沫塑料制成，并将发动机舱盖顶面用软材料包垫，以提高安全性。

（4）安全带　汽车上最常用的是三点式安全带。带子由结实的合成纤维织成，包括斜跨前胸的肩带和绕过人体胯部的腰带两部分。在座椅外侧和内侧的地板上各有 1 个固定点，第三个固定点位于座椅外侧支柱上方。

（5）气囊系统　气囊系统通常称为辅助约束系统（简称 SRS），可与安全带一起对前排乘员提供有效的保护。对于未佩戴安全带的乘员，气囊系统的防护作用是有限的；而对于佩戴安全带的乘员，气囊系统可以有效地减轻头部的受伤。近年来，有些汽车为了提高其安全性，还设置了侧面气囊系统。

（6）头枕　头枕也是座椅的一部分，是汽车后部受撞击时限制人的头部向后甩动的安全装置，头枕可降低颈椎受伤的可能性。

（7）安全玻璃　目前在汽车上广泛应用的安全玻璃有钢化玻璃和夹层玻璃两种。钢化玻璃受冲击损坏时，整块玻璃出现网状裂纹，脱落后分成许多无锐边的碎片。夹层玻璃受冲击损坏时，内、外层玻璃碎片仍粘附在中间层上。中间层韧性较好，在承受撞击时拱起从而吸收一部分冲击能量，起缓冲作用。大量事故调查表明，夹层玻璃的安全性优于钢化玻璃。

（8）门锁与门铰链　汽车的门锁与门铰链应有足够的强度，能同时承受纵、横两个方向的冲击载荷而不致使车门开启，避免乘员被甩出车外而受重伤或死亡的危险。此外，在事故后，门锁应不失效，使车门仍能被正常打开。转子卡板式门锁能同时承受纵、横向载荷，被广泛采用。

2.6.6　汽车仪表与照明及附属装置

1. 汽车仪表板

仪表板（Instrument Panel）是驾驶室中安装各种指示仪表和点火开关等的一个总成。它

装在仪表嵌板上，或者作为附件装在转向管柱上。仪表板总成好似一扇窗户，随时反映车子内部机器的运行状态。它既是设备的控制中心又是车内装饰对象，是驾驶室内最引人注目的部件。仪表板总成既有技术的功能又有艺术的功能，是整车风格的代表之一，如图2-55所示。

图2-55　仪表板总成的风格表现

按汽车仪表的工作原理不同，可大致分为三代。第一代汽车仪表是机械机芯表；第二代汽车仪表称为电气式仪表；第三代为全数字汽车仪表，它是一种网络化、智能化的仪表，其功能更加强大，显示内容更加丰富，线束链接更加简单。第三代仪表可以通过步进电机来驱动基表指针，也可以利用LCD液晶屏直接显示图形或文字信息，同时它还有智能处理单元，可以与汽车其他控制单元交互信息。

（1）常用仪表　传统的车速表是机械式的，现代轿车仪表使用的是电子车速表，它从变速器上的速度传感器获取信号，通过脉冲频率的变化使指针偏转或者显示数字。

里程表是从速度传感器获取里程信号，累积的里程数字存储在非易失性存储器内，在无电状下态数据也能保存。

转速表一般与车速里程表对称地放置在一起。通过指针显示或液晶数字显示，表内有数字集成电路，将点火线圈输送过来的电压脉冲经过计算后驱动指针移动或数字显示。

机油压力表是显示机油压力的仪表，单位是kPa（千帕）。机油压力表传感器是一种压阻式传感器，用螺纹固连在发动机机油管路上。由机油压力推动接触片在电阻上移动，使阻值变化从而影响到通过仪表到地的电流量，驱动指针摆动。由于机油压力有一定的压力范围，为了清晰明了，有许多汽车的机油压力表用指示灯表示，如果发动机运转时它仍然亮着，就表示发动机润滑系统可能不正常了。

冷却液温度表，俗称水温表，是显示冷却液温度的仪表，单位是℃（摄氏度）。它的传感器是一种热敏电阻式传感器，用螺纹固定在发动机冷却水道上。热敏电阻决定了流经冷却液温度表线圈绕组的电流大小，从而驱动表头指针摆动。

燃油表是显示油箱内的油量的仪表，单位是L（升），指针指向"F"，表示满油，指向"E"，表示无油；也有用1/1、1/2、0分别表示满油、半箱和无油。

（2）常用功能键　油箱开启键是用来在车内遥控开启油箱盖。装有该按键的车辆，驾驶人可以通过这个按键将油箱盖子从车内打开，但油箱的关闭需要手动在车外控制。

ESP开关键用来打开和关闭车辆的ESP。车辆的ESP系统默认为工作状态，为了享受更直接的驾驶感受，可以按下该按键关闭ESP系统。

倒车雷达键是用来根据需要打开或是关闭车上的倒车雷达系统，可以按下该按钮手动控

制倒车雷达的工作。在倒车时手动关闭倒车雷达，或是手动开启倒车雷达。

中控锁键是车辆中控门锁的控制按钮，可以通过按下该按钮，同时打开或是关闭各车门的门锁，也可以单独关闭某一个开启的车门。

前照灯清洗键是用来控制前照灯的自动清洗功能。在装有前照灯清洗的车辆上，可以通过按下这一按键开启前照灯清洗装置，对车辆的前照灯进行喷水清洗。

（3）常用仪表符号 随着各种智能网联技术融入汽车，汽车上显示的信息越来越多，仪表上显示的常见信息符号见表 2-2。

表 2-2 汽车仪表上常见的信息符号

蓄电池指示灯	机油指示灯	冷却液温度指示灯	清洗液指示灯	燃油指示灯
示宽指示灯	雾灯指示灯	转向指示灯	近光指示灯	远光指示灯
安全带指示灯	气囊指示灯	车门指示灯	ABS 指示灯	驻车制动指示灯

2. 汽车照明及信号装置

为了保证汽车行驶安全和工作可靠，在汽车上装有各种照明装置和信号装置，用来照明道路、表示车辆宽度和车辆所处的位置、照明车厢内部、指示仪表以及夜间车辆检修等。此外，在转弯、制动、会车、驻车、倒车等工况下，这些装置还应发出光亮或音响信号，以警示行人和其他车辆。

（1）汽车灯光照明装置 汽车上所采用的灯光照明装置包括车外照明装置和车内照明装置两部分。

1）车外照明装置包括前照灯、雾灯、倒车灯和牌照灯。前照灯装于汽车头部两侧，用于夜间行车道路的照明，有两灯制和四灯制之分。每辆车安装 2 只或 4 只，外侧一对为近、远光双光束灯，内侧一对为远光单光束灯。雾灯安装于汽车的前部和后部。用于在雨雾天气行车时照明道路和为迎面来车及后面来车提供信号。前雾灯安装在前照灯附近，一般比前照灯的位置稍低，因为雾天能见度低，驾驶人视线受到限制。前雾灯灯光为黄色，后雾灯灯光为红色，具有良好的透雾性能。倒车灯装于汽车尾部，用于倒车时汽车后方道路照明和警告

其他车辆和行人，表示该车正在倒车，兼有灯光信号装置的功能。牌照灯用于照亮车辆牌照，装在汽车尾部牌照的上方或左右两侧。按规定，要求牌照灯与示宽灯用同一个开关控制。

2）车内照明装置包括顶灯、仪表灯、踏步灯、行李舱灯、阅读灯和门灯等。顶灯安装在驾驶室或车厢内顶部，是驾驶室或车厢内的照明灯具。仪表灯安装于仪表盘内，它用来照明汽车仪表。踏步灯一般安装在汽车的上下车台阶的左右两侧，用来照明车门的踏步处，方便乘客上下车。行李舱灯在轿车行李舱内，为行李舱照明的灯具。阅读灯装于乘员席前部或顶部，聚光时乘员看书不会使驾驶人产生眩目，照明范围较小，有的还有光轴方向调节机构。门灯装于轿车外张式车门内侧底部，开启车门时点亮，以告示车后面的行人、车辆注意避让。

（2）汽车灯光信号装置　汽车灯光信号装置包括转向信号灯、危险报警信号灯、制动灯和示廓灯等。转向信号灯装于汽车前、后、左、右角，用于汽车转弯时发出明暗交替的闪光信号，使前后车辆、行人、交警知其行驶方向。危险报警信号灯用于车辆遇到紧急危险情况时，同时点亮前后左右转向灯以发出警告信号，与转向信号灯有相同的要求。制动灯用于指示车辆的制动或减速信号。制动灯安装在车尾两侧，两制动灯与汽车的纵轴线对称并在同一高度上，灯光为红光。示廓灯安装在汽车前、后、左、右侧的边缘，用于夜间行驶时指示汽车宽度和高度，因此也相应地被称之"示宽灯"和"示高灯"。

轿车常将示宽灯、前照灯和前雾灯组装在一起，称为组合前灯；将后转向灯、制动灯、尾灯、后雾灯和倒车灯等组装在一起，称为组合后灯，如图 2-56 所示。

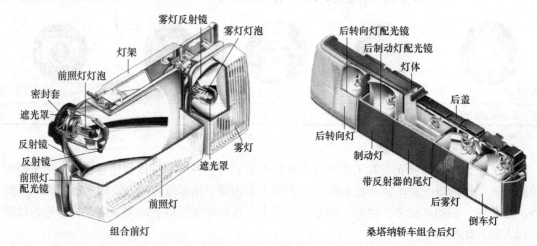

图 2-56　轿车的组合前灯和后灯

（3）汽车喇叭　喇叭是汽车的音响信号装置，轿车中常将喇叭开关置于转向盘正面位置。在汽车的行驶过程中，驾驶人根据需要和规定发出所需的音响信号，警告行人和引起其他车辆注意，保证交通安全。交通法规里对于汽车喇叭的使用规定是：①机动车驶近急弯、坡道顶端等影响安全视距的路段以及超车或者遇有紧急情况时，应当减速慢行，并鸣喇叭示意；②机动车遇有前方车辆停车排队等候或者行驶缓慢时，应当停车等候或者依次行驶，不得进入非机动车道、人行道行驶，不得鸣喇叭催促车辆、行人。

3. 风窗刮水器、风窗洗涤器及风窗除霜装置

为了保证在各种使用条件下驾驶室的风窗玻璃表面干净、清洁，汽车上都装有风窗玻璃洗涤器和风窗玻璃刮水器，有些汽车还装有风窗玻璃除霜装置。

（1）风窗刮水器 除去风窗玻璃上的水、雪及沙尘，保证在不良天气时驾驶人仍具有良好的视野。

（2）风窗洗涤器 将清洁的水或洗涤液喷射到风窗玻璃上，在刮水器的作用下清除风窗上的尘土和污物，使驾驶人有良好的视野。

（3）风窗除霜装置 用以清除汽车风窗玻璃上的霜和冰雪，以确保驾驶人的良好视野，分前窗和后窗除霜装置。

1）前窗除霜装置。大多数汽车的前窗除霜装置是采用暖风装置的热空气吹向玻璃的方法，来达到除霜的目的。暖风的进口和车内暖风装置的风管相连，以便直接用暖风将覆盖于风窗玻璃外表面的霜和冰雪融化，消除风窗玻璃内表面的雾气。

2）后窗除霜装置。向风窗玻璃上吹热空气的除霜方法需较长的时间，且不能快速将整个风窗玻璃上的冰雪融化。有的汽车采用热电式除霜装置。热电式除霜装置是把电阻丝直接布设在玻璃层内，即肉眼可见的那几道红线。利用汽车本身的电流加热电阻丝，达到除霜目的，但线条印在玻璃上会影响视线，因此这种方法仅用于后窗。

4. 汽车中央控制电动门锁和防盗装置

（1）中央控制电动门锁 中央控制电动门锁的功能包括：①中央控制，驾驶人可通过门锁开关同时打开各个车门，也可单独打开某个车门，当驾驶人车门锁住时，其他三个车门也同时锁住；②速度控制，当行车速度达到一定时，各个车门能自行锁定，防止乘员误操作车内门把手而导致车门打开；③单独控制，驾驶人车门以外的三个车门设置有单独的弹簧锁开关，可以独立地控制一个车门的打开和锁住。

中央控制电动门锁主要由门锁开关、门锁控制电路和门锁执行机构三部分组成。

（2）汽车防盗装置 为了防止驾驶人离开汽车后汽车被盗，汽车上都装有安全防盗装置。常用的防盗装置由以下几部分组成：转向锁、燃油切断装置、蓄电池接线柱断路装置、点火系统关断装置、各种电子报警器、各种外用机械防盗锁以及电子控制防盗系统等。

转向锁安装在转向柱上，由点火开关控制。当驾驶人从点火开关上拔下钥匙时转向柱即被锁死，盗车者在不用钥匙起动发动机以后，汽车也不能行驶。

电子报警器通过电路控制喇叭鸣叫报警，可以更有效地防止他人私自进入车内拆卸零件、起动发动机甚至盗走车辆。

电子防盗系统是在原有中央门锁的基础上加设了防盗系统的控制电路，以控制汽车移动的同时并报警。防盗系统不仅具有切断起动电路、点火电路、喷油电路、供油电路和变速电路、将制动锁死等功能，同时还会发出不同的报警声光信号。

5. 后视镜及天线

（1）后视镜 后视镜是驾驶人坐在驾驶室座位上直接获取汽车后方、侧方和下方等外部信息的工具。为了驾驶人操作方便，防止行车安全事故的发生，保障人身安全，各国均规定汽车上必须安装后视镜。

后视镜按安装位置分为内后视镜、外后视镜和下视镜。内后视镜一般安装在驾驶座舱内、驾驶人位置的前上方，方便驾驶人不用大幅度地变换驾驶中向前的视线，即可观察后方

情景。外后视镜一般安装在车门外部靠前的位置，方便驾驶人观察车身左右后侧的情况。下视镜一般安装在外后视镜上，用于使驾驶人看到汽车车身下的前后轮以外的地方，可以使驾驶人在倒车和起动前进时看到前后轮及车身旁是否有人或障碍物，以免伤人、物和损坏车辆，给驾驶人带来方便和安全。

为适应不同身材驾驶人的需求，所有后视镜都必须能调整方向。许多轿车还安装了电动调节机构，驾驶人坐在座椅上直接操纵旋钮式开关，通过电动机就可以方便地对后视镜的角度随意进行调节。

（2）天线　汽车天线是接收发射台发射的高频电波并传输给汽车收音机、车载电话或无线电导航设备的接收机，以对载波解调的装置。

为了保证车厢内良好的收音效果，许多轿车安装了电动天线（又称自动天线）。电动天线由开关、电动机、继电器、减速机构和天线等构成。天线的升降是通过改变电动机的旋转方向实现的。改变电动机电枢电流方向和改变电动机起作用的磁场线圈都可以改变电动机的旋转方向，前一种方法应用广泛。有些汽车的电动天线用单独的天线开关进行控制，多数则是由收音机开关联动控制，在收音机打开的同时接通电动天线的控制电路，电动机转动使天线升起，在关闭收音机时天线又同时降下。

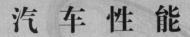

第3章

汽 车 性 能

3.1 汽车的动力性

汽车动力性是指汽车在良好路面上直线行驶时，由汽车受到的纵向外力决定的、所能达到的平均行驶速度。汽车是一种高效率的运输工具，运输效率之高低在很大程度上取决于汽车的动力性。所以，动力性是汽车各种性能中最基本、最重要的性能。

3.1.1 汽车的动力性指标

从获得尽可能高的平均行驶速度的观点出发，汽车动力性主要由三个方面的指标来评定，即汽车的最高车速、汽车的加速时间、汽车的最大爬坡度。

1. 汽车的最高车速（u_{amax}）

最高车速是指在水平良好的路面（混凝土或沥青）上汽车能达到的最高行驶车速。

一般商用车的最高车速低于乘用车。其中重型货车（总质量大于 14t）的最高车速大约为 90km/h，客车最高时速可达 125km/h，经济型轿车的最高车速为 150～180km/h，中高级轿车的最高车速超过 200km/h，跑车的最高车速超过 300km/h。总体来说，发动机排量越大，汽车最高车速越高；在发动机配置相同的前提下，手动档比自动档车速更高；发动机排量相同的前提下，车身越小，最高车速越高；SUV 配备的发动机排量普遍较大，但与配备相同发动机排量的轿车相比，最高车速要低。

世界上车速的最高纪录是英国飞行员安迪·格林（Andy Green）在美国内华达州西北的盐湖上，于 1997 年 10 月驾驶一辆喷气式发动机驱动的超音速推进号（Thrust SSC）创造的，如图 3-1 所示，其车速第一次超过了声速，达到 1227.73km/h。

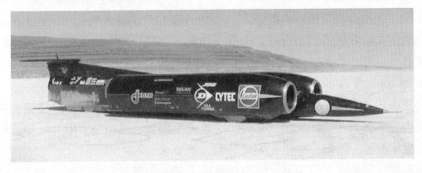

图 3-1　超音速推进号（Thrust SSC）

2. 汽车的加速时间（t）

汽车的加速时间表示汽车的加速能力，包括原地起步加速时间和超车加速时间。

(1) 原地起步加速时间　原地起步加速时间是指汽车由一档或者二档起步，并以最大的加速强度（包括选择恰当的换档时机）逐步换至最高档后，到某一预定的距离或车速所需的时间。一般用从起步开始行驶 400m 的秒数来表明汽车原步起步加速能力，或用从起步开始车速达到 100km/h 加速所需的时间来表示加速能力。

(2) 超车加速时间　超车加速时间是指用最高档或者次高档，由某一较低车速全力加速至某一较高车速所需的时间。因为汽车超车是与被超车车辆并行，容易发生安全事故，所以超车加速能力强，并行行驶的时间就短，行程也短，行驶就安全。对超车加速能力还没有一致的规定，采用较多的是用最高档或次高档由 30km/h 或 40km/h 全力加速行驶至某一高速所需的时间；还有用加速过程曲线即车速-时间关系曲线全面反映加速能力的。

此外，也有以一定坡道上汽车的加速时间来表明汽车加速性能的。如 Timothy C. Moore 提出美国新一代轿车满载时，在 6% 坡道上 0~96km/h 的加速时间不应大于 20s。他认为，汽车具有这样的加速性能，便可以安全地从有坡度的匝道进入高速公路而驶入高速行驶的车流。

表 3-1 中列出了一些车型 0~100km/h 的加速时间。从表中可以看出，高级车型因为发动机排量较大，加速时间普遍较短。

表 3-1　一些车型的百公里加速时间　　　　　　　　　　　（单位：s）

车型	加速时间	车型	加速时间
飞度 1.5L	12.0	奥迪 A8	7.0
悍马 H2	10.0	宝马 750	6.6
宝马 523Li	9.6	奔驰 S600	6.5

3. 汽车的最大爬坡度（i_{max}）

汽车爬坡能力用满载（或某一载质量）时汽车在良好路面上的最大爬坡度表示，以坡度起止点的高度差与其水平距离的比值（正切值）的百分数来表示。

显然，最大爬坡度是指一档最大爬坡度（一档时变速器和主减速器的减速增矩作用最强，因此在发动机输出力矩相同的条件下，一档的牵引力是最大的）。轿车最高车速大，加速时间短，经常在较好的道路上行驶，一般不强调它的爬坡能力；然而，它的一档加速能力大，故爬坡能力也强。货车在各种地区的各种道路上行驶，所以必须具有足够的爬坡能力，一般在 30% 即 16.7°左右。

最大爬坡度代表了汽车的极限爬坡能力，它应比实际行驶中遇到的道路最大坡度超出很多，这是因为应考虑到在实际坡道行驶时，在坡道上停车后顺利起步加速、克服松软坡道路面的阻力、克服坡道上崎岖不平路面的局部阻力等要求。

越野汽车的行驶条件比较苛刻，因而爬坡能力是一个很重要的指标。表 3-2 列出了一些 SUV 车型的最大爬坡度。

表 3-2　一些 SUV 车型的最大爬坡度

车型	最大爬坡度	车型	最大爬坡度
切诺基	30%	帕杰罗	70%
通用开拓者	50%	陆虎	100%
长丰猎豹	70%	陆地巡洋舰	100%

3.1.2　汽车的驱动力与行驶阻力

1. 汽车驱动力

　　汽车发动机产生的转矩，经传动系统传至驱动轮上。此时作用于驱动轮上的转矩 T_t 产生对地面的圆周力 F_0，而地面对车轮的反作用力 F_t 即为驱动汽车的外力，此外力就称为汽车的驱动力，如图 3-2 所示。驱动力的大小为

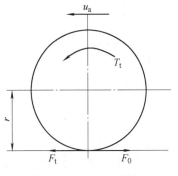

图 3-2　汽车的驱动力

$$F_t = T_t / r \tag{3-1}$$

式中，r 为驱动轮的半径。

　　汽车的驱动力 F_t 与发动机转矩、变速器传动比、主减速器传动比、传动系统的机械效率和车轮半径等因素有关。一般来说，发动机转矩、变速器传动比、主减速器传动比、传动系统的机械效率越大，汽车的驱动力越大；车轮半径越小，汽车的驱动力越大。这就是为什么汽车低档的加速能力好于高档的原因，也就是实际驾车过程中的减档加速。

2. 汽车行驶阻力

　　汽车在水平道路上等速行驶时，必须克服来自地面的滚动阻力和来自空气的空气阻力。当汽车在坡道上上坡行驶时，还必须克服重力沿坡道的分力，称为坡度阻力。汽车加速行驶时还需要克服加速阻力。上述诸阻力中，滚动阻力和空气阻力是在任何行驶条件下均存在的，坡度阻力和加速阻力仅在一定行驶条件下存在，在水平道路上等速行驶时没有坡度阻力和加速阻力。总体来说，汽车行驶阻力 F 由以上 4 部分的阻力构成，即

$$\sum F = F_f + F_w + F_i + F_j \tag{3-2}$$

　　(1) 滚动阻力（F_f）　车轮滚动时，轮胎与路面的接触区域产生法向、切向的相互作用力以及相应的轮胎和支承路面的变形，轮胎和支承面的相对刚度决定了变形的特点。当弹性轮胎在硬路面（混凝土路、沥青路）上滚动时，轮胎的变形是主要的，此时由于轮胎有内部摩擦产生弹性迟滞损失，使轮胎变形时对它做的功不能全部回收。正是轮胎的这种弹性迟滞损失造成了滚动阻力。

　　滚动阻力的大小与滚动阻力系数 f 相关，在轮胎所受的法向力等条件相等的情况下，滚动阻力系数 f 越大，则滚动阻力就越大。影响滚动阻力系数 f 的因素较多，例如：路面的种类、行驶车速以及轮胎的构造、材料、气压等。

　　一般来说，路面越坚硬平整，滚动阻力越小；轮胎充气压力越大，滚动阻力越小；子午线轮胎的滚动阻力小于斜交轮胎的滚动阻力。

　　(2) 加速阻力（F_j）　汽车加速行驶时，克服其质量加速运动时的惯性力，这就是加速

阻力 F_j。

(3) 坡度阻力（F_i）　汽车重力沿坡道的分力 F_i 表现为汽车坡度阻力。

(4) 空气阻力（F_w）　汽车直线行驶时受到的空气作用力在行驶方向的分力称为空气阻力。

空气阻力分为压力阻力与摩擦阻力两部分。作用在汽车外形表面上的法向压力的合力在行驶方向的分力，称为压力阻力；摩擦阻力是由于空气的黏性在车身表面产生的切向力的合力在行驶方向的分力。压力阻力又分为四部分：形状阻力、干扰阻力、内循环阻力和诱导阻力。形状阻力占压力阻力的大部分，与车身主体形状有很大关系；干扰阻力是车身表面凸起物（如后视镜、门把手、引水槽、悬架导向杆、驱动轴等）引起的阻力；发动机冷却系统、车身通风等所需空气流经车体内部时构成的阻力，即为内循环阻力；诱导阻力是空气升力在水平方向的投影。

在一般轿车中，这几部分阻力的大致比例为：形状阻力占 58%，干扰阻力占 14%，内循环阻力占 12%，诱导阻力占 7%，摩擦阻力占 9%。为减小空气阻力，汽车车身设计应尽量遵循以下要点：

1）车身前部。发动机舱盖应向前下倾；面与面交接处的棱角应为圆柱状；风窗玻璃应尽可能"躺平"，且与车顶圆滑过渡；尽量减少灯、后视镜和门把手等凸出物，凸出物的形状应接近流线型；在保险杠下面，应安装合适的扰流板。

2）整车。整个车身应向前倾 1°~2°；水平投影应为腰鼓形，后端稍稍收缩，前端呈半圆形。

3）车身后部。最好采用舱背式或直背式；应安装后扰流板；若用折背式，则行李舱盖板至地面距离应高些，长度要短些。

4）车身底部。所有零件应在车身下平面内且较平整，最好有平滑的盖板盖住底部；从中部或后轮开始，向上稍稍升高。

5）发动机冷却通风系统。仔细选择进风口与出风口的位置，精心设计内部风道。

3. 汽车行驶方程与汽车动力性能关系

汽车行驶在路面上所受到的力的平衡关系可以用行驶方程来表示

$$F_t = F_f + F_w + F_i + F_j \qquad (3\text{-}3)$$

(1) 最高车速　假设汽车行驶于水平路面上，坡度阻力为 0，行车阻力包括滚动阻力和空气阻力，随着车速的变化而变化。当车速较低时，行车阻力小于驱动力，此时汽车处于加速状态；随着车速进一步增加，行车阻力也随之增大，增大至与驱动力相同时，汽车不再加速，此时的汽车速度即为汽车的最高车速。

需要说明的是，汽车驱动力也随车速和档位的变化而变化，汽车驱动力和行驶阻力随车速变化的情况如图 3-3 所示，二者曲线的最大车速交点处的车速，即为最高车速。

当车速低于最高车速时，驱动力大于行

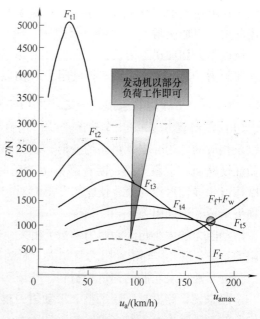

（F_{ti} 指处于第 i 档位下的 F_t 随车速而变化的曲线）

图 3-3　驱动力与行驶阻力平衡图

驶阻力，这样汽车可以用剩余的驱动力来加速或爬坡。当需要以一个比最大车速低的车速等速行驶时，可以减小节气门开度，此时发动机只用部分负荷特性工作，相应地得到虚线所示的驱动力曲线，如图 3-3 所示，以使汽车在该速度下达到新的平衡。

（2）加速性能　加速性能用加速时间来表征，加速时间与加速度呈反比关系，加速度越大，达到某一速度或驶过某一距离的时间就越短。在汽车质量及载荷一定的情况下，汽车加速度的大小取决于驱动力与行驶阻力的差值，差值越大，加速度越大，加速时间就越短。

根据图 3-3 所示的不同档位下的驱动力变化曲线，可以得到如图 3-4 所示加速度曲线及加速度倒数曲线，加速度倒数曲线直接反映加速时间。可以看出低档位的加速时间要明显短于高档位的加速时间。这是因为在低档位下，发动机输出的力矩经变速器减速增扭以后，形成的行驶驱动力大；另一方面，因为相应的车速较小，行驶阻力较小，驱动力与行驶阻力的差值就最大，所以产生的加速度最大，加速时间就最短。

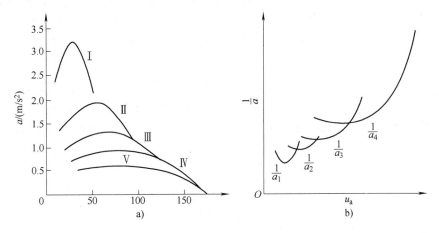

图 3-4　加速度及加速度倒数曲线

a）汽车行驶的加速度曲线　b）汽车的加速度倒数曲线

（3）爬坡能力　汽车的爬坡能力是指汽车克服滚动阻力和空气阻力以后，剩余驱动力用来克服坡度阻力，能等速爬上的坡度。在汽车质量及载荷一定的情况下，爬坡能力直接由驱动力决定。根据图 3-3 所示的不同档位下的驱动力变化曲线，可以得到如图 3-5 所示的汽车爬坡坡度图。

可以看出低档位的爬坡坡度要明显大于高档位的爬坡坡度。这是因为在低档位下，发动机输出的力矩经变速器减速增扭以后，形成的行驶驱动力大，驱动力与行驶阻力的差值就大，能够平衡的汽车质量及载荷沿坡度方向的分量越大。在汽车质量及载荷一定的情况下，坡度就更大。

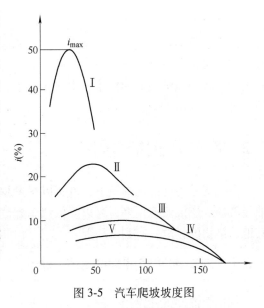

图 3-5　汽车爬坡坡度图

3.1.3 汽车行驶的附着条件

动力装置所确定的驱动力是决定动力性能的一个主要因素。驱动力大，加速能力好，爬坡能力强，这只适用于在轮胎与路面之间有足够大的附着力的情况下。在潮湿的沥青路面上附着性能差，大的驱动力可能引起车轮在路面上急剧加速打滑，地面的切向力并不大，动力性也并不好。由此可见汽车的动力性能不只受到驱动力的制约，还受到轮胎与地面附着条件的限制。

地面对轮胎的切向反作用力的极限值称为附着力 F_φ，在硬路面上它与驱动轮法向反作用力 F_Z 成正比。即

$$F_{X\max} = F_\varphi = F_Z \times \varphi \tag{3-4}$$

式中，φ 称为附着系数，由地面和轮胎决定。作用在驱动轮上的转矩引起的地面切向反作用力不能大于附着力，否则将会产生驱动轮滑转的现象，即汽车的行驶附着条件是 $F_X/F_Z \leqslant \varphi$。其中，驱动轮的附着率是表明汽车附着性能的一个重要指标，是汽车驱动轮在不滑转工况下充分发挥驱动力作用所要求的最低地面附着系数。

汽车的附着力由附着系数和地面作用于驱动轮的法向反作用力决定。附着系数主要取决于路面的种类和状况，以及驱动轮轮胎的种类。表 3-3 列出了常见路面的平均附着系数。轮胎种类差别对附着系数的影响，主要来源于胎面材质、纹理。一般来说，轮胎与地面的接触面积越大，附着系数就越大。所以，早期方程式赛车在干燥路面上使用光面胎，而雨天则使用带排水沟纹的轮胎，雨水通过排水沟纹排除而不影响剩余胎面与地面接触。

表 3-3　常见路面的平均附着系数

路面条件	附着系数	路面条件	附着系数
干沥青路面	0.7~0.8	干土路	0.5~0.6
湿沥青路面	0.5~0.6	湿土路	0.2~0.4
干燥的碎石路	0.6~0.7	滚压后的雪路	0.2~0.3

作用于驱动轮的法向反作用力与汽车的总布置、车身形状、行驶状况及道路坡度有关。汽车加速时，前轮驱动车型更容易满足附着条件；汽车爬坡时，后轮驱动车型更容易满足附着条件；流经汽车表面的气流产生的升力会影响作用于驱动轮的法向反作用力，且该升力受到车身形状的影响。

3.2　汽车的燃油经济性

在保证动力性能的前提下，汽车以尽量少的燃油消耗量经济行驶的能力，称为汽车的燃油经济性。燃油经济性好，可以降低汽车燃油消耗的使用成本，同时也降低了二氧化碳以及其他污染物的排放，有利于环保。

3.2.1 汽车燃油经济性的评价指标

汽车燃油经济性常用一定运行工况下，汽车行驶百公里的燃油消耗量或一定燃油量能使

汽车行驶的里程来衡量。在我国和欧洲，燃油经济性评价指标的单位为 L/100km，即行驶100km 所消耗的燃油升数，数值越小表明燃油经济性越好。在美国，燃油经济性评价指标的单位为 MPG 或 mile/USgal，指每加仑燃油能行驶的英里数，数值越大表明燃油经济性越好。

1. 百公里燃油消耗量

（1）等速百公里油耗　由于等速行驶是汽车在公路上运行的一种基本工况，并且等速百公里油耗比较容易测定，所以等速百公里油耗得到广泛采用。等速百公里油耗是指汽车在一定载荷下（我国标准规定轿车为半载，货车为额定载荷），以最高档在水平良好路面按某一车速等速行驶每 100km 的燃油消耗量。在试验时，测出每隔 10km/h 或 20km/h速度间隔的等速百公里燃油消耗量，然后在图上连成油耗曲线，如图 3-6 所示。

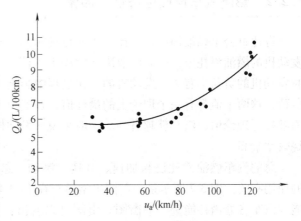

图 3-6　汽车等速百公里燃油消耗曲线

法国和德国就把 90km/h 和 120km/h 的等速油耗作为燃油经济性的主要评价指标，我国也采用这一指标。汽车说明书上标明的百公里油耗，以前都采用等速油耗。不过，由于汽车在实际行驶中经常出现加速、减速、制动和发动机怠速等多种工作情况，因此等速油耗往往偏低，与实际油耗有较大差别。特别对于经常在城市中短途行驶的汽车，差别就更大。

（2）多工况道路循环油耗　道路循环油耗是汽车在道路上按照规定的车速和时间规范做反复循环行驶时所测定的燃油经济性指标，也叫作多工况道路循环油耗。在车速和时间规范中，规定每个循环包含各种行驶的功况，并规定了每个循环中的换档时刻、制动与停车时间，以及行驶速度、加速度及制动减速度的数值。因此，用这种方法测定的燃油经济性，比较接近汽车实际的行驶情况。美国汽车工程师学会（SAE）制定了 SAEJ10926 道路循环试验规范，被广泛采用。这一规范包括四种不同的循环，即市区、郊区、州际（55mile/h）和州际（70mile/h）。

2. 百公里油耗的测试方法

（1）理论性的台架油耗测试　把发动机架在台架上，控制环境温度，带上负载，模拟汽车的行驶状态，用计算机控制并且计算和画出功率、升功率、扭力、缸压、进气和排气温度、百公里油耗等的数据和曲线图表。这个百公里油耗的数据与实际数据不一样，是供厂家作为挑选发动机和调试车用的数据。有的车宣传时的数据就是用的这个数据，一般这个数据比实际油耗高。

（2）权威油耗测试　在专门的实验车场跑道上，在规定的湿度、气压、胎压下，并且在满载等速的条件下，用专门的计量仪器（带刻度的量杯、流量计等）切断车辆原来的供油系统，用计量仪器量杯内的油行驶几十或几百米（不计算加速时的油耗，不能滑行）的来回路程后，再除以 2 计算出的百公里油耗等数据。

（3）实际路况测试　在加油站的地上画出前后轮的停车位置后，把油慢慢地加到刚刚流出。在满载或不满载的条件下，基本等速地行驶 100km 左右后回到加油站同样的位置，用同样的加油枪再次把油慢慢地加到刚刚流出。通过第二次加注的燃油量和行驶的里程数，

算出实际百公里的油耗数据。这个数据是包括了加速、少量的减速和收油滑行以及个人驾驶技术的差异，比较接近实际油耗。

3.2.2　影响汽车燃油经济性的因素

等速百公里燃油消耗量正比于等速行驶时的行驶阻力与燃油消耗率，反比于传动效率。发动机的燃油消耗率，一方面取决于发动机的种类、设计制造水平，另一方面又与汽车行驶时发动机的负荷率有关。发动机的工作过程中影响油耗的两个最根本因素是空燃比和发动机负荷，这两个值都有一个理论上的最佳值，在实际工作过程中，空燃比和发动机负荷的实际值越接近理论值，汽车就越省油。一般来说，发动机在负荷为90%、空燃比为1.05:1时燃烧效率最高。

总的汽车燃油消耗还与加速、减速、制动、怠速停车等工况以及汽车附件（如空调）的使用有关。图3-7所示是一美国中型轿车在 EPA 城市和 EPA 公路循环工况中的燃油化学能与汽车各处消耗能量的平衡图。由图可以看出：汽车燃油消耗除与行驶阻力（滚动阻力与空气阻力）、发动机燃油消耗率以及传动系统效率有关之外，还与怠速停车油耗、汽车附件（空调等）消耗及制动能量损耗有关。在城市循环工况中，后三个因素的影响相当大，它们消耗的能量总计达燃油化学能的25.2%。

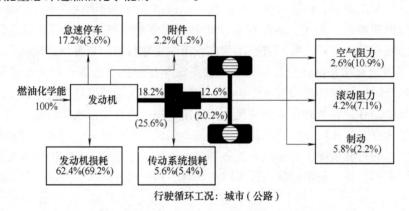

图 3-7　一美国中型轿车在 EPA 城市和 EPA 公路中的能量平衡图

1. 汽车使用方面的影响因素

（1）行驶车速　一般来说，汽车在接近于低速的中等车速行驶时燃油消耗量最低，高速时随车速增加，燃油消耗量迅速加大。这是因为在高速行驶时，虽然发动机的负荷率较高，但汽车的行驶阻力增加很多，从而导致百公里油耗增加。

（2）档位选择　在一定道路上，汽车用不同档位行驶，燃油消耗量是不一样的。显然，在同一道路条件与车速下，虽然发动机发出的功率相同，但档位越低，后备功率越大，发动机的负荷率越低，燃油消耗率越高，百公里燃油消耗量就越大，而使用高档时的情况则相反。一般来说，汽车起步加速过程中，从燃油经济性角度出发要尽早换入高档，但从动力性角度出发要用足低档。

（3）挂车的应用　挂车可提高运输生产率和降低成本（如降低燃油消耗量）。拖带挂车后，虽然汽车总的燃油消耗量增加了，但以100t·km计的油耗却下降了，即分摊到每吨货

物上的油耗下降了。

（4）正确地保养与调整　汽车的调整与保养会影响到发动机的性能与汽车行驶阻力，所以对百公里油耗有相当的影响，调整与保养需针对底盘、发动机、传动系统、行驶系统等各个方面。

驾驶人一般常用滑行距离来检查底盘的技术状况。当汽车的前轮定位正确，制动器摩擦片与制动鼓有正常的间隙，轮胎气压正常，各相对运动零部件滑磨表面光洁、间隙恰当并有充分的润滑油时，底盘的行驶阻力减小，滑行距离便大大增加。阻力较小的装载质量为 2.5t 的汽车，在良好水平道路上以 30km/h 的车速开始空档滑行，滑行距离应达 200～250m。当滑行距离由 200m 增至 250m 时，油耗可降低 7%。

对于发动机系统而言，进气系统的故障，如空气滤清器经久不换，导致进气不够，油耗一定会增加；点火系统的故障例如火花塞有积炭、油路故障如喷油器变脏也会影响油耗；电喷发动机的关键传感器，如空气流量传感器、氧传感器等工作不正常，会影响 ECU 对喷油时间的控制，也会影响油耗；传动系统的磨合润滑不好，如车轮轴承部分缺少润滑油，致使摩擦系数增大，从而油耗也会增加；轮胎气压过低，燃油消耗也会增大。

2. 汽车结构方面的影响因素

（1）汽车总尺寸和质量　一般来说，车身总尺寸和质量越大，油耗越高。大型轿车费油的原因是大幅度地增加了滚动阻力、空气阻力、坡度阻力和加速阻力。为了保证高动力性而装用的大排量发动机，在行驶中负荷率低也是原因之一。为了减轻质量，轿车选用铝与复合材料的比例日益增加。

（2）发动机　发动机的热损失与机械损耗占燃油化学能的 65% 左右。因此设计上提高发动机的热效率与机械效率，以及增压化和采用电子计算机控制技术可以有效提高燃油经济性。

（3）传动系统　汽车的传动系统对汽车的燃油经济性有重要影响。变速器档位越多，不但汽车换档平顺，而且使发动机增加了处于经济工况下运行的机会，有利于提高燃油经济性。因此现代汽车都是趋向于更多的档位，或者采用无级变速，保证在任何条件下具有使发动机在最经济工况下工作的可能性。大型货车如重型汽车和牵引车，为了改善动力性和燃油经济性，变速器的档位多达十几个。但不能为了提高性能而过多地增加有级变速器的档数，因为这将使传动系统过于复杂，而且也不便于操作。无级变速器的机械效率普遍低于有级变速器，如果能提高无级变速器的机械效率，则汽车的燃油经济性将显著提高。

（4）汽车外形　由于现代汽车速度的增高，汽车外形对燃油经济性也有重要影响，车速越快影响越大，这就是人们常说的"风阻"。一般来说，车辆高速行驶中，最大的阻力就来自空气。减小空气阻力主要是通过减少汽车的迎风面积和空气阻力系数来实现，一般而言迎风面积取决于汽车的体积，空气阻力系数取决于车身造型。

（5）轮胎　轮胎作为汽车的关键承载部件之一，用来承受车辆负荷、向路面传递驱动力和制动力等。轮胎对汽车的燃油经济性的影响，主要表现在轮胎的滚动摩擦系数上的差异。

3.2.3　电动汽车的研究

近年来，防止地球变暖、节约燃油、严格控制排气污染，已成为国际社会的热点议题。

有资料表明，查明的石油储藏按现在的开采速度，只够世界使用 50~60 年；而有的环境学者则认为，当务之急是减少 CO_2 的排放量，防止地球变暖。为此，各国政府和汽车公司纷纷致力于新型高效节能汽车的研究与开发工作。

其中，电动汽车的研究与开发是当前最热门的方向。电动汽车集机、电、化多学科领域中的高新技术于一体，是汽车、电力、自动控制、化学、计算机、新能源和新材料等工程技术中最新成果的集成产物。从环保角度看，电动汽车造成的污染较小；从能源角度看，电动汽车将使能源利用多元化和高效化，达到能源可靠、均衡和无污染的目的。目前，电动汽车包括纯电动汽车、混合动力电动汽车和燃料电池汽车。

1. 纯电动汽车

纯电动汽车（Battery Electric Vehicle ，BEV）是指以车载电源为动力，用电动机驱动车轮行驶，符合道路交通、安全法规各项要求的车辆，完全由可充电电池（如铅酸电池、镍镉电池、镍氢电池或锂离子电池）提供动力源的汽车，由于对环境影响相对传统汽车较小，其前景被广泛看好。虽然它已有一百四十多年的悠久历史，但当前技术尚不成熟，仅限于某些特定范围内应用，市场较小，主要原因是各种类别的蓄电池普遍存在价格高、寿命短、外形尺寸和重量大、充电时间长等严重缺点。

（1）电动汽车的组成 电动汽车由电源、驱动电机、调速控制装置、传动装置、行驶装置、转向装置、制动装置和工作装置等组成。

电源为电动汽车提供电能，并由驱动电机将电能转化为机械能，再通过传动装置或直接驱动车轮和工作装置。

调速控制装置是为电动汽车的变速和方向变换等设置的，其作用是控制电动机的电压或电流，完成电动机的驱动转矩和旋转方向的控制。传动装置的作用是将电动机的驱动转矩传给汽车的驱动轴，其结构比传统内燃机汽车的传动机构要简单得多。

电动汽车行驶装置、转向装置和制动装置的作用及构成与其他类型的汽车相同。

电动汽车工作装置是工业用电动汽车为完成特定作业要求而专门设置的，如电动叉车的起升装置、门架、货叉等。货叉的起升和门架的倾斜通常由电动机驱动的液压系统完成。

（2）电动汽车的种类 纯电动汽车种类较多。按照用途不同分类，纯电动汽车可分为电动轿车、电动货车和电动客车三种。

电动轿车是目前最常见的纯电动汽车。除了一些概念车，纯电动轿车已开始小批量生产，并已进入市场，如特斯拉电动汽车。电动货车在矿山、工地及一些特殊场地的运用较多，一些大吨位的纯电动载货汽车已经出现，但用作长途运输的电动货车仍比较少，主要原因还是电池续航能力不足。纯电动客车主要用作公共汽车，在一些城市的公交线路以及世博会、世界性的运动会上，已经有了良好的表现。

2. 混合动力电动汽车

混合动力电动汽车将电力驱动与传统的内燃机驱动相结合，充分发挥了二者的优势，可以从根本上解决现在纯电动汽车动力性能差和续驶里程短的问题。

混合动力电动汽车与纯电动汽车相比，其主要优势如下：电池容量大为减少，降低了整车质量，有利于提高汽车动力性；采用辅助动力驱动，打破了纯电动汽车续驶里程短的限制，长途行驶能力可与传统汽车相媲美；辅助动力可以向储能装置提供能量，保证混合动力电动汽车无须停车充电，不需要进行专用充电设施的建设；电池组在使用过程中是浅充浅

放，可以延长电池的使用寿命。

（1）混合动力电动汽车的结构 混合动力电动汽车有多种结构形式和分类方法。根据动力源的数量以及动力系统结构形式的不同，可以分为串联式、并联式和混联式，如图 3-8 所示。

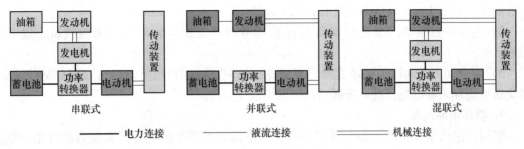

图 3-8 混合动力电动汽车的结构类型

1）串联结构是指发动机和电动机"串"在一条动力传输路径上，发动机在任何情况下都不参与驱动汽车的工作，它只能通过带动发电机为电动机提供电能，驱动汽车的动力来源于电动机，发动机只能驱动发电机发电，并不能直接驱动车辆行驶。因此，串联结构中电动机的功率一般要大于发动机的功率。由于驱动汽车的动力来源于电动机，取消了普通汽车的变速器，所以结构布置也更加灵活。此外，由于串联结构的驾驶模式只有电动模式，用户使用起来非常方便。因为发动机不直接参与驱动，总是工作在高效转区，因此在中低速行驶时，串联结构的混合动力汽车比普通汽车油耗更低，大约可以节油 30% 左右。但其发动机动能需要经过二次转换才能转化成电能，进而为电动机供电。相比传统汽车，多了一次能量转换，会造成较大的能量损失，在高速行驶时比普通汽车油耗偏高。

2）并联结构是在普通汽车的基础上加装一套电能驱动系统（动力电池和电动机），发动机和电动机都能单独驱动车轮，也可以同时工作，共同驱动车辆行驶。当动力电池电量不足时，发动机还能带动电动机反转为动力电池充电。因此可以选择中低速纯电模式、高速巡航纯油模式及动力电池充电混合模式。与串联结构不同的是，并联结构中发动机和电动机可以同时驱动汽车，动力性能更加优越。缺点就是，由于只有一台电动机，没有独立的发电机，无法实现混合模式下发动机为动力电池充电的功能，当电量耗尽时，只能依靠发动机驱动。另外并联结构相对复杂，制造成本也会相对高一些。

3）混联结构是在并联的基础上加一个发电机，同时用一种叫作"ECVT"的行星齿轮结构的耦合单元来代替变速器。混联结构在发动机和电动机协同驱动车辆行驶的同时，发动机还能带动发电机为动力电池充电，并且理论上它能够实现发动机带动发电机发电、电动机驱动车辆的模式。因此，混联结构的驱动模式有纯电模式、纯油模式、混合模式、充电模式四种。由于混联结构更加复杂，相应车型的价格也更高，而且由于"ECVT"技术一直被丰田垄断，所以该种结构的车型价格较高，典型车型是丰田普锐斯。

（2）混合动力电动汽车的节油原理 混合动力电动汽车与传统汽车相比，节油的主要原因有以下三点：

1）为满足急加速、以很高车速行驶、快速上坡等对驱动功率的需求，传统汽车所配备的发动机功率往往相当大。这些大功率的储备主要用于大加速度、高车速及坡道等行驶工

况。因此，在一般工况下，发动机节气门开度小、负荷率低，发动机常常工作在一个不经济的区域内，相应的燃油消耗率高。然而对于混合动力汽车而言，其储能元件（如蓄电池）的补偿作用平滑了内燃机的工况波动，在汽车的一般行驶中吸收、储存电能，而在需要提供大功率时提供电能，从而可以采用小型的发动机，工作中发动机的负荷率较高，并可以使发动机的工作点处于高效率的最优工作区域内。

2）混合动力电动汽车在停车等候或低速滑行等工况下，可以关闭内燃机，以节约燃油。

3）混合动力电动汽车在减速滑行或紧急制动时，可以利用发电机回收部分制动能量，转化成电能存入蓄电池，进一步提高汽车的燃油经济性。

3. 燃料电池汽车

燃料电池汽车（FCV）是一种用车载燃料电池装置产生的电力作为动力的汽车。车载燃料电池装置所使用的燃料为高纯度氢气或含氢燃料经重整所得到的高含氢重整气。与通常的电动汽车比较，其动力方面的不同在于 FCV 用的电力来自车载燃料电池装置，电动汽车所用的电力来自由电网充电的蓄电池。因此燃料电池汽车的关键是燃料电池。

燃料电池汽车的工作原理是，作为燃料的氢在汽车搭载的燃料电池中，与大气中的氧气发生氧化还原化学反应，产生电能来带动电动机工作，由电动机带动汽车中的机械传动结构，进而带动汽车的前桥（或后桥）等行走机械结构工作，从而驱动电动汽车前进。与纯电动汽车相比，燃料电池汽车可以随时补充燃料，而不是停下汽车等上几个小时来充满电，因此使用便捷性更好。

3.3　汽车的制动性

汽车的制动性能是指汽车行驶时，能在短距离内停车且维持行驶方向稳定，以及在下长坡时能维持较低车速的能力。

汽车的制动性是汽车的主要性能之一。制动性直接关系到交通安全。重大交通事故往往与制动距离太长、紧急制动时发生侧滑等情况有关，故汽车的制动性是汽车安全行驶的重要保障。改善汽车的制动性始终是汽车设计制造和使用部门的重要任务。

3.3.1　制动性的评价指标

制动性主要用以下三方面指标来评价。

1. 制动效能

制动效能是指在良好路面上，汽车以一定初速制动到停车的制动距离或制动时汽车的加速度。它是制动性能最基本的评价指标，包括制动减速度、制动距离、制动时间及制动力等。

2. 制动效能的恒定性

制动效能的恒定性包括抗热衰退性能和抗水衰退性能。

（1）抗热衰退性能　抗热衰退性能是指汽车高速行驶或下长坡连续制动时制动效能保持的程度。因为制动过程实际上是把汽车行驶的动能通过制动器吸收而转换为热能的过程，所以制动器温度升高后，能否保持在冷状态时的制动效能已成为设计制动器时要考虑的一个

重要问题。

（2）抗水衰退性能　抗水衰退性能是指汽车涉水行驶后，在制动器潮湿的情况下汽车制动效能保持的程度。

3. 制动时的方向稳定性

制动时的方向稳定性指制动时汽车按照驾驶人给定方向行驶的能力，即是否会发生制动跑偏、侧滑和失去转向能力等。制动时汽车的方向稳定性，常用制动时汽车按给定路径行驶的能力来评价。若汽车发生跑偏、侧滑或失去转向能力，将偏离原来的路径。

表 3-4 列出了一些国家乘用车制动规范对行车制动器制动性的部分要求。

表 3-4　乘用车制动规范对行车制动器制动性的部分要求

项目	欧盟 71/320EEC	中国 GB 7258—2017	美国 联邦 135
试验路面	附着良好	与轮胎的附着系数≥0.7 的混凝土或沥青路面	Skid no81
载重	一个驾驶人或满载	空载/满载	轻、满载
制动初速度	80km/h	50km/h	96.5km/h(60mile/h)
制动时的稳定性	不抱死跑偏	不许偏出 2.5m 通道	不抱死偏出 3.66m(12ft)
制动距离或制动减速度	≤50.7m, ≥5.8m/s²	空载时，≤19m 或≥6.2m/s² 满载时，≤20m 或≥5.9m/s²	≤65.8m(216ft)
踏板力	<490N	空载时，≤400N 满载时，≤500N	66.7~667N (15~150 lbf)

3.3.2　制动时车轮的受力

1. 制动器制动力

在轮胎周缘克服制动器摩擦力矩 T_μ 所需的力，称为制动器制动力，用 F_μ 表示。

$$F_\mu = T_\mu/r \tag{3-5}$$

式中，r 为车轮半径。

制动器摩擦力矩 T_μ 是由制动系统的设计参数所决定的，取决于制动器型式、尺寸、摩擦系数，与制动系统的油压或气压成正比。因此，制动器制动力取决于制动系统的设计参数及轮胎的半径参数。

2. 地面制动力

在良好的硬路面上制动时，车轮的受力情况如图 3-9 所示。F_{Xb} 为地面制动力，W 为车轮垂直载荷，F_p 为车轴对车轮的推力，F_Z 为地面对车轮的法向反作用力。忽略滚动阻力和减速时的惯性力，可得

$$F_{Xb} = T_\mu/r = F_p \tag{3-6}$$

地面制动力是使汽车制动而减速行驶的外力，取决于两个摩擦副的摩擦力：①制动器摩擦副间的摩擦力；②轮胎与地面间的附着力。

3. 制动器制动力、地面制动力及附着力之间的关系

车轮滚动过程中，地面制动力等于制动器制动力。增大踏板力，制动器制动力增大，地

面制动力也随之增大。当地面制动力达到附着力极限以后，车轮受制动器制动力影响被抱死而停止滚动，进一步增大踏板力和制动器制动力，地面制动力也不会再增加，轮胎将处于滑动状态。制动器制动力、地面制动力及附着力三者的关系如图 3-10 所示。

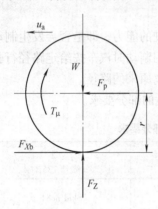

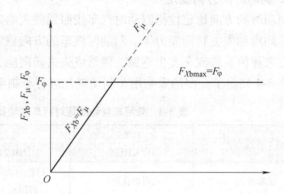

图 3-9   车轮在制动时的受力情况   图 3-10   制动器制动力、地面制动力及附着力的关系

由此可见，汽车的地面制动力首先取决于制动器制动力，但同时又受到地面附着条件的限制。所以，只有汽车具有足够的制动器制动力，同时地面又能提供高的附着力时，才能获得足够的地面制动力。

4. 硬路面上的附着系数

（1）制动过程中的轮胎与地面接触关系   上面介绍了轮胎受制动器制动力、地面制动力及附着力影响，会处于滚动和抱死滑动两种状态。仔细观察汽车制动过程，发现胎面留在地面上的印痕从滚动到抱死滑动是一个渐变的过程，如图 3-11 所示。轮胎与地面的接触关系实际分为以下三个阶段。

1）第一阶段：印痕形状与轮胎胎面花纹基本一致，车轮接近于纯滚动状态，此时车轮中心的速度 u_w 约等于车轮半径 r_{r0} 与角速度 ω_w 乘积

$$u_w \approx r_{r0}\omega_w \qquad (3\text{-}7)$$

2）第二阶段：印痕中的轮胎胎面花纹基本可以辨识，但逐渐模糊，车

印痕形状与轮胎花纹基本一致

胎面发生的滑动逐步加重

胎面最终完全滑动

图 3-11   制动时轮胎在路面上的印痕

轮在滚动的同时与地面发生一定程度的相对滑动，此时车轮中心的速度 u_w 大于车轮半径 r_{r0} 与角速度 ω_w 的乘积

$$u_w > r_{r0}\omega_w \qquad (3\text{-}8)$$

3）第三阶段：印痕是一条粗黑的线，完全看不出胎面花纹，车轮被完全抱死，在路面

上做完全的滑动，此时车轮中心的速度 u_w 远远大于车轮半径 r_{r0} 与角速度 ω_w 的乘积，而角速度 ω_w 极小，几乎为 0

$$u_w \gg r_{r0}\omega_w \text{ 且 } \omega_w \approx 0 \tag{3-9}$$

（2）附着力与滚动、滑动状态的关系

1）滑动率与制动力系数。滑动率指车轮运动过程中，滑动成分所占的比例，滑动率越大，滑动成分越多。制动力系数指地面制动力与垂直载荷的比值。

2）峰值附着系数、滑动附着系数。从图 3-10 可以看出，制动过程中，制动力系数并不是一个恒定的值。制动力系数随滑动率的变化而变化，一般在滑动率处于 15%～20% 之间时，制动力系数处于最大值，称此时的制动力系数为峰值附着系数，滑动率为 100% 时的制动力系数称为滑动附着系数。

（3）附着系数的影响因素　附着系数受路面、速度、轮胎结构和胎面花纹等因素的影响。一般来说，干燥良好路面的附着系数较其他路面的附着系数高。汽车以特定速度行驶于积水路面，轮胎可能完全漂浮在水膜上面而与路面毫不接触，附着系数接近于零，这就是滑水现象。另外，车速越高，峰值附着系数及滑动附着系数相对越小。

轮胎对附着系数的影响主要包括轮胎结构和胎面花纹。通常子午线轮胎接地面积大、单位压力小、滑移小、胎面不易损耗，附着系数较高。行驶速度高的轿车普遍采用宽断面（通过增加与地面的接触面积来提高附着系数）、低气压的子午线轮胎。

3.3.3　汽车的制动效能及其恒定性

1. 制动过程中的制动效能分析

一次完整的制动过程分成驾驶人反应、踏板力增长、机构协调、负加速度增长及持续制动几个阶段，制动效能主要观察这几个阶段的消耗时间及汽车行驶过的距离，消耗时间和行驶距离越短，则制动效能越高。

（1）驾驶人反应时间　指从驾驶人识别障碍，到把脚力加到制动踏板上所经历的时间。其中包括驾驶人发现、识别障碍并做出决定，把脚从加速踏板换到制动踏板上，消除制动踏板的间隙等所需要的时间。这段时间一般为 0.3～1.0s，车速等于初速度不变，汽车做匀速运动，对制动系统的效能要求主要表现在人机操作层面。

（2）踏板力增长时间　包括脚力由零上升到最大值所需要的时间。车速等于初速度不变，汽车做匀速运动，对制动系统的效能要求主要表现在人机操作层面。

（3）机构协调时间　指从施加踏板力到产生制动力，从而产生负加速度的时间。其中包括消除各铰链和轴承间间隙的时间，以及制动摩擦片完全贴靠在制动鼓或制动盘上需要的时间。车速等于初速度不变，汽车仍做匀速运动，对制动系统的效能要求，主要表现为系统机构之间的协调响应时间。

（4）负加速度增长时间　在此期间，地面制动力逐渐增大直至与附着力相等，负加速度增加到它的最大值，汽车做变减速运动。对制动系统的效能要求，主要是制动系统的力响应时间。

（5）持续制动时间　在此期间，制动器制动力可能继续增大，但地面制动力基本保持不变，所以负加速度也保持不变，汽车做匀减速运动。对制动系统的效能要求，主要是制动系统能够产生的最大制动力。

2. 制动效能的恒定性

(1) 抗热衰退性能 前述制动效能分析，是在冷制动下，即制动器温度在100℃以下讨论的。在汽车下长坡制动及汽车高速制动的情况下，制动器的工作温度常在300℃以上，有时可高达600~700℃。这使制动器的摩擦力矩显著下降，汽车的制动效能会显著降低，这种现象称为制动效能的热衰退现象。

抵抗热衰退的能力，常用一系列连续制动后制动效能与冷制动时相比较下降的程度来表示。制动器的热衰退与制动器摩擦副材料以及制动器结构有关。

一般制动器是以铸铁制作的制动鼓，石棉摩擦材料制作的摩擦片组成的。在制动鼓的合金成分、金相组织、硬度、工艺等要求合格的条件下，摩擦片对摩擦性能起决定作用。在一般情况下制动时，石棉摩擦片与制动鼓的摩擦系数约为0.3~0.4，此时摩擦系数是稳定的。在连续强烈制动及高速制动的情况下，摩擦片温度过高，其内含的有机物发生分解，产生了一些气体和液体。它们在两接触面间形成有润滑作用的薄膜，使摩擦系数下降，从而出现了热衰退现象。

制动器的结构型式对抗热衰退的能力有较大的影响。盘式制动器的制动效能没有鼓式的好，但其稳定性更好。高强度制动时摩擦系数虽因热衰退而有所下降，但对制动效能的影响却不大。

提高制动系统的抗热衰退性能，可以通过改善制动摩擦副的通风散热条件来实现。例如常见重型货车的鼓式制动器，在长下坡制动过程中，通过水冷方式进行降温；以及轿车盘式制动器，通过在制动盘上打孔或做成中空结构，提高制动盘的通风散热能力。

(2) 抗水衰退性能 汽车涉水后，由于制动器被水浸湿，制动效能也会降低，这种现象称为制动效能的水衰退现象。为缓解这种现象，汽车涉水后，应踩几脚制动踏板，通过制动蹄与制动鼓间的摩擦，产生热量，使制动器迅速干燥，制动效能恢复正常。

3.3.4　制动时汽车的方向稳定性

制动过程中有时会出现制动跑偏、侧滑，使汽车失去控制而离开规定行驶方向。汽车在制动过程中维持直线行驶的能力，或按预定弯道行驶的能力，称为制动时汽车的方向稳定性。

1. 制动跑偏

制动时原期望汽车按直线方向减速停车，但有时汽车却自动向左或向右偏驶，这种现象称为"制动跑偏"。跑偏现象多数是由于技术状况不正常造成的，一般经过维修调整可以消除。产生制动跑偏的主要原因是在制动过程中，左、右轮地面制动力增大的快慢不一致，左、右轮地面制动力不等。特别是前轴左、右轮制动力不等，是产生制动跑偏的主要原因。

2. 制动侧滑

侧滑是指汽车制动时，某一轴的车轮或两轴的车轮发生横向滑动的现象。最危险的情况是在高速制动时，后轴发生侧滑，这时汽车常发生不规则的急剧回转运动，使之部分地或完全失去操纵。

侧滑产生的原因，是在制动过程中，地面制动力达到附着极限后，继续增加制动力，车轮处于抱死拖滑状态，侧向附着系数为零，抵抗侧向干扰的能力为零。车轮受到任何一点侧向力，都会引起沿侧向力方向的滑动。

　　紧急制动过程中，常出现一根轴的侧滑。实践证明，后轴侧滑具有很大的危险性，可以使汽车掉头；前轴侧滑对汽车行驶方向改变不大，但此时已不能用转向盘来控制汽车的行驶方向了。

3. 转向能力的丧失

　　转向能力的丧失是指弯道制动时，汽车不再按预定的弯道行驶而是沿弯道切线方向驶出，以及直线行驶时转动转向盘想转向时汽车仍按直线方向行驶的现象。转向能力和后轴侧滑也是有联系的，一般汽车后轴不会侧滑，前轮就可能丧失转向能力；后轴侧滑，前轮常仍保持转向能力。只有前轮抱死和前轮先抱死时，因侧向力系数为零，不能产生任何地面侧向反作用力，汽车才丧失转向能力。

　　因此，从保证汽车方向稳定性的角度出发，首先不能出现只有后轴车轮抱死或后轴车轮比前轴车轮先抱死的情况，以防止危险的后轴侧滑。其次，尽量少出现只有前轴车轮抱死或前、后车轮都抱死的情况，以维持汽车的转向能力。最理想的情况就是防止任何车轮抱死，前、后车轮都处于滚动状态，这样就可以确保制动时的方向稳定性。

　　如何更有效地利用汽车前后轴制动器制动力，即提高汽车制动系统的制动效率，以及如何保证汽车制动时有较好的方向稳定性，这是涉及总制动器制动力在前后轴间的分配的一个问题。

3.3.5　制动力分配与调节

　　当制动器制动力足够时，制动过程中可能出现以下三种情况：①前轮先抱死拖滑，然后后轮抱死拖滑；②后轮先抱死拖滑，然后前轮抱死拖滑；③前、后轮同时抱死拖滑。

　　由上节分析可知，第一种情况是稳定工况，但在弯道上行驶时，汽车会失去转向能力；第二种情况是不稳定工况，使后轴产生侧滑；第三种情况可以避免后轴侧滑，同时前转向轮只有在最大制动强度下，才使汽车丧失转向能力。

　　所以，前、后制动器制动力分配的比例，将影响到汽车制动时的方向稳定性。一般轿车的行驶车速较高，高速下后轴侧滑是十分危险的，所以考虑给前轴多分配制动力。对货车而言，由于车速较低，制动时后轴侧滑的危险性较少，但在较滑的路面上制动时，汽车可能丧失转向能力，因此后轴制动力分配比轿车要高一些。在多雨的山区，坡路弯道多，下急弯坡制动时，如果汽车失去转向能力，将是十分危险的，因此经常在多雨山区行驶的汽车，前轴分配制动力比一般情况要低一些。

　　为了防止车轮抱死而发生危险，汽车制动系统中装用各种压力调节装置，以改变车轮制动油压，从而控制制动器制动力来达到这个目的。防抱死制动系统（Anti-lock Braking System，ABS）是应用最为广泛的制动力调节装置，由传感器、电子控制单元和制动压力调节器三部分组成。制动过程中，控制器不断分析传感器测出的车轮运动参数，判断是否需要对某个车轮进行制动力控制，并将控制信号发送给制动压力调节器，由制动压力调节器来增大或减小该车轮的制动器制动力。制动过程中的制动力调节频率非常高，每秒达 $10 \sim 12$ 次，以适应路面的不断变化。

3.4 汽车的操纵稳定性

3.4.1 汽车操纵稳定性的含义

汽车在其行驶过程中，会碰到各种复杂的情况，有时沿直线行驶，有时沿曲线行驶。在出现意外情况时，驾驶人还要做出紧急的转向操作，以求避免事故。此外，汽车还要经受来自地面不平、坡道、大风等各种外部因素的干扰。一辆操纵性能良好的汽车必须具备以下能力：

1）根据道路、地形和交通情况的限制，汽车能够正确地遵循驾驶人通过操纵机构所给定的方向行驶的能力——汽车的操纵性。

2）汽车在行驶过程中具有抵抗力图改变其行驶方向的各种干扰，并保持稳定行驶的能力——汽车的稳定性。

操纵性和稳定性有紧密的关系。操纵性差，导致汽车侧滑、倾覆，汽车的稳定性就破坏了。如果稳定性差，则会失去操纵性。因此，通常将两者统称为汽车的操纵稳定性。

汽车的操纵稳定性是汽车的主要使用性能之一，随着汽车平均速度的提高，操纵稳定性显得越来越重要。它不仅影响着汽车的行驶安全，而且与运输生产率以及驾驶人的疲劳强度有关。

3.4.2 汽车行驶的纵向和横向稳定性

1. 汽车行驶的纵向稳定性

汽车在纵向坡道上行驶，例如等速上坡，随着道路坡度增大，前轮的地面法向反作用力不断减小。当道路坡度大到一定程度时，前轮的地面法向反作用力为零。在这样的坡度下，汽车将失去操纵性，并可能产生纵向翻倒。汽车上坡时，坡度阻力随坡度的增大而增加，当坡度大到一定程度、为克服坡度阻力所需的驱动力超过附着力时，驱动轮将滑转。这两种情况均会使汽车的行驶稳定性遭到破坏。

一般而言，汽车重心至后轴的距离越大，重心高度越小，则汽车越不容易发生绕后轴翻倒和驱动轮滑转，汽车的纵向稳定性越好。而驱动轮滑转还与汽车驱动型式有关，一般后轮驱动汽车在爬坡过程中，相比前轮驱动，不容易发生驱动轮滑转。

2. 汽车横向稳定性

汽车横向稳定性的丧失，表现为汽车的侧翻或横向滑移。由于侧向力作用而发生横向稳定性破坏的可能性较大，也较危险。

（1）横向滑移　汽车在弯道行驶的过程中，会产生向外侧的离心力，需要路面提供反向的侧向力来平衡该离心力，保持汽车的侧向稳定性。如果汽车的车速过高，离心力过大，超出地面能提供给轮胎的侧向力，则汽车发生向外侧的横向滑移，失去横向稳定性。

（2）侧倾与侧翻　汽车在弯道行驶的过程中产生的离心力相对于外侧车轮的力矩，需要汽车自重及载荷相对于外侧车轮的力矩来平衡，从而保持汽车的侧向稳定性。如果汽车的车速过高，离心力矩过大，超出汽车自重及载荷力矩，则汽车发生向外侧倾，此时内侧轮胎与地面的作用力降低，汽车失去部分横向稳定性；若进一步加大车速，则内侧轮胎离开地面

而悬空，进而汽车发生向外侧翻，完全失去横向稳定性。

3.4.3 轮胎的侧偏特性

1. 轮胎侧偏现象

侧偏力是指地面作用于车轮的侧向反作用力，用于平衡转向时的离心力等。如果车轮是刚性的，当侧偏力不超过车轮与地面的附着极限时，车轮与地面没有滑动，车轮仍沿着其本身行驶的方向行驶；当侧偏力达到车轮与地面间的附着极限时，车轮与地面产生横向滑动，车轮偏离了原行驶方向，将沿着侧向与原行驶方向的合速度方向行驶，如图 3-12 所示。

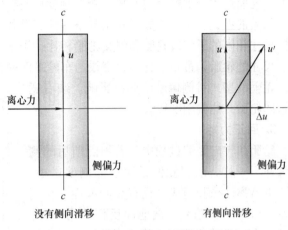

没有侧向滑移   有侧向滑移

图 3-12 有侧向力作用时刚性车轮的滚动

当车轮有侧向弹性时，即使没有达到附着极限，车轮行驶方向也将偏离车轮平面的方向，这就是轮胎的侧偏现象。

1）车轮静止不动时，由于车轮有侧向弹性，轮胎发生侧向变形，轮胎与地面接触印痕长轴线 aa 与车轮平面 cc 不重合，错开 Δh，但 aa 仍平行于 cc，如图 3-13a 所示。

2）车轮滚动时，接触印痕的长轴线 aa 不只是和车轮平面错开一定距离，而且不再与车轮平面 cc 平行，如图 3-13b 所示。aa 与 cc 的夹角 α 即为侧偏角，车轮实际是沿着 aa 方向滚动的。显然，侧偏角 α 的数值是与侧向力有关的。

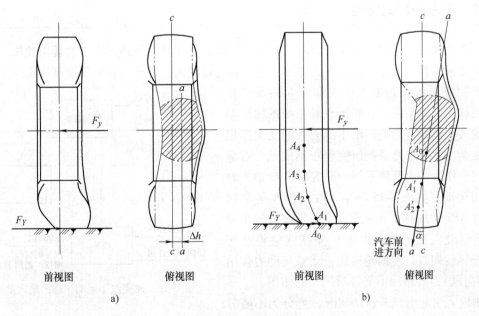

前视图   俯视图   前视图   俯视图

a)   b)

图 3-13 轮胎侧偏现象

a）车轮静止时的侧偏   b）车轮滚动时的侧偏

2. 轮胎的侧偏特性

垂直载荷对侧偏特性有很大影响，垂直载荷增大后，最大侧偏力增加，这是因为，轮胎的垂直载荷越大，附着力就越大，轮胎侧滑的倾向就越小，最大侧偏力增大。但垂直载荷过大时，轮胎产生剧烈的径向变形，侧偏刚度反而有所下降。

轮胎的型式和结构参数对轮胎侧偏特性有显著影响。尺寸较大的轮胎，侧偏刚度一般较大。尺寸相同的子午线轮胎和斜交轮胎相比，子午线轮胎具有较大的侧偏刚度。同一型号、同一尺寸的轮胎，帘布层越多，帘线与车轮平面的夹角越小，气压越高，侧偏刚度越大。另外，轮辋的型式对侧偏刚度亦有影响。装有宽轮辋的轮胎，侧偏刚度较大。

3. 回正力矩

轮胎在转向侧偏过程中，着地点前后的侧偏量并不一样，前部侧偏量比后部侧偏量小。轮胎由高弹性橡胶组成，具有高回弹性，在侧偏变形后有回弹趋势，被地面反作用力平衡。侧偏变形较小的着地点前部受到的地面反作用力，小于侧偏变形较大的着地点后部受到的地面反作用力，如图 3-14 所示。因此，相对轮胎着地点，地面反作用力给轮胎施加了一个旋转力矩，该力矩的方向与实际转向方向正好相反，称该力矩为回正力矩，而且侧偏越大，回正力矩越大。

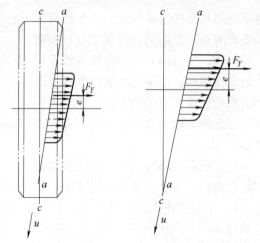

图 3-14　回正力矩的产生

3.4.4　汽车的转向特性

驾驶人操纵转向盘使汽车转向时，要通过眼睛、手和身体等感知汽车的转向效果，并经过头脑比较和判断，修正转向盘的操纵，这是通过驾驶人把系统的输出反馈到输入而构成一个人工闭路系统。如果不计入驾驶人的反馈作用，便称为开路系统，它的特点是系统的输出参数对输入控制没有影响。由于驾驶人的反馈作用十分复杂，作为闭路系统研究仍很不成熟，这里只把汽车作为一个开路系统，研究转向盘输入时汽车的运动。如图 3-15 所示，改变汽车运动状态的输入量（或称"干扰"），主要来自三个方面：①驾驶人通过力（力矩）操纵或位置（转角）操纵转向盘，使前轮转向；②空气动力作用（如横向风）；③路面不平等对汽车的作用。

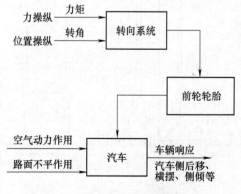

图 3-15　改变汽车运动状态的输入量

由输入引起的汽车运动状况，可分为不随时间而变化的稳态与随时间变化的瞬态两种。相应的车辆响应分别称为稳态响应与瞬态响应。例如给等速直线行驶的汽车以前轮角阶跃输入，即急速转动前轮，然后维持前轮转角不变，

一般汽车经过短暂时间后，将进入等速圆周行驶。一定车轮转角下的等速圆周行驶状态便是一种稳态。而等速直线行驶与等速圆周行驶间的过渡过程便是瞬态。

汽车的"等速圆周行驶"稳态响应，是评价汽车操纵稳定性的重要特性之一，称为汽车的"稳态转向特性"。汽车的稳态转向特性分成三种类型：不足转向、中性转向和过多转向。在圆周行驶时，驾驶人使转向盘保持一个固定的转角，令汽车以不同固定车速行驶，若行驶车速高时，汽车的转向半径增大，这种汽车具有不足转向的特性。若汽车的转向半径不变，这种汽车具有中性转向的特性。若转向半径越来越小，则具有过多转向的特性。只有具有适度不足转向的汽车，才有良好的操纵稳定性。汽车不能具有过多转向特性。具有中性转向特性的汽车也不好，由于汽车本身或外界使用条件的某些变化，中性转向特性的汽车通常会转变为过多转向特性而失去稳定。人们已经习惯于驾驶具有不足转向特性的汽车，知道如何通过转向机构使汽车遵循期望的路径行驶。

3.4.5　汽车转向轮的振动

汽车在行驶过程中，有时会出现转向轮的左右摆动和上下跳动。转向轮的振动使轮胎磨损急剧增加，并增加了转向机构的动载荷，降低零件使用寿命，同时也严重影响行驶安全。

1. 转向机构与车架造成的振动

汽车的转向轮通过悬架及转向机构与车架相连，这些互相联系的机件组成了弹性振动系统。一是前轴绕纵轴的角振动，另一是前轮绕主销的角振动。直线行驶的汽车，当车轮越过单个凸起或凹坑时，前轮产生绕汽车纵轴的角振动。前轮将绕主销偏转，如果左轮升高，车轮将向右偏转；如果左轮下降，车轮将向左偏转，即激发了前轮绕主销的角振动。改善方法：①改善公路状况，提高路面平整度；②适当降低轮胎气压，增强轮胎吸振能力。

2. 转向轮造成的振动

车轮的不平衡可以引起周期性的激励，造成转向轮的振动。当左右车轮都不平衡，且不平衡质量处于对称位置时，则振动更为严重。为了避免因车轮不平衡引起的振动，要求无论是新轮胎或经翻修过的轮胎，在装用之前都要进行动平衡试验，并消除不平衡因素。对于高速行驶的汽车，对车轮的不平衡度要求也高。

3.5　汽车的平顺性

3.5.1　汽车平顺性的概念

汽车行驶平顺性，是指汽车在一般行驶速度范围内行驶时，避免因汽车在行驶过程中所产生的振动和冲击，使人感到不舒服、疲劳，甚至损害健康，或者使货物损坏的性能。由于行驶平顺性主要是根据乘员的舒适程度来评价，所以又称为乘坐舒适性。

汽车是一个复杂的多质量振动系统，其车身通过悬架的弹性元件与车桥连接，而车桥又通过弹性轮胎与道路接触，其他如发动机、驾驶室等，也是以橡胶垫固定于车架上。减少汽车本身的振动，不仅关系到乘坐的舒适和所运货物的完整无损，而且关系到汽车的运输生产率、燃料经济性、使用寿命和工作可靠性等方面。

1）由于道路不平而引起的冲击和加速、减速时的惯性力，以及发动机与传动轴振动等产生的激振力作用于车辆系统，将使系统发生复杂的振动，对乘员的舒适性和所运货物的完整性均会产生不利的影响。

2）在坏路上，汽车的允许行驶速度受动力性的影响不大，主要取决于行驶平顺性；而因坏路被迫降低行车速度，因而使汽车的平均技术速度减低，运输生产率下降。

3）振动产生的动载荷加速了零件的磨损，甚至会引起损坏，降低了汽车的使用寿命。

4）振动还会引起能量的消耗，使燃料经济性变差。

3.5.2 人体对平顺性的反应和平顺性评价

1. 汽车行驶平顺性的评价指标

汽车行驶平顺性的评价方法，通常是根据人体对振动的生理反应，以及对保持货物完整性的影响制定的，并用振动的物理量，如频率、振幅、加速度等作为行驶平顺性的评价指标。

目前常用汽车车身振动的固有频率和振动加速度评价汽车的行驶平顺性。试验表明，为了保持汽车具有良好的行驶平顺性，车身振动的固有频率应为人体所习惯的步行时身体上、下运动的频率，约为 $60 \sim 80$ 次/min（$1 \sim 1.4$Hz），振动加速度的极限值为 $0.2g \sim 0.3g$。为了保证运输货物的完整性，车身振动加速度也不宜过大。如果车身加速度达到 $1g$，没有经固定的货物，就有可能离开车厢地板。一般来说，车身振动加速度应低于 $0.6g \sim 0.7g$。

2. 人体对振动的反应

20 世纪 70 年代，国际标准化组织（ISO）在综合大量有关人体全身振动的研究工作和文献的基础上，制订了国际标准 ISO 2631《人体承受全身振动的评价指南》，1997 年公布了 ISO 2631-1：《机械振动与冲击　人体承受全身振动的评价　第 1 部分：一般要求》。我国对相应国际标准进行了修订，公布了 GB/T 4970—1996《汽车平顺性随机输入行驶试验方法》。标准用加速度的方均根值给出了在 $1 \sim 80$Hz 振动频率范围内人体对振动反应的三个不同的感觉界限，分别是暴露极限、疲劳降低工作效率界限和舒适降低界限。

（1）暴露极限　当人体承受的振动强度在这个极限之内，将保持健康或安全。通常把此极限作为人体可以承受振动量的上限。

（2）疲劳降低工作效率界限　这个界限与保持工作效率有关。当驾驶人承受的振动在此界限内时，能保持正常地进行驾驶。

（3）舒适降低界限　此界限与保持舒适有关，它会影响人在车上进行吃、读、写等动作。

这三个界限容许的振动加速度值不同，暴露极限的值为疲劳降低工作效率界限值的 2 倍，舒适降低界限值为疲劳降低工作效率界限值的 1/3.15。

各界限容许加速度值，随频率的变化趋势完全一样。随着暴露时间（承受振动的时间）的加长，感觉界限容许的加速度值下降。相比偶尔乘车的人，长年累月每天重复在汽车振动环境中的人，对加速度的容许值要低很多。

此外，不同方向的振动，人的敏感频率范围和加速度容许值也有差异。对于垂直振动，

人最敏感的频率是 4~8Hz；对于水平振动，人最敏感的频率在 2Hz 以下。不同方向的振动加速度容许值，在 2.8Hz 以下同样暴露时间下，水平振动容许的加速度值低于垂直振动，在 2.8Hz 以上则相反。

3.5.3　影响汽车行驶平顺性的因素

汽车是一个复杂的振动系统，为分析影响汽车行驶平顺性的因素，可以将振动系统简化为：①汽车的悬挂质量（车身），包括车身、车架及其上的总成，通过减振器和悬架弹簧与车轴、车轮相连接；②非悬挂（车轮）质量，由车轮、车轴构成；③轮胎，具有一定弹性和阻尼，将车轮支承在不平的路面上。

影响汽车行驶平顺性的因素就包括悬架结构、轮胎、悬挂质量和非悬挂质量。

1. 悬架结构

悬架结构主要指弹性元件、导向装置与减振装置，其中弹性元件与悬架系统的阻尼对平顺性影响较大。

（1）弹性元件　将汽车车身看成一个在弹性悬架上做单自由度振动的质量时，减少悬架刚度可降低车身的固有频率，提高汽车行驶的平顺性。但是，如果增加高频的非悬挂质量的振动位移，大幅度的车轮振动有时会使车轮离开地面，在紧急制动时，会产生严重的汽车"点头"现象。为解决这一问题，可采取一些相应措施，如采用具有非线性特性的变刚度悬架，即悬架的刚度随载荷而变，这样可以使得在载荷变化时，保持车身振动的固有频率不变，从而获得良好的平顺性。

（2）阻尼系统的阻尼　为了衰减车身自由振动和抑制车身、车轮的共振，以减小车身的垂直振动加速度和车轮的振幅，悬架系统中应具有适当的阻尼。

在悬架系统中，引起振动衰减的阻尼来源很多。如轮胎变形时，橡胶分子间产生摩擦、系统中的减振器、钢板弹簧叶片间的摩擦等。

减振器的阻尼效果好，可提高汽车行驶平顺性，改善车轮与道路的接触条件，防止车轮离开路面，因而可改善汽车的稳定性，提高汽车的行驶安全性。改进减振器的性能，对提高汽车在不平道路上的行驶速度有很大的作用。

2. 轮胎

轮胎由于本身具有弹性，在很大程度上吸收了因路面不平所产生的振动，因此它和悬架系统共同保证了汽车的平顺性。

轮胎性能的好坏，是用轮胎在标准气压和载荷下压缩系数的大小（轮胎被压下的高度与充气断面高度的百分比）来表示的。在最大允许负荷作用下，普通轮胎的压缩系数为 10%~12%，为了乘坐舒适，客车轮胎的压缩系数稍大些，为 12%~14%。

随着车速的提高，对轮胎的缓冲性能要求越来越高。提高轮胎缓冲性能可以：①增大轮胎断面、轮辋宽度和空气容量，并相应降低轮胎气压；②改变轮胎结构型式，如采用径向弹性大的子午线轮胎，缓和不平路面的冲击，吸收大部分冲击能量；③提高帘线和橡胶的弹性，要用较柔软的胎冠。

车轮旋转质量的不平衡，对汽车的行驶平顺性和稳定性都有影响。为了避免因转向轮不平衡而引起振动，必须对每一车轮进行静平衡和动平衡。越是车速高的轿车，对平衡的要求

就越高。

3. 悬挂质量

悬挂质量的分配要使得前、后轴上方车身部分的集中质量的垂直方向运动是相互独立的。当前轮遇到路面不平而引起振动时，后轮不振动，反之亦然，这样可以减少车身的振动，因此悬挂质量的分布情况对平顺性有一定的影响。

4. 非悬挂质量

减少非悬挂质量，可以减少传给车身上的冲击力。非悬挂质量的振动，对悬挂质量振动加速度有较显著的影响，会使其数值加大。因此，为了提高汽车的平顺性，采用非悬挂质量较小的独立悬架更为有利。非悬挂质量对行驶平顺性的影响，常用非悬挂质量与悬挂质量的比值进行评价。比值越小，则行驶平顺性越好。

3.6 汽车的通过性

汽车的通过性是指汽车在一定载重量下能以足够高的平均车速，顺利通过各种坏路和无路地带（如松软的土壤、沙漠、雪地、沼泽及坎坷不平地段以及克服各种障碍陡坡、侧坡、台阶、壕沟等）的能力。特别是山区、矿区、建设工地等使用的车辆和军用车辆，经常行驶在坏路和无路地面上，对通过性的要求比较高。

通过性取决于地面的物理和力学性质及汽车的结构参数和几何参数，分为支承通过性和几何通过性。

3.6.1 汽车支承通过性及其评价指标

汽车支承通过性是指车辆能顺利通过松软土壤、沙漠、雪地、冰面、沼泽等地面的能力。汽车支承通过性的评价指标包括牵引系数、牵引效率及燃油利用指数。

1. 牵引系数

牵引系数是指单位车重的挂钩牵引力（净牵引力），表明了汽车在松软地面上加速、爬坡及牵引其他车辆的能力。

2. 牵引效率（驱动效率）

牵引效率是驱动轮输出功率与输入功率的比值，反映了车轮功率传递过程中的能量损失，这部分损失是由于轮胎橡胶与帘布层间摩擦生热及轮胎下土壤的压实和流动所造成的。

3. 燃油利用指数

燃油利用指数是指单位燃油消耗所输出的功。

3.6.2 汽车通过性几何参数

由于汽车底部与地面间的间隙过小而被地面托住、无法通过的情况，称为间隙失效。当车辆中间底部的零部件碰到地面而被封住时，称为"顶起失效"；当车辆前端或尾部触及地面而不能通过时，则分别称为"触头失效"或"托尾失效"。后两种情况属于同一类失效。

与间隙失效有关的汽车整车几何尺寸，称为汽车通过性几何参数，包括最小离地间隙、接近角、离去角、纵向通过角、最小转弯直径等，如图 3-16、图 3-17 所示。

最小离地间隙　　　　接近角　　　　纵向通过角　　　　离去角

图 3-16　通过性几何参数 1

1. 最小离地间隙

最小离地间隙是汽车满载、静止时，支承地面与汽车底部的中间区域最低点之间的距离。它表征了汽车无碰撞地通过地面凸起的能力。汽车的前桥、飞轮壳、变速器壳、消声器和主减速器外壳等部位通常是离地间隙最小的部位。一般轿车的最小离地间隙在 100～160mm，城市型 SUV 的最小离地间

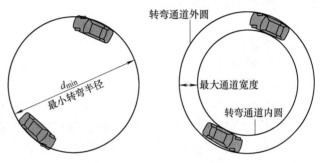

图 3-17　通过性几何参数 2

隙在 160～230mm 之间，越野车的最小离地间隙更高一些，个别悍马车型的最小离地间隙甚至达到 400mm。

2. 接近角

接近角是指自车身前的下方凸出点向前车轮下边缘引切线时，切线与路面之间的夹角。它表征了汽车接近障碍物时不发生碰撞的能力。接近角越大，越不容易发生触头失效，则汽车的通过性越好。

3. 离去角

离去角是指自车身后的下方凸出点向后车轮下边缘引切线时，切线与路面之间的夹角。它表征了汽车离开障碍物时不发生碰撞的能力。离去角越大，越不容易发生托尾失效，则汽车的通过性越好。

4. 纵向通过角

纵向通过角指汽车满载、静止时，分别通过前、后车轮下边缘作垂直于汽车纵向对称平面的切平面，两切平面交于车体下部较低部位时所夹的最小锐角。它表示汽车能够无碰撞地通过小丘、拱桥等障碍物的轮廓尺寸。纵向通过角越大，越不容易发生顶起失效。

该参数有时用纵向通过半径来替代。

5. 横向通过角

横向通过角指汽车满载、静止时，分别通过左、右车轮缘作垂直于汽车横向对称平面的切平面，两切平面交于车体下部较低部位时所夹的最小锐角。横向通过角越大，越不容易发生顶起失效。

该参数有时用横向通过半径来替代。

6. 最小转弯半径

转向盘转到极限位置、汽车以最低稳定车速转向行驶时，外侧转向轮的中心平面在支承平面上滚过的轨迹圆直径，称为最小转弯半径。它表征了汽车能够通过狭窄弯曲地带或绕过不可越过的障碍物的能力。

7. 转弯通道圆

转向盘转到极限位置、汽车以最低稳定车速转向行驶时，车体上所有点在支承平面上的投影均位于圆周以外的最大内圆，称为转弯通道内圆；车体上所有点在支承平面上的投影均位于圆周以内的最小外圆，称为转弯通道外圆。转弯通道外圆与转弯通道内圆的半径之差称为最大通道宽度。车辆所需的通道宽度越窄，通过性越好。

3.6.3　汽车通过性的影响因素

1. 行驶速度

当汽车的行驶速度降低时，土壤的剪切和车轮滑转的倾向减少。用低速行驶克服困难路段，也可改善汽车的通过性，所以越野汽车传动系统最大总传动比一般较大。

2. 汽车车轮

车轮对汽车通过性有着决定性的影响，为了提高汽车的通过性，必须正确选择轮胎的花纹尺寸、结构参数、气压等，使汽车行驶滚动阻力较小，附着能力较大。

(1) 轮胎花纹　轮胎花纹对附着系数有很大影响。正确地选择轮胎花纹，对提高汽车在一定类型地面上的通过性有很大作用。越野汽车的轮胎具有宽而深的花纹，当汽车在湿路面上行驶时，由于只有花纹的凸起部分与地面接触，使轮胎对地面有较高的单位压力，足以挤出水层；而在松软地面上行驶时，轮胎下陷，嵌入土壤的花纹凸起的数目增加，与地面接触面积及土壤剪切面积都迅速增加，因此，同样能保证有较好的附着性能。

在表面滑溜泥泞而底层坚实的道路上，提高通过性最简单的办法是在轮胎上套防滑链（或使用带防滑钉的轮胎）。这样相当于在轮胎上增加了一层高而疏的花纹。这时，防滑链能挤出表面的水层，直接与地面接触，有的还会增加土壤剪切面积，从而提高附着能力。

(2) 轮胎直径和宽度　增大轮胎直径和宽度，都能降低轮胎的接地比压。用增加轮胎直径的方法来减小接地比压，增加接触面积以减少土壤阻力和滑转，要比增加宽度更为有效。但增大轮胎直径会使惯性增大，汽车质心升高，轮胎成本增加，并要采用大传动比的传动系统。因此，大直径轮胎的推广使用受到了限制。

加大轮胎宽度不仅直接降低了轮胎的接地比压，而且轮胎较宽，允许胎体有较大的变形，而不降低其使用寿命，因而可使轮胎气压取得低些，使汽车在沙漠、雪地、沼泽地面上行驶时，具有良好的通过性。但这种专用于松软地面的特种轮胎，由于花纹较大、气压过低，不适合在硬路面上工作，否则将早损坏和迅速磨损。

(3) 轮胎的气压　在松软地面上行驶的汽车，应相应降低轮胎的气压，以增大轮胎与地面的接触面积，降低接地比压，提高土壤推力。轮胎气压降低时，虽然土壤的压实阻力也相应减小，但轮胎本身的迟滞损失却逐渐增加。为了提高越野汽车通过松软地面的能力，在硬路面上行驶时又不致引起过大的滚动阻力和影响轮胎寿命，可装用轮胎的中央充气系统，使驾驶人能根据道路情况随时调节轮胎气压。

（4）前轮距和后轮距　当汽车在松软地面上行驶时，各车轮都需克服滚动阻力。如果汽车前轮距与后轮距相等，并有相同的轮胎宽度，则前轮辙与后轮辙重合，后轮就可沿被前轮压实的轮辙行驶，使汽车总滚动阻力减少，提高汽车通过性。所以，多数越野汽车的前轮距与后轮距相等。

（5）前轮与后轮的接地比压　试验证明，前轮距与后轮距相等的汽车行驶于松软地面时，当前轮对地面的单位压力比后轮的小 20%～30% 时，汽车滚动阻力最小。为此，除在设计汽车时可将负荷按此要求分配于前、后轴，也可以使前、后轮的轮胎气压不同，以产生不同的接地比压。

3. 差速器

为了保证各驱动车轮能以不同的角度旋转，在传动系统中装有差速器。但由于普通的齿轮差速器具有使驱动车轮之间转矩平均分配的特性，当某一驱动车轮陷入泥泞或冰雪路面上时，会得到较小的附着力，则与之对应的另一驱动车轮也只能以同样小的附着力限制其驱动力。为了避免这种情况，某些越野汽车上装有差速锁，以便必要时能锁止差速器。

差速器的内摩擦能使左右车轮传递的转矩不等，以达到使汽车在附着系数较小的路面上驱动的目的。但是一般齿轮式差速器的内摩擦不大，为了增加差速器的内摩擦，越野汽车常采用高摩擦式差速器，提高了汽车通过性。

4. 驾驶方法

驾驶方法对提高汽车通过性有很大影响。在通过沙地、泥泞、雪地等松软地面时，应该使用低速档，以保证车辆有较大的驱动力和较低的行驶速度。在行驶中应避免换档和加速，并保持直线行驶，因为转弯时将引起前后轮辙不重合，增加滚动阻力。

后轮是双胎的汽车，常会在两胎间夹杂泥石，或使车轮表面粘附一层很厚的泥，因而使得附着系数降低，增加车轮滑转趋势。遇到这种情况时，驾驶人应适当提高车速，将车轮上的泥甩掉。当汽车传动系统装有差速锁时，驾驶人应该在估计有可能使车轮滑转的地区前就将差速器锁住。因为车轮一旦滑移后，土壤表面就会被破坏，附着系数下降，再锁住差速锁不会起到显著作用。

此外，为了提高越野汽车的涉水能力，应注意发动机的分电器总成、火花塞、曲轴箱通气口等处的密封问题，并提高空气滤清器的位置，不得浸入水中。普通汽车一般能通过深度为 0.5～0.6m 的硬底浅水滩。

3.6.4　汽车越过台阶、壕沟的能力

在越野行驶中的汽车，常常要克服台阶、壕沟等障碍。不同驱动方式的汽车，其克服台阶、壕沟等障碍的能力往往具有较大的差异，但跨越壕沟的能力差异与克服台阶的能力差异基本相似。下面以后轮驱动 4×2 汽车和 4×4 汽车为例进行比较。

1. 后轮驱动 4×2 汽车越过台阶的能力

（1）前轮越障能力　一般来说，对于后轮驱动 4×2 汽车，其轴距与轮径比越小，汽车重心越靠后，汽车的前轮就越容易越过较高的台阶。即短轴距、重心靠后的后轮驱动 4×2 汽车的前轮越障能力，要优于长轴距、重心靠前的汽车。

（2）后轮越障能力　后轮越过台阶的能力与汽车参数无关，与地面能提供的附着力关系密切，地面附着力越大，后轮驱动 4×2 汽车的后轮越过台阶的能力就越大。

2. 4×4 汽车越过台阶的能力

（1）前轮越障能力 对于 4×4 汽车，其轴距与轮径比越小，汽车的前轮就越容易越过较高的台阶；汽车重心后移，可以使 4×4 汽车前轮越过台阶的能力显著提高，甚至可使车轮爬上高度大于其半径的台阶。

（2）后轮越障能力 4×4 汽车的后轮越障能力，随汽车重心前移而增大，例如长轴距、前轴负荷大的汽车的后轮越过台阶的能力要比前轮大；增大轴距与轮径比，不论汽车的总质量如何在轴间分配，总会改善后轮的越障能力。

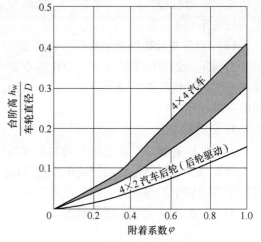

图 3-18　越障能力比较

3. 越障能力比较

4×2 汽车的越障能力要比 4×4 汽车差很多。4×4 汽车可以越过的台阶的高度，可以达到车轮直径的 18%～26%，后轮驱动的 4×2 汽车的越障能力比 4×4 汽车约降低一半，如图 3-18 所示。

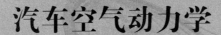

第4章

汽车空气动力学

4.1 汽车空气动力学概述

空气动力学是流体力学的一个分支，它主要研究物体在同种气体中做相对运动情况下的受力特性、气体流动规律和伴随发生的物理化学变化。而汽车空气动力学（Automobile Aerodynamics）又是空气动力学的一个分支，是研究汽车与周围空气在相对运动时两者之间相互作用力的关系及运动规律的学科，主要研究车辆的空气动力性能、行驶稳定性、操纵性和气动噪声等问题。随着汽车工业的发展与汽车行驶速度的日益提高，汽车空气动力学也越来越受到重视，其研究工作日益深入。

4.1.1 汽车空气动力学造型发展历程

1. 初期的理想空气动力学造型探索

在汽车诞生之初，空气在提高汽车速度和燃油经济性上一直扮演了"绊脚石"的角色。工程师、赛车手和企业家都被空气动力学所能带来的潜在收益所吸引，因此在此期间诞生了一批划时代的车型，即使这些车型在它们所处的时代遭到了大众审美理论的挑战。

最初的流线型可回溯到 200 年前。乔治·凯利爵士将理想的流线型描述为"一个椭圆形的球体"。汽车领域里，首先向空气动力学寻求帮助的是赛车，1899 年金纳茨设计出"子弹头"汽车，如图 4-1 所示，最高时速超过 105km/h，是历史上首次突破 100km/h 时速的汽车。空气动力学对陆地速度纪录的提升是巨大的，1906 年斯坦利的蒸汽机车以 205.4km/h 的速度创下了蒸汽机车的陆地极速纪录，如图 4-2 所示，该纪录直到 2009 年才被英国"灵感号蒸汽车"打破。

图 4-1 "子弹头"汽车

图 4-2 蒸汽机车

随后设计师普遍认为水滴状车身能够带来超低风阻，欧洲在轿车流线型设计方面走在了前面。真正的突破是 1921 年奥地利设计师 Edmund Rumpler 设计的 "Tropfenwagen" 型车（泪珠车），空气阻力系数为 0.28，如图 4-3 所示。这一水平，大众直到 1988 年的第三代帕萨特车型上才达到。

"Tropfenwagen" 车对赛车的影响更加直接和持久。费迪南德·保时捷为奔驰设计的 "Tropfenwagen" 赛车如图 4-4 所示，它使用的就是中置发动机布局和泪珠型车身。带有中置发动机和后轴摇臂式悬架的 "Tropfenwagen" 赛车不仅是 20 世纪 30 年代汽车联盟中传奇赛车的鼻祖，对今天所有的中置发动机赛车也是。

图 4-3　泪珠车

图 4-4　"Tropfenwagen" 赛车

匈牙利裔设计师 Paul Jaray 利用他在航空领域尤其是设计齐柏林飞艇的经验，为汽车空气动力学设计提出了一个特定的设计原理，并申请了专利。他的专利非常有影响力，在那个狂热的流线型年代，许多公司都在使用 Paul Jaray 授权的专利。

20 世纪 30 年代，奥地利设计师 Hans Ledwinka（汉斯·鲁德维卡）是那个时代最具影响力的设计师。1921 年他在捷克 Tatra（太脱拉）公司担任首席设计师，设计了一系列的 Tatra 流线型车，所采用的摆臂式独立悬架和后置风冷发动机影响了全球汽车设计很多年。

汽车空气动力学在这一黄金时期得到了很大的发展，德国工程师 Karl Schlr 在 1939 年设计了名为 "Schlrwagen" 的原型车，如图 4-5 所示，其原型阻力系数为 0.186。20 世纪 70 年代大众对这个模型重新进行了测量，其阻力系数为 0.15。

在 20 世纪 30 年代人们对汽车空气动力学的重视，是由于汽车行驶平均速度的提升和高速公路时代的来临，但这一时期空气动

图 4-5　"Schlrwagen" 的原型车

力学仍然是前瞻性的任务，因为大多数驾驶人仍以 40km/h 的速度缓慢地行驶在郊区的公路上。但是第一条高速公路已经开始在德国建造，美国也开始了公路的改进，后续空气动力学将在汽车造型上产生更广泛的影响。

20 世纪 30 年代被称为 "流线型十周年"，汽车空气动力学推动了汽车最高车速的提升，并且摆脱了马车式的车身，其影响是普遍的。在 30 年代末，高度流线化的汽车概念存在于

每个制造商的造型室中，甚至是已经在装配线上了。

2. 发展期的汽车空气动力学造型

受第二次世界大战影响，整个 20 世纪 40 年代上半期的汽车工业基本处于停滞状态。美国在战后的几十年时间里，汽车设计的方向是强调动力性而不是空气动力学。技术成熟的 V8 发动机和便宜的汽油价格，使得流线型设计的车型得不到公众的认可。

由于战后在燃油成本和经济上的显著差异，相比美国人，欧洲人此时更青睐于方便、经济、便宜的小型车，欧洲厂商在小型车上看到了更多可以采用空气动力学设计的地方。1948 年的中置发动机三座 Wimille 两门轿车如图 4-6 所示，明确地表明了欧洲人是怎样继续推动汽车空气动力学发展的。

阿尔法罗密欧和博通公司持续推出了 BAT（Berlinetta Aerodinamica Technica）系列概念车，进一步推动了汽车空气动力学的发展，并于 1957 年推出了 "Giulia Sprint Speciale"，如图 4-7 所示，它的风阻系数为 0.28。

图 4-6　Wimille 两门轿车

图 4-7　Giulia Sprint Speciale

1955 年法国雪铁龙在巴黎车展推出 DS19 车型，如图 4-8 所示，由意大利雕塑家弗兰米尼奥·贝托尼操刀设计，当天便收到了 12000 份订单，超前的设计在此后的 20 年内都在引领潮流。流畅的空气动力学线条使其气动特性达到了很高的水平。这款车再次表明良好的空气动力学也可以与前轮驱动的舒适的乘坐空间车型相匹配。

与此同时，受到第二次世界大战中飞机设计的影响，夸张的尾鳍和垂尾开始出现在汽车中，但宣称的可提高汽车稳定性被证明只是设计师一厢情愿的想法。

图 4-8　DS19

3. 成熟期的汽车空气动力学造型

在 20 世纪 50、60 年代和 70 年代早期，汽车空气动力学几乎已经消失了，汽车造型风格被船型车身、车身安装垂翼和尾翼所代替，车身宽敞华丽。这一时期空气动力学的发展主要是在赛车领域。

减小赛车行驶时的空气阻力是最初对空气动力学的理解，但是类似于机翼剖面的流线型的车身，也带来了垂直向上的升力，这不仅影响了赛车高速直线行驶下的稳定性，也减小了

赛车通过弯道的速度。1957 年英国研究员 G. E. Lind-Walker 的研究成果在赛车设计领域引起了变革，下压力在改善赛车三个关键性的加速度、转弯和制动上扮演了关键的角色。

到了 20 世纪 60 年代早期，前气坝和后扰流板都出现在了赛车上。1964 和 1965 年的 Chaparral 2B 车型如图 4-9 所示，安装了前后导流板和挡泥板通风口，所有的这些都可以产生向下的压力，在当时的赛场上几乎找不到对手。

Chaparral 车的影响迅速波及乘用车市场。保时捷很好地利用了他们在赛车上的经验，在 1972 年的保时捷 911 上安装了扰流板，如图 4-10 所示，增加了高速下的稳定性和操纵性。

图 4-9　Chaparral 2B

图 4-10　保时捷 911

1967 年，Leonardo Fioravanti 在宾纳法里纳展示了其设计的 "BMC 1800 Berlina Aerodinamica" 车型，如图 4-11 所示，这款车基于强调实用性而不是空气动力学的 BMC ADO17 "Landcrab" 打造。Berlina 这款车的影响是巨大的，其他车型纷纷使用它的线条和设计语言。可以说，这款车几乎是现代汽车空气动力学设计的鼻祖。

奥迪于 1982 年推出了 Audi 100 这个在汽车空气动力学上划时代的车型，深刻影响了现代汽车的设计。嵌装的玻璃和平缓的楔形车身，使得 Audi 100 也成为了第一款风阻系数为 0.30 的大批量生产车，开创了汽车空气动力学新的时代。

奥迪在 2001 年推出的 Audi A2 车型风阻系数达到了 0.25，配备铝制高强度车身、缸内直喷三缸柴油发动机，这款车是欧洲第一款百公里油耗低于 3L 的在售 5 门车型。

2010 年款的丰田 Prius 车型也以 0.25 的风阻系数，达到了很高的空气动力学高度。奔驰 E220 CDI 蓝驱版双门轿车，其风阻系数为 0.24。

2015 年，奔驰推出了 IAA 概念车，如图 4-12 所示，在空气动力学模式下风阻系数降低

图 4-11　BMC 1800 Berlina Aerodinamica

图 4-12　奔驰 IAA 概念车

到了 0.19，创造了风阻最低车型的新纪录，其技术核心是"two cars in one"。奔驰通过主动式气动部件，在一台车上改变了原有的设计形态，以减小风阻系数。例如，通过前保险杠的翼板会分别向前和向后移动 25mm 和 20mm，以此改善流入到车轮以及在前轮拱的空气动力学效果；格栅向后移动 60mm 以提高空气向车身底部的流动效果；主动式轮毂辐条在离心力的作用下，间距会从 55mm 变化为 0mm；车尾的扩散器由 8 段 CFRP 材料组成环形结构，会向后延伸出 390mm。由此相比原设计模式，在空气动力学模式下，车身长度由 5040mm 变为 5430mm，整体的外形设计也会随之而改变。

4.1.2　空气动力学基础知识

1. 流场、流线和迹线的概念

（1）流场　流场是流体运动所占据的空间。空气动力学中，把流经物体的气流的属性，如流速 V、压强 P、密度 ρ 等定义为空间点坐标和时间的函数，如 $V = V(x, y, z, t)$、$P = P(x, y, z, t)$、$\rho = \rho(x, y, z, t)$ 分别称为流速场、压强场和密度场，统称为流场。

（2）流线　为研究气流的流动，在气流中引入一条假想的曲线，曲线上任一点的切线都和该点上流体质点当时的速度指向一致，该曲线就是流线。流线给出的是某一瞬时线上各流体质点运动方向的图形。流线是假想的，不是时间的函数，与时间无关。

（3）流谱　流谱是流场中某一瞬时许多流线的集合，可以通过它来描述气体流动的全貌。

（4）迹线　迹线是流体质点的运动轨迹线。因每一个流体质点都有一个运动轨迹，故迹线也是一个曲线族。不同质点有不同轨迹，迹线因质点而异。迹线是流场中实际存在的，具有持续性（以时间为自变量）。

（5）非定常流　在流场中的任何一点处，如果流体质点流过时的流动参数（速度、压力、温度、密度等）随时间变化，这种流动就称为非定常流。非定常流的流线随时间而异。

（6）定常流　在流场中的任何一点处，如果流体质点流过时的流动参数（速度、压力、温度、密度等）不随时间变化，则称为定常流。定常流流线的形状和位置不随时间改变，且流线相互之间不交叉。定常流的流线和迹线重合，迹线方程不随时间而改变。

在实际工程中，不少非定常流问题的运动要素随时间变化非常缓慢，因此可视为定常流。

2. 连续性方程和伯努利方程

（1）连续性方程　汽车周围的空气流动基本可以假设为定常流动。由于汽车周围的空气压力变化不大，可近似认为空气密度不变，因此流过流束任一截面的流量彼此相等。即

$$\rho_1 V_1 A_1 = \rho_2 V_2 A_2 = C_1 \tag{4-1}$$

式中，ρ_1 和 ρ_2 是 1、2 截面上的平均密度；V_1 和 V_2 是 1、2 截面上的平均流速；A_1 和 A_2 是 1、2 截面的面积；C_1 是常数。

连续性方程是质量守恒定律在流体力学中的表现形式。

（2）伯努利方程　对于不可压缩流体，有

$$mgz + \frac{mP}{\rho} + \frac{1}{2}mV^2 = C \tag{4-2}$$

式中，mgz 为流体的重力势能；$\dfrac{mP}{\rho}$ 为流体的压力势能；$\dfrac{1}{2}mV^2$ 为流体的动能；C 为常数。

即，流体的重力势能、压力势能、动能之和为一常数。

当气体流速不太高时，密度 ρ 可视为不变，且气体的重力很小，则有

$$\frac{P}{\rho} + \frac{1}{2}V^2 = C_1 \quad 或 \tag{4-3}$$

或

$$P + \frac{1}{2}\rho V^2 = C_2 \tag{4-4}$$

即静压力与动压力之和为一常数。流速越大，动压力越大，压力（静压力）越小。伯努利方程是能量守恒定律在流体力学中的表现形式。

3. 空气的黏滞性和气流分离现象

（1）附面层（边界层） 由于流体的黏性，靠近物体表面处的流体有黏附在物体表面的趋势，于是有一流速较低的区域，即为附面层，又称流动边界层。

黏性很小的流体（如水，空气等）与物体接触并有相对运动，靠近物体表面的薄流体层因受黏性剪应力而使速度减小；紧贴物面的流体黏附在物面上，与物面的相对速度等于零；由物面向上，各层的速度逐渐增加，直到与自由流速相等。如图 4-13 所示为平行流沿平板流动时，边界层的流速示意图。

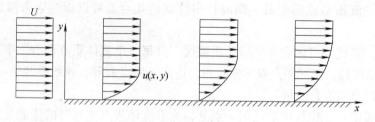

图 4-13　边界层流速示意图

与气流成一定角度的凹凸状物体表面，如汽车表面，气流在车身表面的流动状况如图 4-14 所示。

（2）气流在汽车表面的压力变化

汽车的上表面特征是截面积逐渐增大，然后再逐渐减小，即气流在前半截的流速越来越快，在后半截的流速越来越慢。根据伯努利方程，可知：

1）汽车前半截，顺着气流流动方向，流速增快，压力降低，称为顺压梯度，压力降低越快，则称顺压梯度越大。

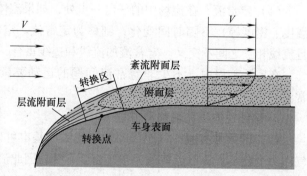

图 4-14　车身表面的气流

2）汽车后半截，顺着气流流动方向，流速减慢，压力升高，称为逆压梯度，压力升高越快，则称逆压梯度越大。如图 4-15 所示。

（3）气流分离现象 当气流越过物体表面的最高点后，气流流束扩大，流速减小，具有逆压梯度。气体是顶着压力的增高流动。在因黏滞损失而使能量较低的附面层内，流动尤

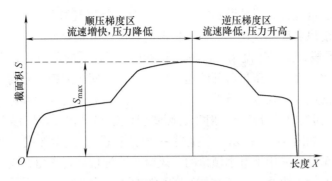

图 4-15 顺压梯度和逆压梯度

为困难。在物体表面法向速度梯度为零时，气流开始分离。靠近物体表面的气流先停止流动，进而反向流动，形成涡流区，将继续流动的气流与物面隔开，如图 4-16 所示。

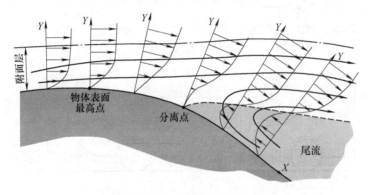

图 4-16 气流分离现象

在分离点后，是一不规则流动的涡流区，总体上是静止不动的"死水区"。物体向前运动时，它随之运动，称为"尾流区"。尾流区内各点压力几乎相等，与分离点处压力相同。

气流的分离现象发生在附面层上。流体没有黏度，就没有附面层；没有附面层，就不会产生气流分离现象。此外，只有在逆压梯度条件下才会产生分离。逆压梯度越大，越易分离。

在汽车表面，气流在前风窗下部、车顶前端、行李舱盖前部等处分离后，又重新附着，形成分离区（亦称为"气泡"）。

4.1.3 汽车周围的流场

1. 汽车上部气流流场

汽车上部气流的流场如图 4-17a 所示。流经汽车的气流在 A 点有一个驻点（该点位置处的气流流速为 0，压力系数为 1），在这里气流分支，分别从车身上、下表面流过。

在 B 点附近，气流需加速绕过车头的"鼻部"，会出现一个低气压（有时可以观察到，在低温潮湿大气中运行的汽车，由于 B 点附近足够大的压降使得产生的水蒸气冻结成一层薄冰的现象）。过 B 点之后，通常气流无法紧贴发动机舱盖的轮廓线流动，而在驾驶室和 B 点之间的某 C 点出现脱体流动。此后气流在通常位于前风窗上部的 D 点又重新附着，在 C、

D 点之间形成相对稳定且具有明显涡旋的区域，称为"分离气泡"。这个区域内的压力相对较高，所以那种在前风窗底部开设车内通风格栅的做法一般是合理的。

在汽车顶棚 EF 段，由于气流流速较高，重新出现了较低的压力。压力的分布取决于顶棚的总体形状和曲率。而后在车顶后部流速又减慢下来，使压力趋于升高，形成了产生气流分离和出现尾涡流的条件。在这种条件下，任何细小的表面干扰因素都可能导致分离。如图4-17a 所示，后风窗拐点便是分离点。对于三厢式船型轿车，在许多情形下气流还可能会在后行李舱上再附着，如图4-17b 所示，产生另一个分离气泡，此后形成一个尺寸较小的尾涡流区。现代船型汽车趋于采用平滑小倾角的后风窗并适度抬高行李舱，就是为了达到这种效果以降低形状阻力。对于快背式（斜背式）的两厢轿车，如图4-17c 所示，若其背部不是过分倾斜，往往能使气流保持附着直至截尾处，从而形成了尺寸更小的尾涡流。

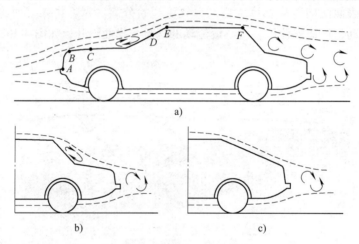

图 4-17 汽车上部气流流场

2. 汽车下部气流流场

在地面上行驶的汽车与在自由大气中运动的物体相比，由于出现了汽车底面和地面之间气流对总流场的干扰，底面和地面之间的流场更为复杂，依赖于多种影响因素，诸如离地间隙、底面的平整度、底板的纵向和横向曲率、车辆长宽高比例、车身造型等。汽车下部气流的一般走向如图4-18 所示。

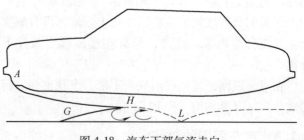

图 4-18 汽车下部气流走向

考虑汽车在与大地相对静止的空气中运行，从驻点 A 出发，沿底板有一个随汽车一起移动且逐渐变厚的边界层。边界层外的气流的速度也不同于扰动前的速度，即相对于地面不再是静止的，于是在 G 点开始形成一个沿地面向下运动的边界层。根据底板的离地间隙不同，这两个边界层可以在 H 点交汇或始终保持分离。

如果两个边界层在 H 点交汇，在 H 点将会因边界层速度反向（回流）产生一种分离气泡或分离涡，直到车下的所有空气被拖带着随车一起运动（L 点）为止，但这又导致了一个

次生地面边界层的出现。可以看出，车下部的气流流动是相当复杂的。

如果两个边界层始终保持分离，气流则以近似理想流线的形式，更快速流畅地通过汽车底部。

4.2 汽车所受的气动力及力矩

汽车行驶时，除了受到来自地面的力外，还受到它周围气流的气动力和力矩的作用。来自地面的力取决于汽车的总重、滚动阻力和重心位置。空气阻力则取决于行驶速度、车身外形和风向角。

4.2.1 气动力及力矩

1. 汽车受到的气动力

汽车与空气相对运动并相互作用，会在汽车车身上产生一个气动力 F。从理论上来说，这个气动力应该是将汽车车身上的每一点的气动应力沿车身表面积分解得到，而实际上这样来计算气动力既烦琐也不太可能。通过大量的实验研究证明：这个力的大小与相对运动速度 v 的二次方、汽车的迎风面积 A 以及取决于车身形状的气动力系数 C_F 成正比，还与空气密度 ρ 密切相关。即

$$F = \frac{1}{2}\rho V^2 A C_F \tag{4-5}$$

汽车的迎风面积是指汽车的正投影面积，包括车身、轮胎、发动机及底盘等零部件的前视投影。其测量方法是将汽车置于平行光源与屏幕之间，此时其正投影面积便既不放大也不缩小地投在屏幕上，如图 4-19 所示。

2. 气动坐标系与气动六分力

汽车在行驶时，受到气流的气动力 F 作用，该作用力在汽车上的作用点通常称作风压中心，记作 CP（Center of Pressure）。由于汽车外形的对称性，风压中心在汽车的对称平面内，但它不一定与重心（Center of Gravity, CG）重合。为了研究方便，建立一套坐标系，

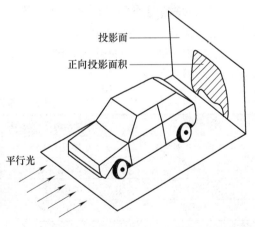

图 4-19 迎风面积

通常把汽车空气动力坐标系原点设在车辆纵向对称面与地面的交线上，前后轴中点处。

气动力 F 在 x、y、z 三个方向的分力，分别定义为气动阻力 D、侧向力 S 和升力 L。相应地，作用在汽车上的力矩也有三种，即纵倾力矩 PM（Pitching Moment）、侧向力矩 RM（Rolling Moment）、横摆力矩 YM（Yawing Moment），规定这三个力和三个力矩在汽车空气动力坐标系中的方向如图 4-20 所示。上述三个力和三个力矩统称为六分力，六分力的数值就是气动力合力 F 在这个坐标系上的分解。

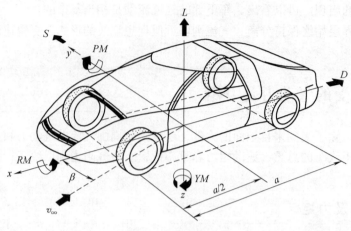

图 4-20　六分力坐标系

4.2.2　气动阻力

1. 气动阻力的概念及组成

气动阻力 D 是气动力 F 在 X 方向（即汽车行驶方向）的分力，其大小取决于正面投影面积 A 和气动阻力系数 C_D，即

$$F = \frac{1}{2}\rho V^2 A C_D \tag{4-6}$$

通常正面投影面积 A 取决于汽车的外形尺寸，这是由设计需要决定的，因此减小气动阻力就集中在减小气动阻力系数 C_D。

气动阻力系数 C_D 与物体的外形关系密切。为便于理解，表 4-1 列出了一些常见物体和车型的气动阻力系数。

表 4-1　常见物体和车型的气动阻力系数

物体	气动阻力系数	车型	气动阻力系数
垂直平面体（如墙体）	接近 1.0	轿车	0.28~0.4
球体	0.5 左右	跑车	0.25 左右
飞禽	0.1~0.2	赛车	可达 0.15
飞机	可达 0.08	货车	0.4~0.6
雨滴	0.05	客车	0.5~0.8

根据阻力源的不同，气动阻力分为压差阻力、干扰阻力、内循环阻力和诱导阻力。

2. 压差阻力

压差阻力是由于运动空气的黏性导致汽车前后产生压力差而形成的阻力，大小取决于物体的形状，所以又称为形状阻力。压差阻力约占汽车总气动阻力的 50%~60%，是气动阻力的主要组成部分。

当汽车行驶时，气流流经汽车表面，在汽车表面局部气流速度急剧变化部位会产生涡流，涡流产生意味着能量的消耗，使运动阻力增大。汽车在前窗下凹角处、后窗和行李舱凹

角处，以及后部尾流都会出现气流分离区，产生涡流，即形成负压或真空区，如图 4-21 所示，而汽车正面是正压，所以涡流引起的阻力称为压差阻力。

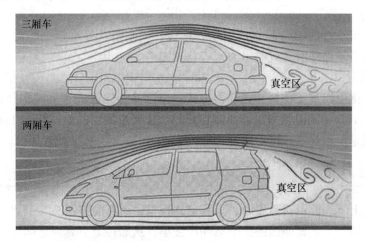

图 4-21　压差阻力

对于运动的物体，分离现象产生越晚，空气阻力越小，所以在设计上力求将分离点向后推移。在一定形体上做局部调整即可推迟涡流的生成，从而减少形状阻力。如图 4-21 所示，三厢轿车相对两厢轿车，气流分离点靠后，其压差阻力相对两厢轿车更小。

3. 摩擦阻力

摩擦阻力是由于空气的黏性在车身表面上产生的切向力造成的。空气与其他流体一样都具有黏性，当气流流过汽车表面时，由于黏性作用，空气与表面之间发生摩擦，这种摩擦阻碍了气体的流动，形成的这种阻力就称为摩擦阻力。摩擦阻力约占汽车总气动阻力的 6% ~ 11%，与车身表面面积和表面粗糙度有关。

由于空气的黏性作用，使与车身表面接触的那层空气黏附在车身表面上，于是这层气流的速度降为零。紧靠这层气流上面部分的气流，由于空气微团之间的摩擦作用，部分地降低了它的运动速度，在它更上面的那部分气流由于受到的影响更小，因而其运动速度减小量也更小。这样最下面的那层气流速度为零，随着距车身表面距离的增加，气流的速度逐渐增大，一直增至与来流速度相等。

4. 诱导阻力

诱导阻力由车身附着涡诱导而成，实际上是汽车升力在水平方向的分力。即气流经车身上、下部时，由于空气质点流经上、下表面的路程不同，流速不同从而产生压差，即升力，升力在水平方向上的分力称为诱导阻力，约占汽车总气动阻力的 8% ~ 15%。

气流经车身上下部时，流经下表面的气流流速大于流经上表面的气流流速，从而产生压差，下表面的高压气流会绕过车身侧面向上表面的低压区流去，这就形成了车身侧面的旋涡，如图 4-22 所示。左右侧面形成的旋涡成对并且方向相

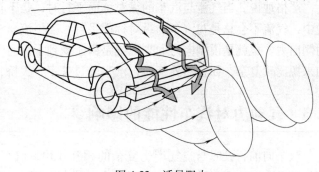

图 4-22　诱导阻力

反。这对旋涡在车身后部拖出并向后方流去，形成尾涡。该涡流使得升力在水平方向产生一个分力，即水平方向的阻力。因为阻力由升力诱导产生，故称诱导阻力。

5. 干扰阻力

干扰阻力是车身外面的凸起物，例如后视镜、流水槽、导流板、挡泥板、天线、门把手、底盘下面凸出零部件所造成的阻力，占总阻力的 5%～16%。

6. 内流阻力

内流阻力是指由汽车发动机和制动器冷却气流以及客舱通风和空调的气流引起的阻力，占总气动阻力的 10%～18%。汽车上用于冷却发动机、制动器以及供客舱通风和空调的气流均为内流。内流是从车身结构设置的开口进入和排出的。

4.2.3　气动升力

当空气经过上下表面不对称翼时，上翼面路程长，下翼面路程短，上翼面流速比下翼面快，由伯努利定理知，上翼面压强比下翼面压强小，从而在上下翼面之间产生压力差，形成一种垂直于来流速度方向的托举翼型的力，称之为升力，如图 4-23a 所示。升力的大小与翼型的剖面形状等因素有关，而且通常与来流速度的二次方成正比。

对于汽车而言，其上表面凸出，下表面平直。气流通过上表面的路程长，通过下表面的路程短，上表面流速比下表面流速快，同理形成升力。不同外形的汽车，其"迎角"不同，空气升力系数也不同，如图 4-23b 所示。作用于汽车上的升力将减小轮胎对地面的压力，使轮胎附着力和侧偏刚度降低，影响汽车的操纵稳定性。

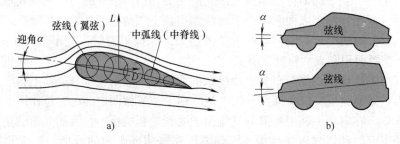

图 4-23　气动升力

4.2.4　气动侧向力

严格地说，当气流与汽车的纵对称面平行时，是不存在气动侧向力的。但在汽车实际行驶中，气流不会总是与汽车的纵对称面平行，当气流与汽车存在横偏角时，汽车都会产生气动侧向力。也就是说侧向力的来源就是由于受到了侧向气流的作用。在实际环境中侧向来流的来源比较复杂，如自然界阵风，汽车驶过楼宇、大桥，车辆超车等情况。

4.3　气动力对汽车性能的影响

汽车向前行驶时与空气产生复杂的相互作用，汽车高速行驶时会承受强大的气动力作用。气动力对汽车行驶的影响主要包含：①气动阻力（即空气阻力）对汽车动力性、燃料

经济性的影响；②气动升力及侧倾力对汽车行驶稳定性的影响。

4.3.1　空气阻力对动力性的影响

汽车的最高车速、加速时间是评价汽车动力性的主要指标。根据汽车行驶方程

$$F_t = F_f + F_w + F_i + F_j \tag{4-7}$$

可知，在汽车驱动力不变的情况下，汽车的加速阻力和爬坡阻力与空气阻力成反比。

1. 对最高车速的影响

假设汽车行驶于水平路面上，坡度阻力为 0，进一步假设滚动阻力不随车速变化而变化，空气阻力随着车速的增大而增大。当车速较低时，空气阻力与滚动阻力之和小于驱动力，此时汽车处于加速状态；随着车速进一步增加，空气阻力也随着增大；当空气阻力与滚动阻力之和增大至与驱动力相同时，汽车不再加速，此时的汽车速度即为汽车的最高车速。

显然，汽车能增加到多高的车速，与空气阻力增加的快慢有密切的关系。空气阻力增加得快，空气阻力与滚动阻力之和就越快达到与驱动力相等，汽车加速时间短。另一方面，在坡道阻力和滚动阻力一定的情况下，加速阻力与空气阻力成反比，空气阻力增加得越快，则加速阻力减小得越快，相应的加速度减小得也越快。

在加速度减小得快和加速时间短这两个因素的影响下，最高车速也就不高。所以，空气阻力增加得越快，汽车的最高车速就越低；反之，空气阻力增加得越慢，汽车的最高车速就越高。而空气阻力的增加主要与汽车的气动阻力系数相关，所以当车重及其他因素不变，在一定的最大驱动力下，汽车的最大速度取决于气动阻力系数：汽车的气动阻力系数越小，最高车速就越高；反之，汽车的气动阻力系数越大，最高车速就越低。

2. 对加速时间的影响

根据汽车行驶方程可知，当车重及其他因素不变，在一定的最大驱动力下，加速阻力与空气阻力成反比，空气阻力增加得越快，则加速阻力减小得越快，相应地加速度减小得也越快，达到预定车速的时间就越长。

而空气阻力的增加主要与汽车的气动阻力系数相关，所以当车重及其他因素不变，在一定的最大驱动力下，汽车的加速时间取决于气动阻力系数：汽车的气动阻力系数越小，加速时间越短；反之，汽车的气动阻力系数越大，加速时间越长。

4.3.2　空气阻力对经济性的影响

在保证动力性能的前提下，汽车以尽量少的燃油消耗量经济行驶的能力称为汽车的燃油经济性。随着石油价格的上涨，改善汽车的燃料经济性成为重要课题。

1. 空气阻力占总阻力的比例

假设汽车匀速行驶于水平路面上，则坡度阻力为 0，加速阻力为 0，此种情况下汽车行驶阻力仅包括滚动阻力和空气阻力，二者的比例取决于车速。一般而言，车速越低，滚动阻力在行驶阻力中的比重越大；车速越高，空气阻力在行驶阻力中的占比越高，如图 4-24 所示。

当车速为 60～80km/h 时，空气阻力与滚动阻力相当；当车速达到 160km/h，空气阻力是滚动阻力的 2～3 倍。

2. 空气阻力所耗功率

克服空气阻力所需的功率来源于发动机，发动机所做的功有相当大一部分用来克服空气阻力。不同的车型、不同的速度所耗功率不等。其中，耗功与速度的 3 次方成正比，如图 4-25 所示。

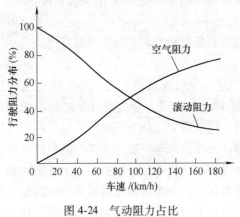

图 4-24 气动阻力占比

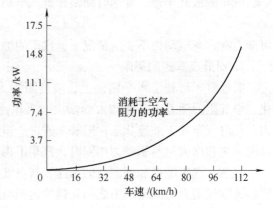

图 4-25 消耗于空气阻力的功率

3. 空气阻力与燃料消耗量

不同的车型、不同的速度每百公里耗油量不等。小型客车用于克服空气阻力的燃油消耗量的比例最大，占比达 50%；其次是普通货车，为 32% 左右。

城际客车与市内公交车相比，在平路上行驶时，当车速为 80～100km/h，空气阻力占城际客车总阻力的相当大一部分。而对于市内公交车，由于其停车次数的增加，平均速度下降而空气阻力也就大大减小，但其加速阻力却增大很多，因而其空气阻力所占比例较小。

气动阻力系数的降低对提高燃油经济性是很重要的。试验表明，气动阻力系数每降低 10%，燃油消耗值下降 7%。对两种同质量、同尺寸、不同气动阻力系数（分别是 0.44 和 0.25）的轿车进行比较，在时速 88km/h 情况下，行驶 100km 的燃油消耗量，后者比前者少 1.7L。

4.3.3 气动升力及侧倾力对操纵稳定性的影响

影响汽车操纵稳定性的气动力包括：①升力和纵倾力矩，关系到附着力和牵引力；②侧向力和横摆力矩，关系到侧风稳定性和直线行驶性；③侧倾力矩，关系到侧向稳定性。

1. 升力及纵倾力矩

由于汽车车身上部和下部气流流速不同而产生压力差，从而产生升力，由于升力而产生绕 y 轴的俯仰纵倾力矩。

在车身上产生升力，汽车的附着力减小，影响操纵稳定性和驱动力。重量轻的汽车，特别是重心靠后的汽车，对前轮的升力特别敏感，这种情况对行驶中的汽车非常危险，即当前端有升力使其上浮时，升力又随着车速的增加而继续增加，由于前轮失去附着力，而使汽车失去控制。在车速低于 100km/h 时，升力和纵倾力矩对汽车的稳定性影响不大。升力和纵倾力矩对高速行驶的操纵稳定性影响很大。对于轿车，如果在设计阶段没有考虑好，在强风时升力可达几十甚至几百牛顿。这个附加的力使前轮负荷减轻，从而破坏了汽车的操纵性，而在后轮减小了负荷，使驱动力减小。

汽车周围的空气有 35%~40% 在车身上面通过，10%~15% 在车身下面通过，25%~50% 在车身两侧面通过，所以减小车身上、下压力差，使大量的气流流经侧面，可以减小升力。使底板下部流线型化，压低发动机舱盖前端，减缓前风窗的倾角，都可减少前端的升力。减小升力，可提高汽车高速行驶的直线性及侧向稳定性。升力减小后，防止了汽车的摆头，同时由于增大了车轮附着力而使稳定性提高。

2. 侧向力及横摆力矩

当汽车受到非正迎面风时，侧面方向上受到了侧向力，并产生绕 z 轴回转的横摆力矩。如果侧向力的合力通过侧向反作用力中心，汽车将保持直线行驶，但相对原行驶方向会有偏转。如果侧向力的合力作用在侧向反作用力中心的前方（靠近车头方）时，汽车将随着风的方向转向，并且产生横摆力矩，使汽车向着风的方向摆动，造成稳定性恶化。要提高汽车行驶方向稳定性，不仅要减小侧向力，而且应该将其作用点向车身后方移动。

3. 侧倾力矩

由于来自车身侧面及其周围气流的影响，产生了绕 x 轴的侧倾力矩。这个力矩通过悬架传递到车架，然后至左右车轮，引起车轮负荷的变化。对应于力矩回转的方向，使一侧车轮的负荷增加，而另一侧车轮负荷减小。当侧倾力矩达到一定程度时，将导致车辆绕 x 轴的旋转运动，也就是侧翻。

4.4　汽车外形与气动特性关系

汽车动力性是指汽车在良好路面上直线行驶时，由汽车受到的纵向外力决定的、所能达到的平均行驶速度。汽车是一种高效率的运输工具，运输效率之高低在很大程度上取决于汽车的动力性。所以，动力性是汽车各种性能中最基本、最重要的性能。

4.4.1　前端形状与气动阻力、气动升力的关系

1. 前端形状对气动阻力的影响

改善前端的设计是降低气动阻力系数的重要途径。从理论上讲，车的前端完全流线型化为最好，但在实际设计中并不可能采用。改变前端外形降低气动阻力的方法包括：①尽量倒圆棱角，使外形接近流线型；②减小车头部的正面投影面积。

如图 4-26 所示，下凸形的前端形状，可使气动阻力系数减小。

2. 前端形状对气动升力的影响

汽车前部向上下两端的过渡形式对升力的影响关系较复杂。前凸上翘，会减少上表面的气流量，并能直接把气流导入车身底部，起到降低升力的作用。但此方案受限于机械布置，且可能对整车负冲角的形成不利。前凸位置较低，使上表

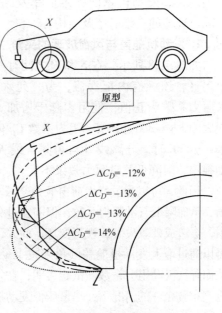

图 4-26　前端形状的阻力系数

面的流量增大，是不利的一面，但又有形成整车负冲角等作用，因而也有使升力下降的效果。可见前凸的位置和形状应该与整车外形综合起来予以确定。

1）车头上翘，如图 4-27a 所示，具有较大的冲角，不利于使大量要流经上表面的气流在车头平滑转向。因此，有较大的阻力和升力，气动阻力系数和升力系数分别为 0.24 和 0.198。

2）车头上翘减少，上部凸起部分前伸，如图 4-27b 所示，冲角减少，气流易于平滑转向，阻力和升力都有所减低，气动阻力系数和升力系数分别为 0.223 和 0.022。

3）车头进一步下沉，如图 4-27c 所示，气流在车头的流动达到较为完美的状态，是一种较为完美的车头形状，气动阻力系数和升力系数分别为 0.224 和 0.094。

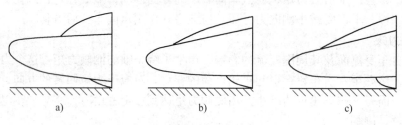

图 4-27　前端形状对升力的影响

4.4.2　风窗玻璃、发动机舱盖与气动阻力的关系

适当的风窗玻璃斜度和曲率有助于在上表面较大区域的上方形成连续平顺的气流。一方面减少了气动阻力，但另一方面使得平均气动压力下降，汽车气动升力增大。风窗玻璃与发动机舱盖形状对气动特性的影响，主要表现为三个方面：①发动机舱盖与风窗玻璃的夹角；②发动机罩的三维曲率及结构；③风窗玻璃的三维曲率及结构。

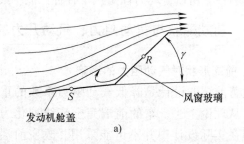

1. 发动机舱盖与风窗玻璃的夹角

如图 4-28 所示，在 S 和 R 之间有一个分离区，该区有内部涡流，为一死水区，其压力系数为正值，使阻力趋于增加。试验表明，$\gamma \approx 30°$时，气动阻力系数 C_D 值最小；$\gamma < 30°$时，分离线 S 与再附着线 R 移动很小，对降低气动阻力效果不大。

因此，可以通过增大前窗倾角来减小 γ角，从而降低气动阻力系数；但前窗过分倾斜，会造成外景失真，视野变坏。此外，也可以通过增大发动机舱盖倾角来减小 γ 角，从而降低气动阻力系数。试验表明，在发动机室布置允许的情况下，尽量压低发动机舱

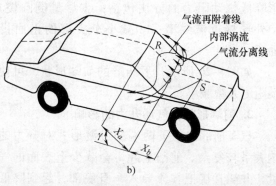

图 4-28　风窗玻璃与发动机舱盖对气流的影响

盖前端，增大发动机舱盖的倾角，从而减小 γ 角，则可产生降低气动阻力和升力的效果。

2. 发动机舱盖与风窗玻璃的三维曲率及结构

发动机舱盖和风窗玻璃的曲面设计，以减少内部涡流区域面积，减小汽车正面正压力，从而减小压差阻力为目的。总体设计原则是：使两侧的分离线和再附着线逐渐靠拢，缩小分离区，通过减小正面压力来减小压差阻力。

采取的手段包括：①纵向曲率设计，以利于气流转折后很快附着在汽车表面流动；②横向曲率设计，有利于正面来流向两侧分流，使两侧的分离点 S 向下游移动，附着点 R 向上游移动。

4.4.3　车顶造型与气动阻力的关系

对于平直的汽车顶部，流经顶部的气流会发生分离，从而影响气动性能，如图 4-29 所示。为使气流平顺地流过车顶，一般顶盖设计成上鼓的外形，使气动阻力系数 C_D 值降低。但上鼓造型使得汽车的正投影面积增大，根据气动力计算公式可知，这样会增大气动阻力，这是一对矛盾。试验表明，当上鼓造型高度 H 与车顶长度 L 之比小于 0.06 时，如图 4-29 所示，气动阻力增加幅度较小。即适当高度的上鼓造型设计，有利于降低气动阻力。

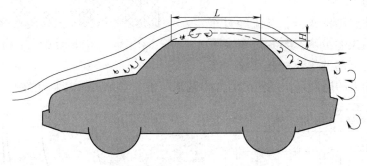

图 4-29　车顶造型对气动力的影响

4.4.4　侧面造型与气动阻力的关系

为使气流平顺地流过车身侧面，从顶视图角度来看，一般侧面设计成外鼓的造型，使气动阻力系数 C_D 值降低。但外鼓造型使得汽车的正投影面积增大，根据气动力计算公式可知，这样会增大气动阻力，这是一对矛盾。试验表明，A 的增大大于 C_D 的减小，如图 4-30所示，故综合效果是使阻力增加。因此，不能盲目追求侧面外形的弯曲。

此外，A 柱造型对气动力特性的影响也较为明显，特别是前风窗玻璃与侧面的转角造型对气动力的影响明显。流经正面风窗玻璃的气流，其中一部分从 A 柱位置流向车身侧面，如果前风窗玻璃与侧面的转角为直角，在 A 柱拐角附近就会产生气流分离，从而影响气动力特性。因此，前风窗玻璃与侧面的转角，即 A 柱做成较为圆滑的过渡形状有利于气流顺畅流动，气动性能较好。

4.4.5　车身尾部与气动阻力、气动升力的关系

车身尾部造型对气动力的影响包括后车体造型、尾部造型式样、后风窗斜度、车尾高

度、后扰流器五个方面。

1. 后车体造型对气动性能的影响

气流经过后端侧面后发生分离，与经过车身上、下部发生分离的气流一起，在整个车身尾部形成一个尾涡，该尾涡是形成压差阻力的主要来源。从俯视图来看，一定程度的后车体横向收缩，使得流经车身侧面的气流在后端顺畅流动，同时减小尾涡区的横向尺寸，对降低气动阻力系数是有益的。但通过试验表明，过多的后车体横向收缩，对气动阻力的进一步下降并无帮助，如图 4-31 所示。

2. 尾部造型式样对气动性能的影响

汽车尾部造型式样对气动性能的影响，主要表现为对气流尾涡区大小的影响，如图 4-32 所示。

对于方背式造型的车身，气流经过车身后端顶点以后发生分离，与经过车身下部和侧面的发生分离的气流一起在整个车身尾部形成一个大的尾涡区，尾涡区的大小基本与整个车身尾部大小相当。

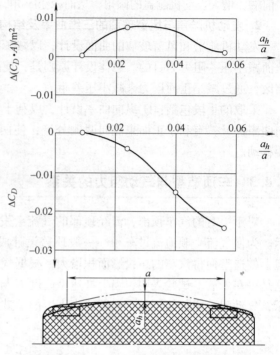

图 4-30　侧面造型对气动力的影响

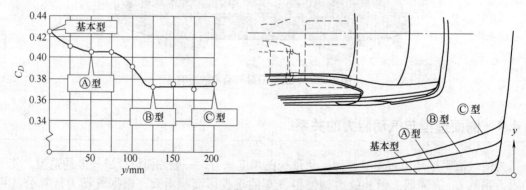

图 4-31　后车体造型对气动性能的影响

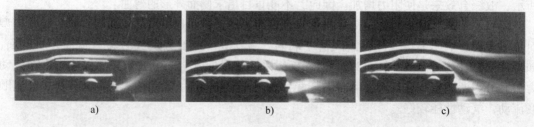

图 4-32　尾部造型式样对气动性能的影响
a）方背式　b）阶背式　c）快背式

对于阶背式造型的车身，气流经过车身后端顶点以后发生分离，在后窗与行李舱盖之间形成一个较小的气泡分离区，并使得气流不再沿着车顶曲线流动，而是偏向下方，沿着尾箱盖曲线流动，并与经过车身下部和侧面的发生分离的气流一起在整个车身尾部的行李舱盖后方形成一个尾涡区，尾涡区的大小明显小于方背式造型车身形成的尾涡。阶背式造型车身的尾涡区在行李舱盖下方，尾涡卷起的灰尘堆积不会影响到后窗，这也是为什么三厢轿车的后窗不需要设置后刮水器的原因。

对于快背式造型的车身，气流经过车身后端顶点可能发生两种情况：①气流经过车身后端顶点以后发生分离，既不紧贴着车身流动，也不继续沿着车顶线方向流动，而是偏向下方，与经过车身下部和侧面的发生分离的气流一起在整个车身尾部形成一个尾涡区，尾涡区的大小明显小于整个车身尾部大小；②气流经过车身后端顶点以后不发生分离，而是贴着车身后背继续流动，流动到后背下方，再与经过车身下部和侧面的发生分离的气流一起在整个车身尾部形成一个尾涡区，尾涡区的大小明显小于整个车身尾部大小。

可见，在同等条件下，尾涡大小与尾部造型式样有明显关系，方背式>阶背式>快背式。因此同等条件下，方背式造型车身形成的压差阻力最大，阶背式造型车身的压差阻力次之，快背式造型车身的压差阻力最小。

3. 后风窗斜度对气动性能的影响

后风窗斜度是指后风窗弦线与水平线的夹角，该角度对气动阻力、气动升力均有一定的影响。此外，合理的后风窗斜度还能避免尾部涡流卷起的灰尘在后窗的堆积。

(1) 后风窗斜度对气动阻力的影响 后风窗斜度小于 30° 时，气流经过车身后端顶点以后不发生分离，而是贴着车身后背继续流动，流动到后背下方，与经过车身下部和侧面的发生分离的气流一起在整个车身尾部形成一个尾涡区，并形成压差阻力。压差阻力随着后风窗斜度的增大而增大，且越靠近 30°，阻力系数增加得越快。但过小的后风窗斜度并不会带来气动阻力系数的明显变化。

后风窗斜度大于 30° 时，气流经过车身后端顶点以后发生分离，既不贴着车身流动，也不继续沿着车顶线方向流动，而是偏向下方，再与经过车身下部和侧面的发生分离的气流一起在整个车身尾部形成一个尾涡区，并形成压差阻力。压差随着后风窗斜度的增大而减小，且越靠近 30°，气动阻力系数减小得越快，但总体减小有限。另外，过大的后风窗斜度并不会带来气动阻力系数的明显变化，当后风窗角度达到一定值以后，气动阻力系数基本不会发生变化。

另一方面，后背倾角越大，气流在后背的偏转角越大，气流在后背的流程越长，诱导阻力越大，也进一步增大了气动阻力。

通过实验综合结果来看，后风窗斜度在 30° 左右时，气动阻力最大，如图 4-33 所示，该角度被称为后风窗临界斜度。且当后风窗斜度大于 30° 时，尾部涡流卷起的灰尘会在后窗堆积。所以在尾部造型过程中，尽量考虑使后风窗斜度小于 30°。

(2) 后风窗斜度对气动升力的影响 通过实验数据表明，后风窗斜度在 35° 左右时，是一个气动升力临界值，如图 4-34 所示。当后风窗斜度在 35° 左右以下变化时，气动升力随着后风窗斜度的增加而增加；当后风窗斜度在 35° 左右以上变化时，气动升力随着后风窗斜度的增加而减小。

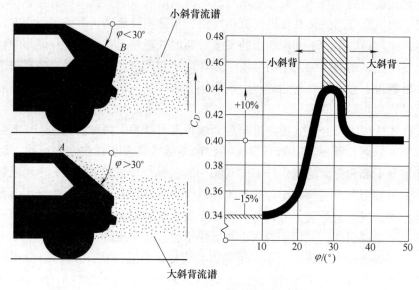

图 4-33　后风窗斜度对气动性能的影响

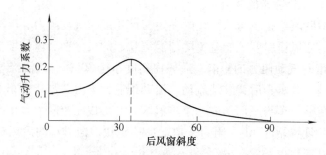

图 4-34　后风窗斜度对气动升力的影响

4. 车尾高度对气动阻力的影响

对具有流线型车尾的轿车而言，研究表明，在合适的后风窗斜度条件下，存在一最佳车尾高度，即在这个车尾高度下，具有最小的气动阻力系数。图 4-35 所示为对一轿车的尾箱高度做出变化以后，气动阻力变化的情况。

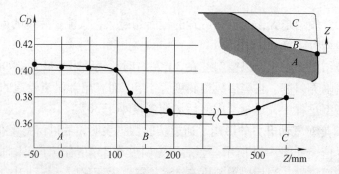

图 4-35　车尾高度对气动阻力的影响

5. 后扰流器对空气动力特性的影响

实践经验表明，采用如图 4-36 所示的上翘鸭尾式外形，可以避免由前端经顶盖流向尾部的气流与由底板下部上卷的气流在车身尾部混合而形成尾涡，可以有效降低气动阻力系数。进一步的实验表明，尾部倾角在 30°以上时，对气动阻力系数的降低效果更明显。

由于顶部气流并没有在后端顶点发生分离，并向下部流动，后部尾涡气流为底板下部上卷的气流，携带有地面的尘土及其他污物，并附着于后背车身上，如果是斜背式车身，则尘土及其他污物附着于后窗上，影响驾驶后视线，需要设置后窗刮水器及时清洗。

图 4-36　鸭尾造型扰流器

4.4.6　车底与气动力的关系

对于底板光滑的车底而言，车底对气动力的影响包括车底部的前后遮挡、车底离地间隙、车身底部纵倾角及纵向曲率几个方面。

1. 车底部的前后遮挡对气动力的影响

在车底前部设置障碍，减少进入汽车底部的气流，可以有效降低气动升力；反之，在车底后部设置障碍，使底部的气流流动受阻，从而使车身底部具有方向向上的静压，气动升力会明显增大。所以，为降低气动升力带来的高速不稳定问题，在一些高速跑车和赛车的前部会设置气坝，以减少进入车辆底部的气流。

2. 车底离地间隙对气动力的影响

对于具有光滑底板的汽车而言，车身底部离地间隙过小时，汽车底部附面层的厚度变厚，使底部的气流流动受阻，从而使车身底部具有方向向上的静压，增大气动升力，气动升力的增加还会导致诱导阻力增加。当车身底部离地间隙过大时，底部气流流速会降低，同样导致气动升力增加。因此，对于具有光滑底板的汽车而言，存在一个最佳离地间隙。

3. 车身底部纵倾角及纵向曲率对气动力的影响

当车身底部纵倾角增大时，汽车气动升力增大，气动阻力系数也增大，故底板尽量具有

负纵倾角，将底板做成前低后高的形状有利于减小气动升力。

车身底部纵向曲率可以通过车身底部纵向弯度线与纵向直线的比值来表示。对于一定高度的离地间隙，车身底部具有适度的纵向曲率有利于底部气流流动，从而产生较大的底部负压，降低气动升力，适度的纵向曲率还有利于通过高速底部气流的冲击作用改善汽车尾流状态，以减小压差阻力。如图4-37所示，对于一定的离地间隙，存在一个最佳纵向曲率，使得气动阻力系数最小。

车身底部横向曲率则可以通过车身底部横向弯度线与横向直线的比值来表示。底板适度的横向曲率，有助于车身底部气流流向两侧，减小车身底部气流的总阻塞度，使底部区域压力下降，从而减小阻力和升力。

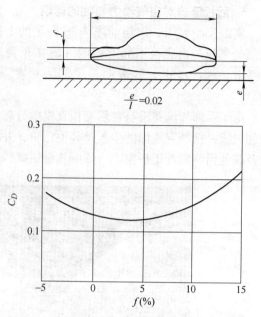

图4-37 汽车纵向曲率对气动阻力系数的影响

4.4.7 车身物件、表面凹凸与气动阻力的关系

车身表面的凸起物、凹坑和车轮等局部地影响气流流动而引起的空气阻力，称为干扰阻力。

1. 车外小物件产生的干扰阻力

气流流经物体时流速增加，另一物体置于被加速了的气流中时，就会受到更大的空气阻力作用。两物体距离越小，干扰阻力越大。如图4-38所示，随着物体间的距离增大，相互之间的气流影响减弱，整体的气动阻力下降。

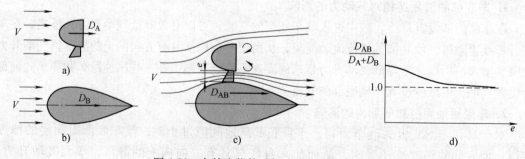

图4-38 车外小物件对气动阻力系数的影响

2. 车身表面凹凸对气动阻力的影响

车身表面的凸起物主要包括刮水器、车窗密封条等。车身表面的凸起物可能引起气流分离或附面层加厚。气流的分离形成压力差，使得气动阻力系数增大，如图4-39所示。

车身表面凹槽主要包括门、盖罩等的四周缝隙。车身表面凹槽对气动阻力的影响主要与

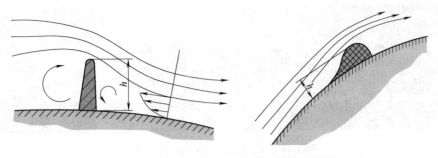

图 4-39 车身凸起物对气动阻力系数的影响

凹槽的深度和宽度比相关。实验表面，凹槽的深度与宽度比接近于 1 时，对气动阻力系数的影响最大，如图 4-40 所示。这是因为，当凹槽的深度与宽度比远小于 1 时，凹槽缝隙小，气流不容易流入，对风阻的影响小；当凹槽的深度与宽度比远大于 1 时，气流流过凹槽时，在凹槽的两端分别形成一个相对小的涡流，如图 4-40 所示，对整体气流的影响也较小。

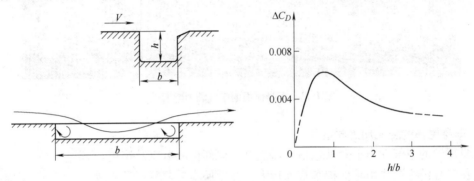

图 4-40 车身凹槽对气动阻力系数的影响

4.4.8 汽车空气动力学套件

1. 车身前部的空气动力学套件
车身前部的空气动力学套件主要包括前保险杠、发动机舱盖、翼子板等。

保险杠前面的扰流器一般是为了减少车底气流的流量以及乱流，让气流能够更快地向车后流动。汽车的空气阻力有 15% 来自轮胎周边，车头前两边前雾灯处的通风口以及翼子板的通风装置，可以引导气流穿过前裙板和车轮，从而减少车轮中的空气湍流，降低车辆油耗，简单有效地减少车身阻力，并冷却重要部件，如制动系统。发动机舱盖上的扰流设置主要为开孔，帮助进气和排气。空气通过进气格栅进入发动机舱，然后通过发动机舱盖的开孔排出，就能带走一部分发动机散发出的热量，使发动机舱更加有效地散热，如图 4-41 所示。

2. 车身侧面的空气动力学套件
车身侧面的空气动力学套件主要指的是侧裙和车轮。

侧裙的使用主要是为了获得更大的下压力。侧裙将车身底部的空气流动区域变窄且变规整，使空气能够更快速地流过车底，形成真空负压区，使得车辆产生更大的下压力，增加车辆的操纵稳定性。在车轮周围，轮辐的转动时常受到空气干扰，以至于妨碍气流的最优行

图 4-41　车身前部的空气动力学套件

程。空气动力学车轮就可以有效地抵消这种干扰，可以引导气流沿车两侧的流动达到最优效果，如图 4-42 所示。

图 4-42　车身侧面的空气动力学套件

3. 车身尾部的空气动力学套件

车身尾部的空气动力学套件包括后保险杠、尾部扩散器以及尾翼。

后保险杠的主要作用是保护车身和行人，在后保险杠两侧开设通风口，能够将后轮拱内的紊乱气流迅速排出，提高汽车的行驶稳定性，降低因车轮转动形成的气动阻力。尾部扩散器主要用于将车底的空气整理抽出，以加快车底空气的流动效率从而获得更佳的下压力。同时，车轮周围和车身底部气流的迅速排出，也有利于通过高速气流冲击作用改善汽车尾流状态，以减小压差阻力，如图 4-43 所示。

车辆尾部最常见的空气动力学套件就是尾翼了。对于民用车来说，尾翼更多的只是起到装饰作用。城市道路上行驶的车辆的速度一般都低于 100km/h，在这种车速条件下车体表面的凸出物越小，车身的线条越流畅，风阻系数才会越小，而此时的尾翼只会增加阻力。当车速超过 120km/h 时，通过尾翼的气流形成下压力，汽车行驶稳定性的优势才能凸显出来，如图 4-43 所示。

图 4-43　车身尾部的空气动力学套件

4.5　风洞试验

4.5.1　风洞

风洞又称风洞实验室，是以人工的方式产生并且控制气流，用来模拟飞行器或实体周围气体的流动情况，并可量度气流对实体的作用效果以及观察物理现象的一种管道状实验设备，它是进行空气动力实验最常用、最有效的工具之一。

1. 风洞的类型

按照尺寸大小将风洞分为整车风洞和模型风洞。为试验真车的风洞叫作整车风洞，为试验缩比模型或零部件的风洞叫作模型风洞。微型风洞（试验段尺寸小于 100mm）、小型风洞（试验段尺寸 1~1.5m）和中型风洞（试验段尺寸 2~4m）都属于模型风洞，而大型风洞的尺寸一般都在 8m 以上，满足整体真车的试验需求，属于整车风洞。

按照使用用途将风洞分为空气动力试验风洞、全天候风洞和多用风洞。空气动力试验风洞指不能随意调节试验段气流温度、湿度的风洞，一般在这种风洞中主要进行不受气流温度影响的空气动力测定。全天候风洞指可改变试验段气流温度、湿度、阳光强弱和其他气候条件的风洞，多用于测定气候环境效果。多用风洞是既可用于测定空气动力又可用于测定气候环境效果的风洞。

按气流是否循环分为回流式风洞（闭式风洞）和直流式风洞（开式风洞）。回流式风洞中，通过试验段的气流经循环系统再返回试验段，这种风洞因其能量可以回收，可使用较小功率的风扇，而且可使气流的温度、湿度保持不变，但结构较复杂。气流经试验段后不再返回，而是排放到外界的风洞称为直流式风洞，其设备简单，成本低，但需要较大功率的风扇，且空气的温度和湿度受外界干扰较大，难以保证不变。直流式风洞有抽风式和吸风式两种。

按气流速度分为低速风洞和高速风洞（亚音速、跨音速、超音速、高超音速）。低速风洞一般用于汽车、中低速列车的空气动力学试验，而高速风洞一般用于飞机、高速列车和高速赛车的空气动力学试验。

2. 风洞的构成

风洞一般由稳定段、收缩段、试验段、扩散段、风扇及整流装置等构成，如图 4-44 所示。

（1）稳定段　稳定段的作用是衰减涡流，提高气流品质，由蜂窝器、阻尼网构成。蜂窝器的作用是将大漩涡变成小漩涡并对气流进行导向，阻尼网的作用是降低气流的紊流度，安装在稳定段尾部、收缩段前面。

（2）收缩段　收缩段是一截面积逐渐缩小的通道。其作用是使气流加速，要求气流沿收缩段流动时，流速单调增加，在洞壁上避免分离，在收缩段出口处气流分布均匀、稳定。

（3）试验段　试验段是试件、测试装置安放区，有开式试验段和闭式试验段两种类型。气流的温度、压力速度等在实验段各截面要均匀分布且稳定；气流与风洞轴线之间偏角要尽可能小；具有合乎实际的紊流度；装卸模型与实验方便。一般试验段还有坐标架，用于固定模型以及安装各种实验仪器。

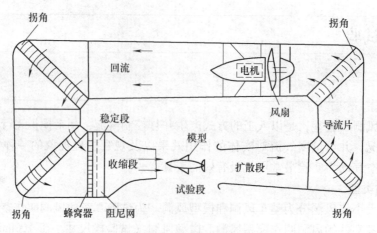

图 4-44　风洞的构成

（4）扩散段　扩散段是一截面积逐渐扩大的通道。其作用是使气流减速，将气流的动能变为压能，减少气流流动的能耗。

（5）风扇及整流装置　风扇是风洞中空气动能的来源，目的是使空气流动。整流装置将风扇传递过来的旋转气流导直。

对于回流式风洞，还有冷却装置、换气装置、拐角导直片等。

4.5.2　汽车风洞试验

汽车风洞试验是将汽车固定在地面上，通过高速气流流经汽车表面，模拟汽车实际路面行驶状态中空气对汽车的影响。试验内容包括：①汽车的空气动力及空气动力矩试验，用于测量汽车受到的空气动力及空气动力矩，得到动力系数及动力矩系数；②压力分布试验，用于测定汽车表面压力分布，得到表面的压力系数；③流动显示试验，用于观察气流流动状态，显示汽车周围的气流流谱。流动显示试验又包含以下几种方法。

1. 烟流法

烟流法是用特制烟管或模型上放出的烟流显示气体绕模型的流动图形。通常是在风洞外把不易点燃的矿物油用金属丝通电加热而产生的烟引入风洞，也有将涂有油的不锈钢或钨丝放在模型前，实验时通电将钨丝加热，产生细密的烟雾。在层流附面层，烟流的轮廓清晰；层流转换为紊流时，烟流突然冲散；产生气流分离时，烟流离开物面，如图 4-45 所示。

图 4-45　烟流法

2. 丝带法

丝带法是观察汽车表面流动的常用方法，通过观察粘贴在车身表面上的丝带的运动状况来确定车身表面的流谱。在层流附面层，丝带顺气流方向几乎不动；附面层转换为紊流时，丝带明显抖动；在气流分离区，丝带剧烈抖动并明显回卷，如图 4-46 所示。通常选用轻柔的绸带和细小的丝线，丝带的长度和间距根据模型部位和流场的复杂情况等确定，在流场较复杂的部位，如前侧窗附近采用较短的丝线，间距也较小。反之，在一些结构变化较小、流动较简单的表面上布置的丝带较长，间距也较大。丝带法也可用于显示空间流谱，把丝带粘在模型周围用细金属丝织成的空间框架上，可以清晰地看见模型周围的气流状态，尤其是模型尾流区的气流流动情况。

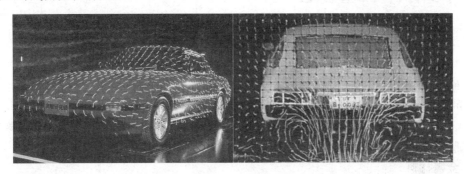

图 4-46　丝带法

3. 油膜法

油膜法是将带有颜色的不易挥发、黏度较大的油液均匀地喷涂在汽车表面，根据油膜上的风纹可看出气流的方向和流速大小。在层流附面层，油膜形成的条纹均匀而细致；在紊流附面层，油膜形成的条纹呈较粗的沟条或似木纹；在气流分离线，油膜形成堆积带；在气流分离区里，油膜基本无变化，如图 4-47 所示。使用油膜法可使表面流谱图像一目了然，并可在风洞停止吹风后一段时间内保持其表面流谱。但是油易流淌，模型及风洞容易被污染。

图 4-47　油膜法

第5章

车身制造工艺

5.1 车身材料及成型工艺

5.1.1 车身材料

汽车车身材料是指车身壳体、附件、附属装备的制造使用的材料以及车身内、外装饰，外表面的涂装等方面所使用的材料。车身覆盖件的材料主要包括金属、高强度合成材料，如钢板、铝合金、碳纤维合成材料等。内饰件的材料则主要是高分子及其合成材料、橡胶、纺织物等非金属材料，一些高档乘用车还会使用真皮、木材作为部分内饰件的材料。

1. 金属材料

（1）钢板 车身使用的钢板种类包括热轧钢板和冷轧钢板。热轧钢板是在800℃以上轧制而成的，其加工性能不如冷轧钢板，板厚一般在 1.6~6.0mm 之间；冷轧钢板是在常温状态下由轧机轧制而成的，具有较好的表面质量、尺寸精度、冲压成型性和焊接性等，特别是经调质精轧后，其板厚均匀，表面光滑平整。车身制造中广泛采用厚为 0.6~1.0mm 的冷轧钢板制造车身的大型覆盖件和要求深拉延的部件。板厚为 1.2~1.4mm 的热轧钢板主要用于车身的下部构件、内护板、车门内板等构件；厚度大于 1.6mm 的热轧钢板主要用于制造车身的结构加强件，车门铰链等。

当轿车车身钢板材料的厚度分度分别减小 0.05mm、0.10mm 和 0.15mm 时，车身质量分别减轻 6%、12% 和 18%。轿车重量每减轻 10%，燃油消耗可减少 6%。所以增加钢板的强度及减小板厚是轻量化设计和增强汽车燃油经济性的有效途径。

（2）铝合金 铝合金具有密度小、比强度高、耐腐蚀、热稳定性好及易成型等特点。在轻量化车身设计中，常作为钢板的替代材料，如雷诺的发动机舱盖、车顶和车门板使用铝合金板材替代传统的钢板，奥迪的 A2、A8 和捷豹的 XJ 用铝合金来制造车身前部的结构件和外部板件。图 5-1 所示为全新奥迪 A2 的全铝车身。

图 5-1 奥迪 A2 全铝车身

2. 高分子及其合成材料

高分子及其合成材料用于车身的优势主要体现在以下几个方面：①轻质，比强度高，有利于车身轻量化，提高汽车的燃油经济性；②成型性好，适合于形态复杂的部件，有利于造型美学意图的实现；③弹性好，具有较高的

缓冲击性能，能减小事故中的乘客及行人伤害；④具有很好地吸收和衰减噪声与振动的能力，对提高乘坐舒适性十分有利；⑤纤维增强复合材料具有较高的强度和刚度，且韧性、耐磨性和耐热性好，是替代车身钢板的理想材料。

塑料在车身上的应用主要包括：①车身内、外装饰件，如车门内饰板、仪表板、车顶内饰板等；②车身附件的壳体、罩盖、支架和手柄等，如外后视镜、内外门把手、转向盘壳体、扶手箱等；③前后保险杠、侧裙、车门防撞装饰条等车身外部防撞构件；④代替钢板材料制造车身板件，如车顶盖、挡泥板、车门外板、发动机舱盖、行李舱盖等。图 5-2 所示为宝马 i8 车型上使用碳纤维材料制作的车顶盖。

图 5-2　宝马 i8 碳纤维车顶盖

3. 车用玻璃

车用玻璃包括钢化玻璃、夹层玻璃、调光玻璃和热线反射玻璃及其他特殊用途玻璃。

（1）钢化玻璃　钢化玻璃是将普通玻璃通过淬火的方法，使玻璃内部形成所需要的内应力，从而使玻璃强度得到提高的玻璃，其抗弯强度和抗冲击强度比普通玻璃高出几倍。钢化玻璃破碎后分裂成带钝边的小碎块，且无尖角，对人体不易直接造成伤害。但破碎后，导致玻璃突然变得不透明，对高速行驶的汽车不利。因此，钢化玻璃只能作为侧窗、后风窗玻璃和车门玻璃。

（2）夹层玻璃　夹层玻璃是为弥补钢化玻璃存在的不足之处而产生的，是最适用于前风窗的安全玻璃。这种玻璃具有很强的抗破碎能力，且夹层越多，抗破碎能力越强。其抗弯强度不及钢化玻璃，但弹性比钢化玻璃优越得多，这正是夹层玻璃安全的原因所在。

（3）调光玻璃和热线反射玻璃　调光玻璃是一种光投射率和散射率都可变化的玻璃，用于遮挡太阳光，减少阳光中的紫外线投射程度，实现适当采光，同时还起到对车内的隐蔽保护作用。

热线反射玻璃是一种抑制从玻璃面射入车内热线量的玻璃。其原理为：采用喷镀或其他方法，将透明的金属薄膜或树脂薄膜镀在玻璃表面上或夹层玻璃中间，使玻璃具有反射热线光的能力。

由于以上措施能抑制通过玻璃射入车内的太阳光热量，从而控制车内温度和减轻空调负荷。另一方面，从车身造型来考虑，采用更多的玻璃，使得前、后风窗玻璃采用更大的倾角成为可能。

（4）特殊用途玻璃　特殊用途玻璃包括着色玻璃、内藏天线玻璃、除霜玻璃等，如很多乘用车的后风窗玻璃、带后视镜加热功能的外后视镜玻璃，都是除霜玻璃。除霜玻璃是一种特殊的夹层玻璃，夹层里面是一层贴有一条条电阻丝的薄膜，实际是一种特制的电热除霜器，通电以后，电阻丝薄膜夹层产生热量，将玻璃加热，从而融化结霜。除霜玻璃在外观上看，一般会有若干隐约的条纹，如图 5-3 所示，在加热除霜的过程中，会影响视线，因此一般前风窗不采用除霜玻璃，而通过空调系统来加热融霜。

4. 其他非金属材料

一些用量较少的非金属材料，如纺织物、木材、真皮等，在内饰中具有更好的触感，是

提高汽车档次的有效手段。

纺织物通常作为汽车内饰件表面材料，如汽车顶板内表面、座椅表面、门内板扶手表面等，如图 5-4a 所示。木材在汽车中的使用，主要目的是增加内饰的自然感觉属性。因此常选用具有天然纹理属性的高档木材，在内饰主要视觉区域做点缀使用，如在仪表板中镶嵌胡桃木、水曲柳等，是最常见的做法，如图 5-4b 所示。真皮主要用于在内饰中与人产生接触的一些内饰件的表面装饰，如座椅表面、扶手箱上表面、门内板扶手等处，如图 5-4c 所示。在一些车型中，为塑造高档宜人的视觉及触觉感受，还采取一些特殊的工艺，对高分子塑料进行处理，使其具有真皮、木材等的触感和视觉效果。

图 5-3 后窗除霜玻璃

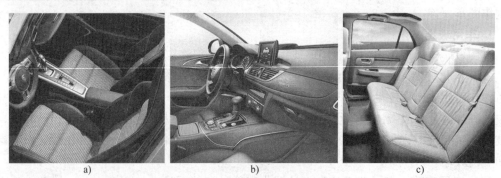

图 5-4 其他非金属在内饰中运用

a）纺织物座椅 b）实木仪表板 c）真皮内饰

5.1.2 车身覆盖件成型工艺

车身覆盖件目前主要采用钢板或铝合金冲压成型，部分轻量化设计的车型也采用合成材料，如碳纤维等，通过真空吸塑等方式成型。

1. 车身覆盖件的结构特点和技术条件

（1）车身覆盖件的结构特点 车身覆盖件的结构形状及尺寸有以下特点：①材料薄，相对厚度小，板料厚度一般为 0.3~1.0mm，相对厚度 t/L（板厚与坯料最大长度之比）最小值可达 0.0003；②轮廓尺寸大，如车顶盖的坯料面积可达数平方米；③形状复杂，大多数为三维甚至多维空间曲面，且形状和轮廓不规则，难以用简单的几何方程来描述；④轮廓内部常带有局部形状，有的覆盖件往往带有窗口、局部凸起或凹陷等形状，它们的成型往往会对整个冲压件的成型带来较大影响，如图 5-5 所示。

（2）车身覆盖件的质量要求 车身覆盖件首先应具有良好的表面质量，尤其是外

图 5-5 车身覆盖件的结构特点

覆盖件的可见表面，一般有严格的外观装饰性要求，不允许有波纹、皱纹、凹痕、擦伤、边缘拉痕等有损表面完美的缺陷；覆盖件上的装饰棱线、装饰肋条，要求清晰、平整、光滑、左右对称及过渡均匀，两个覆盖件的衔接处应吻合，不允许参差不齐。

其次，车身覆盖件应具有较高的尺寸精度和形状精度，包括较高的轮廓尺寸、孔位尺寸、局部形状尺寸等精度，以保证焊装或组装时的准确性和互换性，便于实现车身成型与装焊的自动化，保证车身外观形状的一致性和美观性。

此外，车身覆盖件应具有良好的工艺性，包括冲压性能、焊接装配性能、操作安全性能、材料利用率及其要求等几方面。其中冲压性能关键在于拉深工艺性的好坏。

最后，车身覆盖件还必须具有足够的刚性。覆盖件刚性不够，汽车行驶时会产生振动和噪声，使覆盖件发生早期损坏，缩短车身使用寿命。故必须通过充分的塑性变形和合理的结构予以保证。

2. 钣金覆盖件的冲压成型特点

(1) 钣金覆盖件的变形特点　覆盖件一般都具有复杂且不规则的空间曲面，使得冲压成型困难，且容易产生回弹、起皱、拉裂、表面缺陷和平直度低等质量问题。成型时的变形不单纯是拉深，而是拉深和局部胀形、拉深和弯曲、拉深和翻边或拉深与冲孔等工序交错混合。

(2) 钣金覆盖件成型工艺分类　根据覆盖件拉深复杂程度及其外形对称性等特点，可将各种覆盖件归纳为以下类别：①对称于一个平面的覆盖件，如散热器罩、前围板、发动机舱盖、行李舱盖等；②不对称的覆盖件，如车门外板、车门内板、前后翼子板等；③可以成双冲压的覆盖件，如左、右前围侧板和左、右顶盖边梁等；④本身有凸缘面的覆盖件，如车门外板；⑤压弯成型的覆盖件。

(3) 钣金覆盖件的成型工艺特点　车身钣金覆盖件的成型工艺具有以下特点：①钣金覆盖件成型工序多，冲压一般为 4~6 道甚至近 10 道工序；②覆盖件上的装饰棱线、装饰肋条、装饰凹坑、加强筋、躲避包等部分结构，主要靠局部拉深成型，为了防止开裂，应采取加大圆角、使侧壁成一定斜度、减小深度等措施；③两覆盖件间的装饰棱线、装饰肋条、凹坑等衔接与配合要尽量吻合一致、光滑过渡、间隙要小、不影响外观；④形状对称、零件尺寸又不太大的覆盖件，可采用"成双拉深法"，通过增加工艺补充而设计成一个拉深件，冲压成型后再切开成两件；⑤特别浅的拉深件，要注意回弹的控制。

3. 钣金覆盖件冲压工艺基本工序

钣金覆盖件冲压工艺的基本工序包括拉深、落料、整形、修边、翻边、冲孔等。覆盖件形状复杂，轮廓尺寸大，不可能在一两道冲压工序中制成，需多道工序才能完成。根据实际生产需要及可能性，可将落料拉深、修边冲孔、修边翻边、翻边冲孔等一些工序合并进行。

(1) 拉深工序　拉深工序是汽车覆盖件冲压成型的关键工序。覆盖件的形状，大部分主要是在拉深工序中形成的。在生产技术准备中，应优先考虑拉深工艺设计和拉深模具的设计、制造与调试。拉深毛坯件一般需经过整形和修边后方能成为拉深零件。

(2) 落料工序　落料工序主要获得拉深工序所需要的坯料形状和尺寸。由于覆盖件冲压成型很复杂，不可能计算出其准确的落料尺寸，故应在拉深工艺试冲成功后，才能确定坯料的形状和尺寸。在生产技术准备时，落料工序及落料模的设计应安排在拉深、翻边调试成功后再进行。

（3）整形工序 主要将拉深工序中尚未完全成型的覆盖件形状成型出来。其变形性质一般是胀形变形，经常复合在修边或翻边工序中完成。

（4）修边工序 主要是切除拉深件上的工艺补充部分。工艺补充部分仅为拉深工序需要，拉深完成后要将其切除。

（5）翻边工序 主要是将覆盖件的边缘进行翻边成型，安排在修边工序之后进行。

（6）冲孔工序 用以加工覆盖件上的各种孔洞。一般安排在拉深工序之后或翻边工序之后进行。若先冲孔，会造成在拉深或翻边时孔的位置、尺寸、形状发生变化，影响以后的安装与连接。

4. 典型钣金覆盖件冲压工艺实例

轿车车身外覆盖件主要由门（左、右、前、后门）、盖（发动机舱盖、顶盖、行李舱盖、两翼（左、右、前、后翼子板）及两侧（左、右侧围外板）等组成。这些覆盖件的形状结构各有特点，其冲压成型工艺也各有不同。

（1）发动机舱盖内板冲压工艺 发动机舱盖内板冲压工艺的工艺过程为：下料（冲裁）→拉深→切边→冲孔→弯曲、整形。图5-6所示为某型号轿车发动机舱盖内板的冲压成型过程示意。

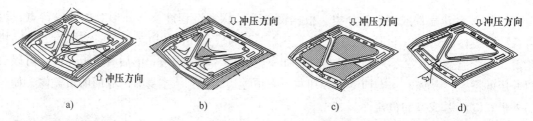

图5-6　发动机舱盖内板的冲压成型过程
a）拉深　b）切边　c）冲孔　d）弯曲整形

（2）轿车顶盖冲压工艺 轿车顶盖冲压工艺的工艺过程为：下料（冲裁）→拉深及两侧切边→修边、冲孔→整形、翻边→翻边、冲孔、整形。图5-7所示为某型号轿车顶盖的冲压成型过程示意。

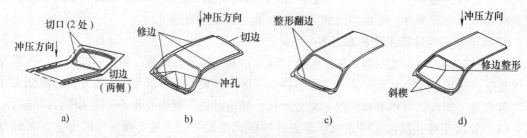

图5-7　顶盖的冲压成型过程
a）拉深及两侧切边　b）修边冲孔　c）整形翻边　d）翻边冲孔整形

（3）轿车侧围外板冲压工艺 轿车侧围外板冲压工艺的工艺过程为：下料并落料→拉深→修边、冲孔→翻边、整形、冲孔→翻边、整形、冲孔→修边、冲孔→修边、冲孔、整形。图5-8所示为某型号轿车侧围外板的冲压成型过程示意。

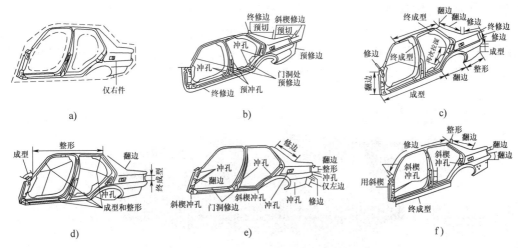

图 5-8　侧围外板的冲压成型过程

a）拉深　b）修边冲孔　c）翻边整形冲孔　d）翻边整形冲孔　e）修边冲孔　f）修边整形冲孔

5. 碳纤维车身覆盖件

碳纤维，又称碳化纤维，泛指一些以碳纤维编织或多层复合而成的材料。因为它又轻又坚硬，密度不到钢的 1/4，抗拉强度一般都在 3500MPa 以上，是钢的 7~9 倍，所以它的用途很广泛。碳纤维在汽车领域的应用从赛车开始，近年来在民用汽车中也得到了广泛的应用。

原始碳纤维的存在形式为柔软的线材和面材，如图 5-9 所示。从纸般柔软到钢铁般坚硬的质变过程，是通过在模具中按纤维方向交错叠放碳纤维布，利用环氧树脂黏结剂将多层切割好的碳纤维布逐层粘在一起，这一过程需要用 5~10 层其至更多层薄如蝉翼的碳纤维布，粘合成加厚版碳纤维布，这时它的柔韧性已经非常差，几乎跟刚性材料差不多；再利用高温高压烤箱来使粘合后的体积进一步压缩、强化，成品毛坯再经过去飞边、打磨、抛光等工序，最终的车身组件就加工好了。这一过程看似简单，但由于碳纤维布的成本以及工序成本都较大，仍然使这一工艺无法大规模应用，所生产的产品也是异常昂贵。

图 5-9　碳纤维

手感与塑料差不多、却有着钢铁一般的强度和韧性的碳纤维组件，不仅能够帮助整车有效减重，更由于其昂贵的特性而变成奢华的象征。以法拉利、兰博基尼、帕加尼等为代表的意大利超级跑车，为了追求轻量化，制造过程几乎不计成本，在车上大规模应用碳纤维组件

甚至整车使用碳纤维材料，如图 5-10 所示。目前碳纤维材料在民用量产汽车，尤其是中档产品中应用也十分广泛，很多厂商也已经开始提供碳纤维材料的小组件，如后视镜壳、内饰门板、门把手、变速杆、赛车座椅、空气套件等，同时，可以原装位置安装到发动机舱的风箱、进气歧管等的碳纤维改装件也是品种繁多。

图 5-10　全碳纤维车身超级跑车

5.1.3　车身内饰件成型工艺

汽车内饰件包括仪表板、车门内板、转向盘、座椅、顶篷、地垫、遮阳板、储物盒、烟灰缸等，另外还有一些附属设备如音响、空调、通信装置、电视、照明灯具等。汽车内饰件的设计与制造是一门综合学科，涉及美学、光学、力学、人体工程学、材料科学、化学等。相比车身覆盖件，内饰件材料更多使用高分子材料，但随着汽车工业技术的飞速发展，许多新材料、新工艺也逐渐出现在汽车内饰中。

1. 内饰材料的基本要求

（1）阻燃性能　汽车内饰材料特别是纺织品必须要有很好的延燃性和阻燃性。这样一旦汽车发生火情危险后就能保证乘客有足够的时间离开，或者降低火灾危险的发生。车用纺织材料中可能会用到各种纤维，它们的组成和化学结构各不相同，其热性能和燃烧性能也都不一样，在选择时应注意其阻燃性能。

（2）耐磨性能　耐磨性是对汽车座椅面料和转向盘面料最重要的要求。座椅面料一般情况下要使用至少 2 年的时间，某些时候，可能会使用超过 10 年甚至更久，因此汽车座椅面料需要具有较高的耐磨性能，使其在使用过程中不起球、不勾丝，以保证座椅的美观性。

（3）抗雾化性能　汽车内饰材料会在使用之前经过各种功能整理，并且在安装过程中会用到黏合剂，因此成品汽车内饰材料内可能含有许多低分子的易挥发物，这些易挥发物在受热的时候会挥发出来凝结在车窗及风窗玻璃上，在其表面形成一种"雾凇"现象。车窗玻璃上的"雾凇"很难去除，会严重影响司乘人员的视线，并且悬浮于空气中的挥发物有可能会被吸入人体，进而危害人们的健康。因此，汽车内饰物必须具有一定的抗雾化性能。

（4）耐光性和抗紫外线性能　现代汽车中为了满足采光及汽车轻量化的要求，窗面玻璃开始占据大量面积，这导致汽车内部空间会受到光照的影响。在太阳的照射下，车厢内部温度可达 130℃；到了夜晚，车内温度便会下降，进而大大地影响车厢的相对湿度。如此大的冷热循环可能会使内饰材料发生褪色和降解，因此要求汽车内饰材料必须具有较好的耐光

性及抗紫外线性能。

（5）**触感宜人性及弹性**　汽车内饰件是直接与人发生接触的部件，因此要求其具备一定的触感宜人性，宜人的触感可以带来良好的使用体验，提升汽车的档次。此外，汽车内饰材料还必须具备一定的弹性，刚性不能太高，以减少车内乘客在发生车祸或其他情况下的伤害。

另外，汽车内饰材料还应具有良好的拒水拒油的自清洁性能、良好的染色坚牢度以及导热、透气透湿的舒适性等其他性能。

2. 塑料的应用及其成型工艺

（1）**硬质塑料在内饰中的应用**　硬质塑料与软质塑料相对应，并不特指具有某种化学成分结构的塑料，它是对经过特殊处理后、材质坚硬的塑料的总称。通常，汽车内饰中的硬质塑料采用 PP、PC、ABS、ABS/PC 等材料一次性注射成型，常用于轻、小型货车和大货车、客车上。这类塑料的表面有花纹，尺寸可以很大，无蒙皮，表面质量要求很高，要求材料具有耐湿、耐热、刚性好、不易变形的特点。

（2）**软质塑料在内饰中的应用**　软质塑料一般用作内饰件的表皮材料，内饰件整体由表皮、骨架、缓冲层等构成。软质塑料通过真空吸塑成型。低档轿车还会采用木粉填充改性PP 板材或废纤维层压板表面复合针织物的简单结构，即没有发泡缓冲结构。有些货车上甚至使用软质 PVC 人造革作为软质表层。在欧洲，一般采用增强 PP 板材放填充物然后再包皮的结构，填充材料大多数为薄的聚氨酯泡沫塑料片，表皮材料为 PVC。

3. 典型内饰件的结构及成型工艺

（1）**仪表板**　仪表板总成也叫仪表盘总成，是汽车上的主要内饰件，是全车操控与显示的集中部位，如图 5-11 所示。目前常见的仪表板，按材料可分为硬质仪表板和软质仪表板。

图 5-11　仪表板

硬质仪表板采用 PP、PC、ABS、ABS/PC 等材料一次性注射成型，常用于轻、小型货车和大货车、客车上。欧洲汽车的仪表板多以 ABS/PC 及增强 PP 材料为主；美国汽车多用SMA（苯乙烯/顺丁烯二酸酐）材料，这种材料价格低、耐热、耐冲击，具有良好的综合性能；日本汽车曾采用过 ABS、增强 PP 材料，目前大多采用玻璃纤维增强的 SAN，也有采用耐热性更好的改性 PPE。由于壁薄，体积大，结构形状复杂，多采用多点注射成型。由于注塑过程中，表面易形成流痕和黏结痕，以及因添加色母不均而可能造成的色差，通常其表面要经过涂装处理。一些高档仪表板追求质感效果，会在表面做一部分桃木饰纹等，中国重汽的斯太尔"王"等车型中就使用了这样的仪表板。

软质仪表板由表皮、骨架、缓冲层等构成。很多汽车的仪表板表皮均采用 PVC/ABS 或 PVC 片材，并带有皮纹。其加工工艺是：先进行表皮真空吸塑成型，然后将吸塑好的表皮修剪后置入发泡模腔内，再放上骨架，然后注入缓冲类发泡材料（如 PU）而成型。半硬质 PU 泡沫通常具有良好的回弹性，能吸收 50%～70% 的冲击能量，因此其安全性高，耐热，耐寒，坚固耐用，且手感好。

（2）门内饰板 汽车门内饰板位于驾驶室内左右两个侧面，如图 5-12 所示，是汽车内饰中重要的功能件和装饰件。通常门内饰板上装有门锁内手柄、门锁开启按钮、玻璃升降器手柄、扶手、杂物箱、扬声器等，它对肘部活动空间有直接影响。车门内板按其材料可分为软质和硬质两种。

软质门内饰板类似于仪表板，由骨架、发泡层和表皮革构成。其制造过程为：采用

图 5-12 门内饰板

ABS 注塑成门内板的骨架，然后将衬有 PU 发泡材料的针织涤纶表皮以真空成型的方法复合到骨架上形成一体。最近开发成功的低压注射-压缩成型方法是把表皮材料放在还未凝固的聚丙烯毛坯上，经过压缩层压而制成门内板。由于表皮材料为衬有 PP 软泡层的 TPO，因此这类门板易回收利用。

硬质门内饰板一般都是一次注塑成型的。在美国，门内装饰板大多由 ABS 或 PP 注塑成型，现在中国重汽的斯太尔"王"的门内板就是用 PP 注塑成型的。

近年来，为满足耐候性和柔软性的要求，车门内板已开始使用热塑性弹性体与 PP 泡沫板相叠合的结构。日本开发出了一种冲压成型技术，可连续生产全 PP 材料的车门内板，包括 PP 内衬板、PP 泡沫衬热层和 PP/EPDM 皮层结构。

（3）座椅 座椅是汽车内饰中重要的功能件，如图 5-13 所示，不仅要提供驾乘人员必要的使用功能，而且要具有舒适感。座椅按其结构可分为调角器式、齿板齿条式或前后调节式、前后上下调节式等；按其坐垫及靠背材料可分为 PU 发泡座椅、硬质棉座椅和天然纤维座椅等几种。

传统的座椅一般选用调角器式，但由于使用频繁，其卷簧容易失效。采用齿板齿条式设计时，只要选用的材料以及热处理工艺

图 5-13 汽车座椅

达到设计要求，其寿命和使用效果一般是比较理想的。一般座椅的前后调节是借助于滑道来完成的，而上下调节则依靠气囊和减振器，气囊和减振器对提高座椅的舒适性发挥了良好的作用。现在有的座椅还在坐垫上增加了加热和充冷气装置，以适用于高热、高寒地区不同用户的需求。

目前坐垫及靠背基本上是由软质 PU 发泡制成，也有采用硬质棉的。软质 PU 发泡材料可用热硫化和冷硫化法生产，但从设备投资和材料性能考虑，目前座椅缓冲垫多用冷硫化法

生产。考虑到座椅的舒适性，可以通过改变缓冲垫的密度来调整其软硬度。某些车型，靠背上的缓冲垫使用的是天然纤维（如椰子壳）浸胶材料，其特点是透气性好，而其骨架一般采用金属焊接结构，也有用 GMT（玻璃纤维毡片）取代钢铁材料的。随着人们需求的不断提高，座椅的表皮材料也日益高档化，20 世纪 60 年代大多采用 PVC 人造革，70 年代开始使用真皮和织物。

（4）转向盘　转向盘既是汽车的主要操作功能件，同时又是装饰件。转向盘一般由盘毂、圆周、盘辐及附件等组成。早期的转向盘功能单一，只有转向功能。随着技术的进步，现代汽车的转向盘集合了多种功能，可在其上布置一些操控件和按钮，从而使驾驶人在手不离开转向盘的情况下就可以进行多种操作，既方便又安全。此外，在轿车转向盘内还装有安全气囊，它可为驾驶人提供被动安全保护。

按材料进行划分，转向盘可被分为硬质、软质、皮革、桃木纹等几种类型，如图 5-14 所示。按盘辐的多少进行划分，转向盘可分为两辐式、三辐式和四辐式等几种类型。

图 5-14　转向盘

硬质转向盘由骨架与 PVC 注塑成型，软质（相对而言）转向盘一般采用自结皮 PU 泡沫材料经高压或低压发泡而成。通常，转向盘结构要求挺拔、坚固、轻便、外韧内软，并能耐热、耐寒、耐光、耐磨，其包覆物多用改性 PP、PVC、PU、ABS 等树脂。骨架一般选用钢骨架与铝压铸而成，或由圆、椭圆金属握制并焊接而成。目前，从轻量化角度考虑，用玻璃纤维增强 PA 替代铁心作为转向盘的骨架材料也是一种趋势。

为了满足豪华、舒适及手感等方面的要求，现在一些转向盘的表皮还采用了真皮包覆，或在表皮上增加了桃木饰纹。通常，真皮必须缝在软质（相对而言）PU 发泡层上，而桃木纹只能在硬质塑料上使用。

（5）顶盖内饰板　顶盖内饰板是内饰件中材料和品种花样最多的一种复合层压制品，除了起装饰作用外，还具有隔热、隔音等特殊功能。按材料划分，顶盖内饰板可有硬质和软质两种。一些概念设计还利用新型材料，创造特殊的天空效果，如图 5-15 所示。

图 5-15　特殊效果顶盖内饰板

一般硬质顶盖内饰板采用玻璃钢压制而成，然后再在其上喷漆，也可由 PVC 板材吸塑

成型。这类顶盖内饰板隔热、隔音效果较差，但强度、刚性较好。软质顶盖内饰板一般由基材和表皮构成，基材要求具有轻量、刚性高、尺寸稳定以及易成型等特点，为此通常使用热塑性聚氨酯发泡内材、PP 发泡内材、热塑性毡类内材、玻璃纤维瓦楞纸、蜂窝状塑料带等。表皮材料可用织物、无纺布、TPO、PVC 等。乘用车顶盖内饰板一般使用 TPO 发泡片材、玻璃纤维、无纺涤纶布等材料经层压后成型。

5.2　车身装焊工艺

因当前车身主要材料是钢板，所以车身零件之间的连接装配，采用较多的工艺是焊接工艺。但随着新兴车身材料的兴起，为了满足车身密封需求以及内饰件的装配连接需求，越来越多的新工艺应用于车身装配中，其中又以胶黏结最为广泛。

5.2.1　汽车车身装焊工艺特点及程序

1. 车身装焊工艺特点

（1）以电阻焊为主　车身材料多为具有良好焊接性能的低碳钢，因此焊接是车身制造中应用最广泛的工艺方法。其中，应用最多的是电阻焊，占整个焊接工作量的 60% 以上，有的几乎全部采用电阻焊；其次应用较多的是二氧化碳气体保护焊，主要用于车身骨架和车身总成的焊接。

（2）批量化生产条件高　车身的装焊面以曲面形式存在，沿空间分布，施焊难度大。实施自动化生产线，进行大批量生产的难度较高，采用大量焊接机器人的同时，必须有大量的定位准确、迅速的装焊夹具的支撑。同时，车身多为薄壁板件或薄壁杆件，刚性很差，装焊过程中必须使用多点定位夹紧的专用装焊夹具，以保证各零件或合件在焊接处的贴合及相互位置，特别是门窗、孔洞的尺寸等。

（3）工序繁多复杂　为保证车身零件冲压成型过程中的成型质量，车身设计时，通常将车身划分为若干个分总成，各分总成又划分若干合件，合件又由若干零件构成，各个零件单独成型。车身装焊的顺序则是上述过程的逆过程。一个车身的零件数量繁多，在组织车身焊接时，工序数量相应增加，工序设计的难度也随之增加。

2. 轿车白车身的装焊程序

轿车白车身主要由底板、前围、后围、左右侧围、顶盖、车门等分总成组成，而各分总成又由许多合件、组件及零件（大多为冲压件）组成，如图 5-16 所示。汽车车身装焊过程中的最大特点是具有明显的程序性。车身按位置的不同，常分为上、下、左、右、前、后六大部分，车身壳体是唯一的总成。轿车白车身的装焊的一般程序是：零件→组件→合件→分总成→总成（白车身）。

5.2.2　汽车车身焊接工艺方法及设备

车身焊接中，常用的焊接方法主要有电阻焊、CO_2 气体保护焊、激光焊等。其中电阻焊应用最多，激光焊近年来发展迅速，在轿车车身制造中已得到越来越多的应用。

1. 电阻焊

电阻焊是将工件组合后通过电极施加压力，利用电流流经工件接触面及邻近区域产生的

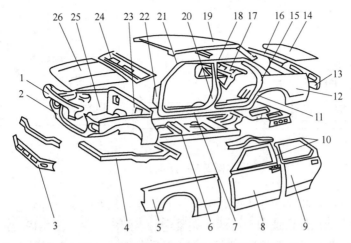

图 5-16　轿车白车身本体结构及覆盖件

1—发动机舱盖前支架　2—散热器固定框架　3—前裙板　4—前框架　5—前翼子板

6—底板总成　7—门槛　8—前门　9—后门　10—门窗框　11—车轮挡泥板

12—后翼子板　13—后围板　14—行李舱盖　15—后立柱（C 柱）　16—后围上盖板

17—后窗台板　18—上边梁　19—顶盖　20—中立柱（B 柱）　21—前立柱（A 柱）

22—前围侧板　23—前围板　24—前围上盖板　25—前挡泥板　26—发动机舱盖

电阻热效应将其加热到熔化或塑性状态，使之形成金属结合的一种方法。电阻焊方法主要有点焊、缝焊、凸焊等。

（1）点焊　点焊属于压焊分类，是电阻焊的一个分支。将工件装配成搭接接头，并压紧在两电极之间，利用低电压、大电流、短时间，电阻热熔化电极加压部位母材金属，形成熔核焊点的一种焊接工艺。点焊的基本过程如图 5-17 所示，分为预压、焊接、加压、停止四个阶段。焊接时，需要先把焊件表面清理干净，再把被焊的板料搭接装配好，压在两柱状铜电极之间，施力压紧。当通过足够大的电流时，在板的接触处产生大量的电阻热，将中心最热区域的金属很快加热至高塑性或熔化状态，形成一个透镜形的液态熔池。继续保持压力，断开电流，金属冷却后，形成了一个焊点。由于焊点与焊点之间有一定的间距，所以只用于没有密封性要求的薄板搭接结构和金属网、交叉钢筋结构件等的焊接。

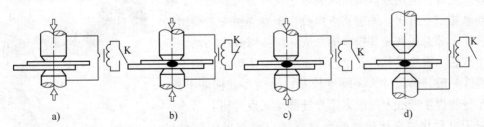

图 5-17　点焊的基本过程

a) 预压　b) 焊接　c) 加压　d) 停止

点焊分单面点焊和双面点焊。单面点焊指一个或多个压头（同时是电极）压紧两块工件的一侧，而另一侧接另一个电极（或附加电极板）进行焊接的形式，如图 5-18 所示，适用于一厚一薄或不能两面夹紧进行点焊的工件。

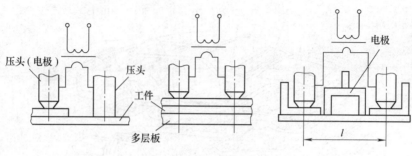

图 5-18　单面点焊

双面点焊指一对或多对压头（每对各为一个电极）从两侧夹紧并焊接工件的点焊形式，图 5-17 所示即为双面点焊，适用于能两面夹紧进行点焊的工件。图 5-19a 所示为车顶两侧的焊接效果。由于点焊的表面不美观，对于采用点焊的汽车，都会在车顶两侧加两条橡皮条遮挡，如图 5-19b 所示。

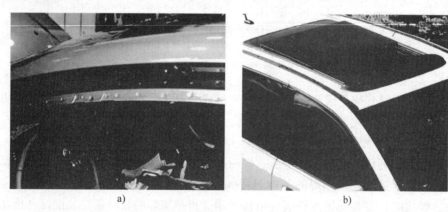

图 5-19　点焊表面效果及处理
a）双面点焊的表面效果　b）遮盖焊点的胶条

　　点焊工艺的主要设备是点焊机。点焊机按用途可分为通用和专用两大类，专用点焊机主要是多点点焊，通用点焊机按安装方法又可分为固定式、移动式或悬挂式点焊机。固定式点焊机在车身焊接中主要用来点焊合件、分总成和一些较小的总成。焊接时焊机不动，焊完一个点后，将板件移动一个点距再焊下一个焊点。由于车身覆盖件一般外形尺寸大，刚度较差、易变形，移动不便，故在车身装焊生产线上广泛采用悬挂移动式点焊机。

　　对于批量化要求比较高的车身焊接，通常采用自动化焊接流水线，运用焊接机器人来提高焊接生产效率，如图 5-20 所示。焊接机器人属于工业机器人的一种。工业机器人是一种多用途的、可重复编程的自动控制操作机。工业机器人最后一个轴的机械接口通常是一个连接法兰，可接装不同工具（或称末端执行器）。焊接机器人就是在工业

图 5-20　焊接机器人

机器人的末轴法兰上装接焊钳，使之能进行焊接工作。点焊对焊接机器人的要求不是很高，因为点焊只需点位控制，至于焊钳在点与点之间的移动轨迹没有严格要求。点焊对工业机器人的负载能力有一定的要求，至少能够支撑焊钳的重量。此外，要求点与点之间的移位速度要快捷、动作要平稳、定位要准确，以减少移位的时间，保证焊接点的位置精度，提高工作效率。

（2）缝焊　焊件装配成搭接或斜对接头并置于两滚轮电极之间，滚轮加压焊件并转动，连续或断续送电，形成一条连续焊缝的电阻焊方法，称为缝焊，如图 5-21 所示。缝焊是用一对滚盘电极代替点焊的圆柱形电极，与工件做相对运动，从而产生一个个熔核，相互搭叠，形成密封焊缝。缝焊广泛应用于油箱等密封容器的薄板焊接。

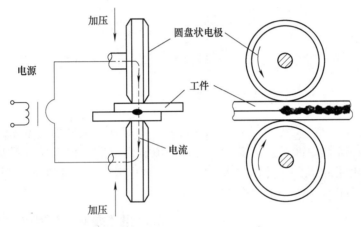

图 5-21　缝焊

（3）凸焊　凸焊是点焊的一种变型，如图 5-22 所示。其不同之处是预先在板件上加工出凸点，或利用焊件上能使电流集中的型面、倒角等作为焊接时的相互接触部位，焊接时靠凸点接触，提高了单位面积上的压力和电流密度，使热量集中，减小分流，一次可在接头处形成一个或多个熔核，提高了生产率，并减小了接头的翘曲变形。车身装配过程中，凸焊螺母（有凸点的螺母）焊在薄板上，如图 5-23 所示，这样在装配时只需要拧紧螺栓即可，提高了装配工效。

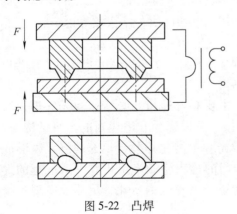

图 5-22　凸焊

图 5-23　凸焊螺母

2. CO_2 气体保护焊

以 CO_2 作为保护气体,利用焊丝与工件间产生的电弧熔化金属,将焊丝作为填充金属的一种电弧焊接方法。CO_2 气体保护焊主要由焊接电源、焊枪、送丝机构、供气系统和控制电路等设备组成,如图5-24所示。

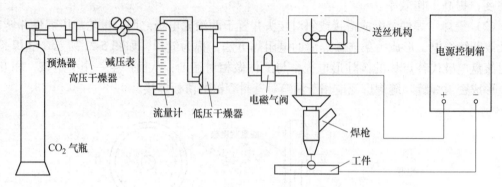

预热器　减压表　送丝机构　电源控制箱
高压干燥器　流量计　低压干燥器　电磁气阀　焊枪　工件　CO_2 气瓶

图 5-24　CO_2 气体保护焊的设备组成

焊丝由送丝机构送入焊枪导电嘴,进入焊接区与焊件接触并引燃电弧;此时气瓶中的 CO_2 气体经预热、干燥、减压后已提前以一定的流速由喷嘴喷出,使电弧及熔池与空气隔离,防止空气对熔化金属的氧化作用。焊丝不断地熔化到焊件的熔池里,从而形成连续的焊缝,焊接完成后再停止 CO_2 气体的供应。

3. 激光焊

车身激光焊接的过程属热传导型,即激光辐射加热工件表面,表面热量通过热传导向内部扩散,通过控制激光脉冲的宽度、能量、峰值功率和重复频率等参数,使车身工件熔化,形成特定的熔池。图5-25所示为激光焊接车顶盖的场景。

图 5-25　激光焊接车顶盖

激光焊接的优点首先是被焊接工件的变形量极小,几乎没有连接间隙,焊接深度与宽度比高,焊接质量比传统焊接方法好;其次是焊缝强度高,焊接速度快,焊缝窄,且通常表面质量较好,免去了焊后清理等工作,外观比传统焊接要美观;另外,激光焊接可焊接难以接近的部位,施行非接触远程焊接,具有很大的灵活性。

激光焊接在白车身制造中的具体工艺方式,主要有普通激光焊接、激光钎焊、激光远程焊接等。普通激光焊接工艺主要用于车顶焊接,可以降噪和适应新的车身结构设计。激光钎焊与传统钎焊类似,其区别在于它采用激光源来熔化焊丝,填充焊缝,以形成焊接接头。远程激光焊接为非接触式焊接,采用专门的镜头将激光聚焦在 $1 \sim 2m$ 远的焊接工件上,镜头由机器人驱动,通过机器人移动和激光聚焦点的变化,灵活地实现各个部位的焊接。

5.2.3　汽车车身装焊夹具及装焊生产线

1. 车身装焊夹具

汽车车身一般是由内外覆盖件及骨架组合而成的一个复杂的空间薄板壳体结构。为便于装配和焊接，通常将车身划分为若干个分总成，各分总成又划分为若干个合件，各合件又由若干零件组成。车身装焊时，通常都是先将零件装焊成合件，再将合件装焊为分总成，最后将分总成装焊为车身壳体总成，这就是车身的装焊过程。

单独的板件自身刚度很差，需利用工具和装置进行定形、定位并夹紧，板件之间再利用焊接方法形成整体。装配焊接时，车身制件逐件放入夹具，装焊后再将已焊成整体的车身装焊件从夹具中整体取出。夹紧机构常采用手动、气动或液压的快速夹紧装置，操作方便，装夹时间短、速度快，能快夹快松。这些工具和装置有利于保证车身的质量要求，提高劳动生产率，减轻劳动强度，通常被称作装焊夹具，如图5-26所示。

图5-26　装焊夹具

2. 车身装焊生产线

（1）车身装焊生产线的组成　汽车车身装焊生产线是轿车、微型客车等车型生产过程中的重要生产线之一。从汽车工业的发展历史来看，车身装焊生产线经历了手工焊接线→自动化刚性装焊线→机器人柔性装焊线阶段。

就每条装焊线而言，它由焊接夹具、传输装置、焊接设备（焊枪、焊接机器人）构成；就整个汽车车身装焊线而言，它大体包括车身侧围总成线、车身门盖总成线、底板总成线、车身焊装主线等，其中每部分又有相应的主线、子线、左右对称线和独立岛。根据生产节拍、自动化程度及生产方式等的不同，每条线又分为若干个工位；各工位间通过传输装置连为一体，每工位负责完成一部分工作。

（2）车身装焊生产线的形式　在汽车发展的初级阶段，主要应用直通式生产线（即简化的贯通式生产线）。到了20世纪六七十年代，曾较多地使用随行夹具生产线，但由于随行夹具体积大、结构复杂、运动惯性大、难以实现多品种生产及机器人配套使用等缺点，各主要汽车厂家进行了生产线的改进与创新。目前，国内外常见的几种装焊线形式有：

1）随行台车贯通式生产线。一般采用数量不等的相同台车式夹具，由链条驱动到预定工位后由人工投料及人工焊接作业，每台车身均在同一夹具与不同工位上完成拼装。这种形式的生产线生产效率低、劳动强度大，单品种专线生产且产品的精度品质不易保证，为早期常用的一种生产形式，一般适用于小批量生产。

2）单车型自动化生产线。一般采用固定式专用夹具并配合机械手进行自动化焊接拼装，物料通过吊车自动搬送投入，每个站间产品输送较多采用往复式梭动机。其特点是生产效率及自动化程度高、品质稳定，但仍属于单品种专线生产。

3）多车型自动化混合生产线。与单车型自动化生产线形式基本相同，主要差异在于主焊生产线上采用多车型混线生产，一般为1~3种车型。总拼夹具采用各车型专用串联方式。

该设备投资成本较高，每个车型独立的总拼夹具及周边搬送关系需要满足全线生产能力的要求，且设备弹性较差，自动化设备投入效益低。而另一种方式则采用四面回转夹具，它依据不同车型进行自动切换对应生产，机械手进行自动拼装。而对于底板分总成夹具一般要移到主焊线外独立设线，主焊线通常除总拼夹具外，其他均为补焊夹具，较容易做到多车型共用。

（3）车身装焊生产线的发展趋势　目前，世界汽车发展的趋势是由大批量生产向多品种、小批量生产转化，为了满足汽车消费者广泛而多样化的需要，适应汽车市场的激烈竞争，世界各大汽车生产厂家不断缩短车型变换周期，加快车种的更新，因此现代汽车车身装焊线在功能上逐步趋于柔性化。从狭义上讲，柔性生产线一般指多种车型混线生产，各种车型能够依据市场需求的变化，在总产量不变的前提下，任意调整各个车型的比例。近年来，相继出现了椭圆形地面环形线、高架式上下环形线等各种柔性化传输装置。

5.2.4　汽车用黏结剂

随着汽车制造技术的发展及其性能要求的不断提高，黏结剂、密封胶作为汽车生产所必需的一类重要辅助材料，品种日益齐全、应用也越来越广泛。黏结技术在汽车制造上的应用，不仅可以起到增强汽车结构、紧固缓蚀、隔热减振和内外装饰的作用，还能够代替某些部位的焊接、铆接等传统工艺方法，实现相同或不同材料之间的连接、简化生产工艺、优化产品结构的效果。在汽车轻量化、节能降耗、延长使用寿命和提高性能方面，黏结剂及其黏结密封技术发挥了越来越重要的作用。从汽车整个制造过程所涉及的工作部位和功能的角度出发，可将车用黏结剂大致分为焊装工艺用胶、涂装工艺用胶、内饰件用胶、装配件用胶、特殊工艺用胶五大类别。

1. 焊装工艺用胶

这一类别的密封黏结剂可以在焊装工艺中代替点焊或减少焊点，起着增强结构、密封缓蚀、减振降噪的作用。其主要品种有：

1）折边胶，用在车门、发动机舱盖、行李舱盖等卷边结构处，其黏结强度高，已完全取代点焊结构。

2）点焊密封胶，预先涂布在钢板焊接的搭接部位，点焊后填实缝隙，保证密封，防止锈蚀。对于那些装配后被遮蔽而难以涂布焊缝密封胶的部位，点焊密封胶更是不可缺少。

3）膨胀减振胶，在车门内外板之间、车身外覆盖件与加强筋之间常常用到这类胶。它一般由合成橡胶或树脂添加发泡剂而成，经过固化膨胀，能将覆盖件同加强筋结合为一体，起到减振降噪的作用。

2. 涂装工艺用胶

涂装工艺用胶虽品种不多，却是汽车上用量最大的一类。货车单车用量约2kg，轿车单车用量在5kg以上。涂装工艺用胶主要有焊缝密封胶和抗石击涂料两种，其基材成分都为PVC塑溶胶，二者虽然在性能上各有侧重，但工艺上都要求能够通过高压涂胶设备实施机械化涂布或喷涂。

（1）焊缝密封胶　具有更加突出的触变性，堆积一定厚度时能保持棱角，不产生流淌。加热塑化后，胶黏层富有弹性，不开裂，外观平整，对中涂和面漆不会产生变色现象。焊缝密封胶在汽车密封、防漏、缓蚀方面起着至关重要的作用。

（2）抗石击涂料 喷涂在汽车底盘上，缓冲汽车高速行驶时沙、石等各种物体对底盘的冲击，提高底盘的抗腐蚀能力，延长使用寿命，还有助于降低车内噪声，改善乘员的舒适性。

3. 内饰件用胶

内饰件材质种类繁多，性质不同，应用场合各异，用胶品种互有区别。主要品种有：

（1）车身顶棚胶 用于将软质顶棚材料粘贴到车身顶盖上，增添车内美观。一般多以溶剂型氯丁胶为主，在工艺和性能上要求初粘力高，满足车身内饰生产线快节奏的需要，不得引起内饰材料变色、脱落。

（2）丁基密封胶 能指压贴合，与钢板和防水膜均有较好的黏结性，能长期保持黏弹性和密封性，主要用于车门内板防水膜的黏结密封，防止雨水渗入车门内部。

（3）高频热合胶 在成型车门内护板时，预先经浸胶处理的纤维板在高频电场作用下，胶黏层在短时间内熔化，并在工艺规定的压力下与PVC泡沫产生牢固黏结。

（4）风窗玻璃胶 以聚氨酯为主，配合清洗剂、漆面/玻璃底剂一同使用，剪切强度较高，弹性突出，能将玻璃和车身紧密地结合为一个整体，增强车身刚性，保证密封效果，提高汽车安全性。

4. 装配件用胶

汽车发动机、变速器、底盘装配用黏结剂、密封胶，其应用主要体现在各种平面连接，孔盖管接头的密封和螺栓的锁固，可以防止油、水、气的泄漏和螺栓的松动，直接关系到汽车的正常运行。这类黏结剂的主要品种有：

（1）厌氧胶 特点是涂布工艺简单，固化速度快，锁固密封性能好。使用时根据不同要求，可采取现场涂布、预涂和浸渗三种工艺方法。其中，可预涂高强度微胶囊型厌氧胶特别适合汽车上大量螺纹连接件机械涂布的快节奏要求。

（2）硅酮密封胶 用于平面密封，独具特色，胶黏层弹性好、耐油、耐热、耐老化，涂胶工艺简单，可剥性强，拆卸方便，可以取代垫片单独使用，密封效果好。

5. 特殊工艺用胶

汽车制造过程中还要用到多种用途不同的黏结剂，如制动蹄与摩擦片黏结用的制动蹄片胶，它是以改性酚醛树脂为主的黏结剂，可代替铆接，具有可靠的黏结强度，能降低噪声，延长摩擦片的使用寿命。

滤芯器生产过程中使用的滤芯胶，是增黏树脂补强的PVC塑溶胶，黏结强度适中，工艺性好，能够满足流水线的作业要求；微孔堵漏用的浸渗剂，在粉末冶金件和发动机缸体、缸盖等零件砂眼缺陷的修补上效果明显。

汽车装配过程中用的压敏胶带，可以保护车自身免受污染、磕碰损伤或协助装配零件时固持定位。

铸造用的合成树脂黏结剂，主要有酚醛树脂、呋喃树脂及少量改性脲醛树脂三种，被广泛应用在发动机缸体、缸盖等零件的铸造工艺中。

5.3 车身涂装工艺

涂装是指将涂料均匀涂覆在车身覆盖件表面上并干燥成膜的工艺。车身涂料涂覆在车身

表面时，能生成坚韧、耐磨、附着力强、具有各种颜色和缓蚀、耐潮湿、耐高温等多种功能的涂膜。某些特殊涂料还能起防振消声、隔热作用。随着汽车越来越高档，用户在选购汽车时，除了要求汽车造型美观外，还要求流行色化与汽车流行式样相适应的多样化色彩，同时要求涂膜能提高汽车的使用寿命。车身涂装对汽车车身具有防腐蚀保护作用和装饰作用，对有专门用途的汽车还具有标志作用。

5.3.1 汽车车身用涂料

1. 车身涂料的特性

根据汽车特殊使用条件及高效率、大批量的流水作业要求，汽车涂料一般应具备下列特性：①漂亮的外观。要求漆膜丰满，光泽华丽柔和，鲜艳性好，色彩多种多样并符合潮流，现代轿车上多使用金属闪光涂料和含有云母珠光颜料的涂料，使外观看上去更加赏心悦目，给人以美感。②极好的耐候性和耐蚀性。在各种气候条件下保持不失光、不变色、不起泡、不开裂、不脱落、不粉化、不锈蚀，要求漆膜的使用寿命不低于汽车本身的寿命，一般应在10年以上。③极好的施工性和配套性。一般为多层涂装，各涂层之间附着力好，无缺陷，能适应汽车工业现代化的涂装流水线。④极好的力学性能。漆膜附着力好、坚韧、耐冲击、耐弯曲、耐划伤、耐摩擦等。⑤极好的耐擦洗性和耐污性。耐毛刷、肥皂、清洗剂清洗，与其他常见的污渍接触后不残留痕迹。

此外，车身用底漆是直接涂布在经过表面处理的白车身表面上的第一道涂料，是整个涂层的基础。车身用底漆还必须具备以下特性：①附着力强，能与腻子和面漆涂层粘附牢固。②有良好的缓蚀能力、耐蚀性、耐潮湿性和抗化学试剂性。③具有较高的机械强度和适当的弹性，不脆裂脱落，不易折裂卷皮，能满足面漆耐久性的要求。④应与中间涂层或面漆涂层有良好的配套性，即有耐溶剂性，不被咬起。⑤良好的施工性，能适应汽车涂装工艺和大量流水生产的要求。

车身用中间层涂料则应具有以下特性：①应与底漆、面漆层配套良好，涂层之间的结合力强，硬度适中，不产生被面漆的溶剂咬起。②较强的填平性，能消除被涂漆表面的浅纹路等微小缺陷。③打磨性能良好，在湿打磨后能得到平整光滑的表面，能高温烘干，烘干后干性好，再打磨时不粘砂纸。④涂层不应在潮湿环境下起泡。

车身用面漆是展示汽车外观特性的涂层漆，应具备以下特性：①外观装饰性。②耐候性。③硬度和抗崩裂性。④耐潮湿性和防腐蚀性。⑤耐药剂性。⑥施工性能。

2. 车身用涂料的组成

涂料品种繁多，成分各异，一般由三部分组成：

（1）主要成膜物质 包括基料和漆基、固着剂。基料和漆基是使涂料粘附在制件表面上成为涂膜的物质，是构成涂料的基础。固着剂的主要成膜物质是油料和树脂两大类。

（2）次要成膜物质 是构成涂膜的组成部分，主要是一些添加剂。

（3）辅助成膜物质 是对涂料变成涂膜的过程或对涂膜性能起辅助作用的物质，它不能单独成膜。

3. 汽车涂料的种类

汽车涂料按涂装对象分为新车原装漆和汽车修补漆。

按涂层由底至面分为车用底漆、车用中间层涂料和车用面漆。车用底漆又分为实色底漆、金属闪光底漆。如果车用面漆为实色面漆，通常不需要罩光，否则还需要在面漆层上喷涂车用罩光清漆。

按涂装方式分为车用电泳漆、车用液体喷漆、车用粉末涂料、车用特种涂料。车用特种涂料如 PVC 密封涂料，属于涂装后处理材料（防锈蜡、保护蜡等）。

按使用部位分为车身用涂料、货厢用涂料、车轮及车架等部件用的耐腐蚀涂料、发动机部件用涂料、底盘用涂料、车内装饰用涂料等。

5.3.2 汽车车身漆前表面处理

1. 漆前表面处理的作用

漆前表面处理主要起到两个方面的作用：①彻底清除车身表面所附着的油脂、锈蚀、氧化皮、灰尘等，为涂层提供一个良好的基底，以增加涂料与金属表面间的接合力，提高涂层的质量，延长涂层使用寿命。②彻底清除板材上各种油污、铁锈、焊渣、酸碱等污物及粘附性灰尘等，以延长涂层的使用寿命。

2. 漆前表面处理方法

车身表面涂漆前，必须根据表面污物的性质及沾污的程度、被涂金属的种类、制品粗糙度以及最后涂层的作用来选择表面处理方法。漆前表面处理一般包括除锈、脱油和磷化三大工序。

除锈工序通常在板料冲压之前进行，采用酸洗方法。脱油（除油）工序，根据实际情况可选择物理机械方法（擦抹法、喷沙法和超声振荡法）或物理化学方法，具体方法包括碱液清洗脱油法、乳化剂清洗脱油法、溶剂脱油法等。

金属表面的磷化，指用磷酸或锰、铁、锌、镉的磷酸盐溶液处理金属制品表面，使金属表面生成一层不溶于水的磷酸盐薄膜的过程。磷化层作为油漆涂层的基底，能显著提高涂层的耐蚀性，阻止腐蚀在涂层下及在涂层被破坏的部位扩展，并能增强涂层与金属之间的附着力，大大延长涂层的使用寿命。在车身制造过程中，漆前磷化处理是一些大型覆盖件的必备工序。

磷化处理按处理方式的不同分为浸渍式、喷淋式和电化学磷化；按反应时温度的不同可分为高温、中温和低温磷化；按反应时速度的不同又可分为正常磷化和快速磷化。在车身制造过程中应用较广的是喷淋式快速磷化处理。磷化膜采用锌盐磷化，厚度为 $1.5 \sim 3 \mu m$。图5-27 所示为汽车车身全喷淋式漆前处理磷化工艺流程示意图。其特点是占地面积小，设备投资少。虽对车身内腔的处理欠佳，但对车身外表面的处理效果好。

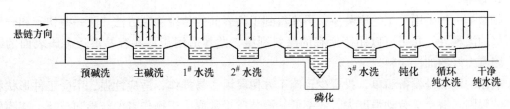

图 5-27 全喷淋式漆前处理磷化工艺流程示意图

5.3.3 汽车车身涂装的典型工艺

汽车车身涂装属于多层涂装。各种汽车的使用条件及外观要求各不相同，故其涂装工艺也不一样。涂装工艺分为涂三层烘三次体系、涂三层烘二次体系、涂二层烘二次体系。

1. 涂三层烘三次体系

涂三层烘三次体系指涂层有底漆涂层、中间涂层、面漆涂层三层，且三层先后分别各烘干一次。该体系一般用于外观装饰性要求高的轿车、旅行车等乘用车和大客车车身。

其工艺流程为：碱性脱油→锌盐磷化→干燥（120℃/10min）→底漆涂层〔喷涂溶剂型环氧树脂底漆，膜厚 $15\sim25\mu m$，烘干（150℃/30min）〕→干或湿打磨→晾干→中间涂层〔静电自动喷涂溶剂型三聚氰胺醇酸树脂漆，膜厚 $20\sim30\mu m$，烘干（150℃/30min）〕→湿打磨→晾干→面漆涂层〔喷涂三聚氰胺醇酸树脂系面漆（金属闪光色用丙烯酸树脂系），膜厚 $35\sim45\mu m$，烘干（130~140℃）/30min〕。

2. 涂三层烘二次体系

涂三层烘二次体系指涂层仍有三层，但底漆层不单独烘干，待涂完中间层后烘干一次，最后涂面漆层后再烘干一次，烘干次数共为两次。该体系一般用于外观装饰要求不太高的旅行车和大客车车身及轻型货车的驾驶室等。

其工艺流程为：碱性脱油→锌盐磷化→干燥（120℃/10min）→底漆涂层〔电泳底漆，膜厚 $15\sim25\mu m$，不烘干（仅晾干水分）〕→中间涂层〔静电自动喷涂与电泳底漆相适应的水性涂料，膜厚 $20\sim30\mu m$，预烘干（100℃/10min）；与底漆一起烘干（160℃/30min）〕→面漆涂层〔喷涂三聚氰胺醇酸树脂系面漆（金属闪光色用丙烯酸树脂系），膜厚 $35\sim45\mu m$，烘干（130~140℃）/30min〕。

3. 涂二层烘二次体系

涂二层烘二次体系指涂层只有底漆涂层和面漆涂层两层，无中间涂层，两层分别先后烘干。该体系一般用于中型、重型货车的驾驶室。涂层总膜厚为 $55\sim75\mu m$。

其工艺流程为：碱性脱油→锌盐磷化→干燥（120/10min）→底漆涂层〔电泳底漆，膜厚 $20\sim30\mu m$，烘干（160℃/30min）〕→干或湿打磨→晾干→面漆涂层〔喷涂三聚氰胺醇酸树脂系面漆（金属闪光色用丙烯酸树脂系），膜厚 $35\sim45\mu m$，烘干（130~140℃）/30min〕。

5.3.4 汽车车身常用涂装方法及设备

1. 刷涂

刷涂是一种采用手工毛刷蘸漆，再涂覆到工件表面的传统涂装方法。除一些快干和分散性不好的涂料外，几乎可以用于所有的涂料刷涂，尤其适用于那些容易渗透金属表面的细孔、附着力好的油性涂料。

刷涂的优点是设备简单，投资少，施工方便灵活，易操作，适应性强，不受工件形状和大小的限制。缺点是劳动强度大，效率低，涂装质量常取决于操作者的经验和技巧，漆膜质量难以保证，往往有粗粒及刷痕，装饰性差。因此刷涂只适用于车身的局部维修或小批量生产。

2. 浸涂

浸涂指将工件浸入盛有涂料的槽中，保持一定时间后取出，经滴漆、流平、干燥后完成涂装的方法。漆膜厚度取决于漆液的黏度而不是浸涂时间。

一般要求工件入槽和出槽应保持垂直位置，入槽、出槽动作需缓慢匀速；工件在浸漆、流漆及干燥过程中应保持同样的最佳位置，以利于漆液更快流尽，漆膜均匀无流痕；为避免涂料发生沉淀，在大容量槽内应设置搅拌器。

浸涂的特点是技术单纯，设备简单，易于实现机械化或自动化，生产效率较高。但不适合于挥发型、含有重质颜料的涂料及双组分涂料等，易出现漆膜上薄下厚、流挂等现象，仅适用于外观装饰要求不太高的防蚀性涂层。

3. 空气喷涂

空气喷涂是以压缩空气气流为动力，在喷枪喷嘴处产生负压将漆流带出并分散呈雾滴状，涂布在工件表面上的方法，是目前涂装施工中使用最普遍的方法，特别是在汽车维修中应用很广。

空气喷涂的优点是设备简单，易操作，可手工喷涂，也可机械化喷涂；适合各种不同形状尺寸的工件，生产效率高（比刷涂高5～10倍）；涂膜厚薄均匀、光滑平整；能喷射到工件的缝隙、小孔、弯曲和凹凸部位，可进行大面积喷涂；适用于多种涂料，尤其是快干漆。缺点是涂料渗透性和附着性较差，漆膜较薄，有效利用率较低，污染环境，伤害人体，易造成火灾或爆炸，因此要求良好的防护和通风设备。

4. 静电喷涂

静电喷涂是一种较先进的涂装方法，利用高压电场的作用，使喷枪喷出的漆雾带电，通过静电引力沉积在带异电的工件表面上而完成涂装的方法。

喷涂时，将工件接地同时接正极，负极高压接在喷枪上，使负电极与工件之间形成一个不均匀的静电场，首先在负极附近激发出大量电子，被雾化的漆粒子一旦进入电场就与电子相结合，呈负电荷粒子，在电场力和喷射力作用下冲向工件（正极），使油漆微粒均匀地吸附在工件表面上，经烘干后便形成牢固的涂膜。

与空气喷涂相比，静电喷涂的生产效率高，可实现喷涂过程连续化和自动化。此外，静电喷涂的漆雾飞散损失小，可节约涂料10%～50%，涂料利用率高达80%～90%，且涂膜均匀，附着力好，外观质量好。静电喷涂还有利于改善劳动环境和条件，减轻劳动强度。但静电喷涂需要较高的电压，电压越高，涂着率越高，喷涂质量越好，故要求设备有良好的绝缘性，设备的复杂程度也有所增大。当工件形状变化时，会造成电场强弱不一，使涂层均匀度变差，漆膜流平性及光泽度也因漆雾密度减小而受到影响。

5. 电泳涂装

电泳涂装是将工件和对应电极放入水溶性树脂配制的电泳漆液中，接上直流或交流电源，在电场力作用下，涂料在工件表面沉积形成均匀涂膜的一种先进的涂装施工方法，如图5-28所示。

电泳涂装的优点是涂层质量好，涂膜均匀，附着力强，对一般涂装法不易涂的工件内腔、凹缘、焊缝及锐边等部位，都能获得均匀、平整、光滑的涂膜。此外施工速度快，易实现机械化和自动化连续生产，可提高劳动生产率，减轻劳动强度。而且电泳涂装不产生漆雾，涂料利用率高达90%～95%，因采用水作主要溶剂，故减少了空气污染，避免了人体伤

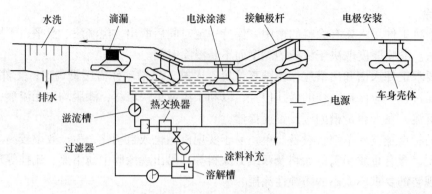

图 5-28　车身电泳涂装示意图

害和发生火灾的危险，有效改善了劳动条件。电泳涂装的缺点是设备较复杂，投资费用高；只能在导电的工件表面上进行涂漆，烘烤温度较高，耗电量较大；涂料颜色不易变换，存在废水处理问题等。

6. 粉末涂装

粉末涂装是以固体树脂粉末作为成膜物质的一种涂覆工艺，是一种涂装新技术。

粉末涂装使用无溶剂粉末涂料，根除了有机溶剂的逸散，减少了环境污染，改善了劳动条件。由于一次涂层厚度较大，故不需涂底漆，只需涂一层烘一次，即可达到溶剂型涂料的多道涂层厚度，使施工工艺简化，显著减轻了劳动强度，提高了生产效率。而且喷涂时散落的粉末可回收再利用，涂料利用率高。但粉末涂装需要专用设备，工件要进行高温烘烤，调色没有溶剂型涂料方便。

粉末涂装具体的施工方法有粉末流化床浸涂法、粉末静电喷涂法。

粉末流化床浸涂法是将粉末放入装有多孔隔板的槽中，再从槽底部通入适量压缩空气，经多孔隔板使粉末涂料吹起形成流化层，然后把预热好的工件浸入流化层，粉末接触工件表面被熔融而形成均匀的涂层。其特点是设备简单，操作方便；适用于多种粉末品种，易于更换颜色；但不能薄涂，外观和附着力不是太好。

粉末静电喷涂法采用压缩空气将粉末送到带有高压静电喷枪上，使粉末带负电，在静电引力作用下吸附到作为正极的工件上（工件接地）。特点是可获得较薄的均匀涂膜，适于形状复杂的工件，但设备较复杂。对装饰性涂层施工，多采用粉末静电喷涂法。

第6章

汽车人机工程学

人机工程学是研究"人—机—环境"系统中人、机、环境三大要素之间的关系，为解决该系统中人的安全、效能、健康和舒适问题提供理论与方法的科学。在汽车产品开发中，应用人机工程学的理论和方法，优化人在使用汽车中的"人—车—环境"相互关系，指导汽车及其零部件设计，保证汽车的安全性和宜人性。人机工程学在汽车行业的应用已经成为一个比较成熟、具有独立体系的研究领域，对提升汽车产品质量和品牌形象具有重要意义。

车身和内饰的造型和尺度，要考虑驾驶人群体在适宜的驾驶姿势下，其肢体的空间要求、内外视野的要求、操纵的伸及性要求和安全要求等人机关系。本章面向汽车造型设计和内饰设计的需要，对汽车人机工程学中的人体模型和工具、乘员布置、驾驶人视野与操纵件伸及性等方面内容进行介绍。

6.1 汽车人机工程的人体模型和工具

6.1.1 人体模型概述

在产品的人机关系设计中，需要使用一些代表人的有关特性的工具。其中，普遍使用的是代表人体尺度特征的人体模型。这些人体模型的结构和尺寸是按照特定用户群体的测量、统计数据制作的，用于解决产品与使用者的尺度关系问题，如汽车内舱的乘员布置、汽车驾驶人的视野校核、用户操作控制钮的可及性检验等。

在产品的人机关系设计中，人体模型要与产品设计信息的呈现形式相配合，人体模型包括二维模型和三维模型两种形式，可以制作为实物模型和数字化模型。

6.1.2 H点二维人体模型

H点（H-Point）是人体躯干与大腿的铰接线的中点。在汽车与驾乘人员（坐姿操作）的定位关系中，H点是人体在汽车坐标系中的定位基准。因此，汽车人机工程使用的人体模型都是以H点作为基准点，称为H点人体模型。

汽车人机工程学应用中的二维人体模型包括H点实物模型和H点CAD模型，如图6-1和图6-2所示，分别是SAE（Society of Automotive Engineers，美国汽车工程师学会）标准所定义的两种二维人体模型。

H点实物模型的组成结构包括人体躯干、大腿、小腿和脚（带有鞋）的侧面轮廓，以及代表关节的铰链。在模板上还有各肢体段的位置基准线、基准点标记和关节角度指示刻

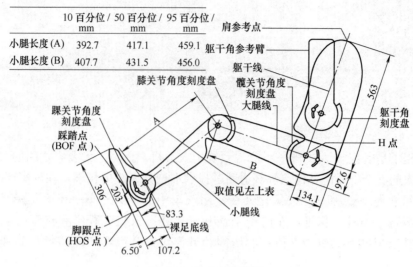

	10 百分位 / mm	50 百分位 / mm	95 百分位 / mm
小腿长度(A)	392.7	417.1	459.1
小腿长度(B)	407.7	431.5	456.0

图 6-1 H 点实物模型

度。按照用户群体人体尺寸的统计数据,模型有代表 95 百分位、50 百分位、10 百分位等人体大小的几种规格。

H 点 CAD 模型是对 H 点实物模型的数字化,它的基本组成与实物模型是一致的。

H 点二维人体模型没有包含人体的头部、眼睛、上肢,这些部分由专门的工具来代表,并且依据 H 点二维人体模型来定位。

H 点二维人体模型用于汽车的总体设计,在汽车的总布置图中进行人体姿势和位置的设定,如图 6-3 所示。H 点二维人体模型的选择及其在汽车总布置中的安放方法与程序,按照 SAE J826 标准的规定进行。

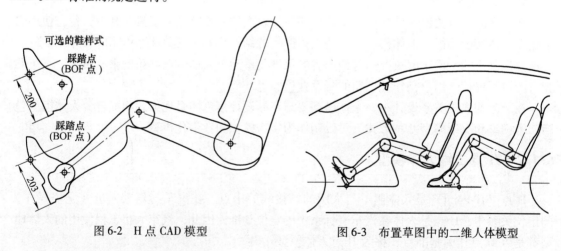

图 6-2 H 点 CAD 模型   图 6-3 布置草图中的二维人体模型

6.1.3 H 点三维人体模型

汽车人机工程学应用中的三维人体模型包括 H 点实物模型和 H 点三维数字模型,如图 6-4 和图 6-5 所示,分别是 SAE 标准所定义的两种三维人体模型。

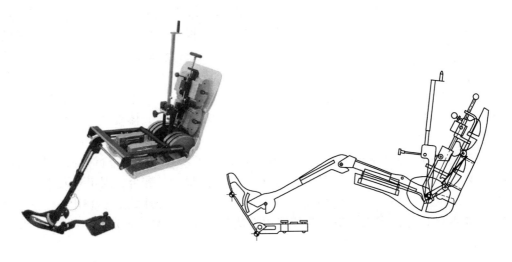

图 6-4　H 点测量装置（H-Point Machine，HPM）

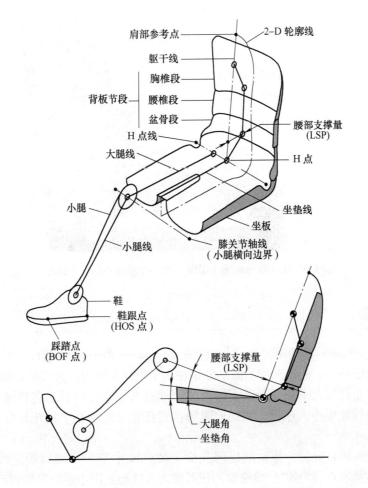

图 6-5　H 点设计工具（H-Point Design Tool，HPD）

H 点测量装置（H-Point Machine，HPM）是人体实物模型，其组成结构包括人体躯干、大腿、小腿和脚以及相关关节的铰链，也包含背部、座板（臀部、大腿下表面）和鞋的表面。在模型上还有各肢体段的位置基准线、基准点标记、长度调节结构、配重，以及鞋固定装置和头部空间测量装置等附件。

按照用户群体人体尺寸的统计数据，通过调节模型可以代表不同百分位的人体尺寸。

H 点设计工具（H-Point Design Tool，HPD）是三维数字化人体模型，其基本几何特征与实物模型是一致的。

在汽车设计的三维数字模型方案中，用 H 点设计工具（HPD）进行乘员的布置设计。H 点测量装置（HPM）则与汽车实物模型、样车以及座椅产品配合，用于对人体在汽车和座椅中的实际位置、姿势进行测量和审核。图 6-6 所示是 H 点测量装置（HPM）在座椅中的安装。这两种模型的定义、基准点和使用方法具体参见 SAE J4002、SAE J4003 和 SAE J4004 标准。

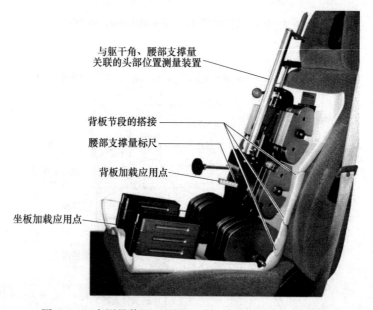

与躯干角、腰部支撑量
关联的头部位置测量装置

背板节段的搭接

腰部支撑量标尺

背板加载应用点

坐板加载应用点

图 6-6　H 点测量装置（HPM）在一个座椅中的安装情况

6.1.4　眼椭圆

眼椭圆（Eyellipse）是眼睛（Eye）和椭圆（Ellipse）两个词的组合。

在正常驾驶姿势下，使用人群的眼点分布在一个空间范围内，其形状是椭球，在视图上表现为椭圆。汽车驾驶人眼椭圆是指不同身材的驾驶人按自己的意愿将座椅调整到适宜位置，并以正常的驾驶姿势入座后，他们的眼睛位置在车身坐标系中的统计分布图形，如图 6-7 所示。

按照选用的人体百分位、座椅前后调节量（硬点尺寸 TL23）可以确定眼椭圆的大小。依据驾驶人乘坐基准点（SgRP）的位置，在驾驶人人体布置图中进行眼椭圆定位，如图 6-8 所示。眼椭圆代表驾驶人的眼点分布，用于其视野的设计和校核，应用于前风窗玻璃、组合仪表等方面的设计。眼椭圆的定义和定位方法具体参见 SAE J1050、SAE J941 标准。

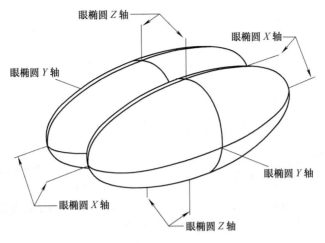

图 6-7 双目眼椭圆及其三维坐标面截面

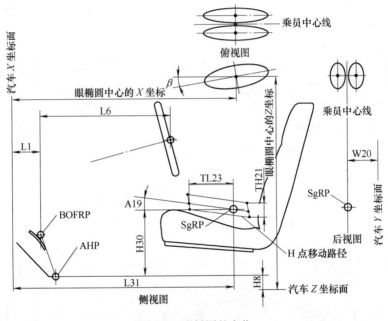

图 6-8 眼椭圆的定位

6.1.5 头廓包络

头廓包络是指不同身材的驾驶人和乘员在适宜的驾驶和乘坐姿势时他们头部的空间分布范围，用以确定车身内部顶棚的高度。根据其用途，头廓包络只取其上半部分，其基本形状为椭球面，如图 6-9 所示。

按照 SAE 的相关研究，头廓包络的构建原理如图 6-10 所示。以侧向视图的情况为例：首先建立带有眼点的平均头廓线，然后以眼点为基点将平均头廓线沿眼椭圆上半部移动，其运动轨迹的包络线就是头廓包络在侧向视图中的轮廓线。

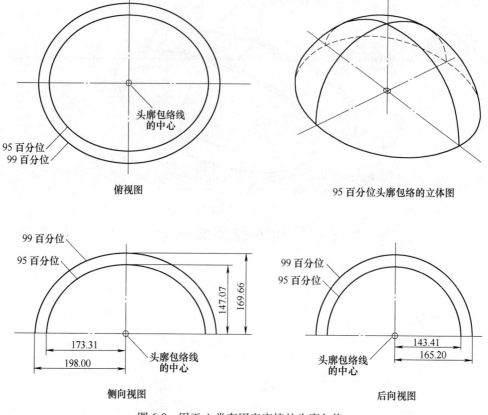

俯视图　　　　　　　　　　　　　　　95 百分位头廓包络的立体图

95 百分位
99 百分位
头廓包络线
的中心

99 百分位
95 百分位
147.07
169.66
173.31
198.00
头廓包络线
的中心

99 百分位
95 百分位
143.41
165.20
头廓包络线
的中心

侧向视图　　　　　　　　　　　　　后向视图

图 6-9　用于 A 类车固定座椅的头廓包络

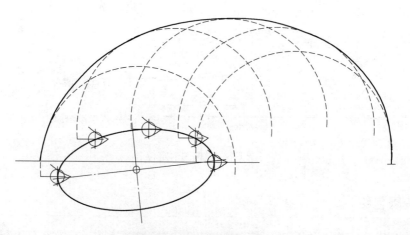

图 6-10　头廓包络的构建原理

依据选用的人体百分位、座椅前后调节量（硬点尺寸 TL23）、乘员的座椅位置（驾驶人和前排外侧乘客为一类，其他座椅位置为另一类）可以确定头廓包络的形状参数。

按照形状参数绘制出头廓包络后，可以用两种方式确定其中心位置：一是相对于眼椭圆的中心确定；二是直接在汽车坐标系中确定。头廓包络在车身中的定位情况如图 6-11 所示。头廓包络的形状参数和定位方法具体参见 SAE J1052 标准。

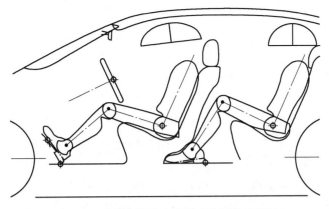

图 6-11　头廓包络在车身中定位后的示意图

6.1.6　驾驶人手伸及界面

驾驶人手伸及界面用来检验驾驶人在驾驶姿势下，汽车控制台上操纵装置的空间位置能否满足正常操作的要求。

1. 驾驶人手伸及界面的定义和三种操作任务

驾驶人手伸及界面是指 95% 的驾驶人单手伸出完成设定操作所能达到的最大空间范围。驾驶人的操作任务是用三指抓握前方的操纵钮（图 6-12），姿势要求是在座椅上系上安全带、另一只手握住转向盘、右脚踩在加速踏板上。

驾驶人手伸及界面是驾驶人前方的空间曲面。根据操纵任务的不同，表现为三个曲面。其中，中间一个曲面是三指抓握方式的伸及界面，前后两个曲面分别是伸出手指按和手握两种操纵任务的伸及界面，如图 6-13 所示。后面表 6-1 的曲面数据是针对三指抓握方式给出的，对于手指按和手握两种操纵任务的伸及界面，分别是在三指抓握方式伸及面的基础上向前、向后平移 50mm。

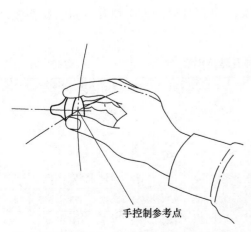

图 6-12　定义驾驶人手伸及界面的基本操作任务：三指抓握前方 $\phi25$ 的操作钮

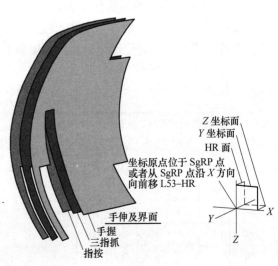

图 6-13　驾驶人手伸及界面及其定位基准

2. 驾驶人手伸及界面的定位基准

驾驶人手伸及界面的定位是相对于三个正交的基准平面，即通过 SgRP 点的 Z 坐标面、通过驾驶人中心对称线的 Y 坐标面和 HR 面（手伸及基准面，Hand Reach Reference Plane），如图 6-13 所示。其中，HR 面是从 AHP 点向后距离为 HR 的 X 坐标面。HR 值的计算为

$$HR = 786 - 99 \times G \tag{6-1}$$

式（6-1）中的 G 称为通用布置因子（General Package Factor），体现了驾驶人姿势布置的几何特征，与硬点尺寸 H30、H17 相关，通用布置因子 G 的值按照下式得出

$$G = 0.00327 \times (H30) + 0.00285 \times (H17) - 3.21 \tag{6-2}$$

式中，H30 是 SgRP 对 AHP 点的高度差；H17 是转向盘中心点对 AHP 点的高度差，如图 6-14 所示。

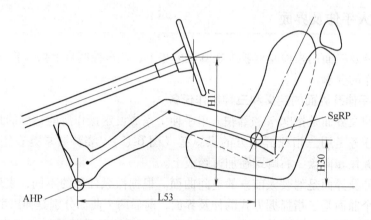

图 6-14　用于定义驾驶人手伸及界面的布置参数

3. 驾驶人手伸及界面的数据表达

按照以上定位基准面，以 100mm 或 50mm 为间距对驾驶人手伸及界面划分 Z 方向、Y 方向坐标网格，给出各个网格节点到 HR 面的距离，就形成驾驶人手伸及界面的数据表达，如图 6-15 及表 6-1 所示。

表 6-1　驾驶人手伸及界面数据　（单位：mm）

到 SgRP 点的高度	车外侧方向：到驾驶人中心线距离							车内侧方向：到驾驶人中心线距离								
	400	300	250	200	100	50	0	0	50	100	200	250	300	400	500	600
800	387	438	456	470	490	497	502	493	501	504	495	483	468	426	377	
700	463	506	520	531	546	551	556	550	562	566	557	546	532	499	455	
600	519	555	567	576	586	586	584	590	605	611	604	595	584	555	514	449
500	556	586	598	606	609	603	589	614	630	638	637	631	622	595	553	486
450	567	595	607	615	615	604	583	620	636	645	649	644	636	609	566	498
400	574	600	612	621	618	601	571	621	637	648	656	654	646	619	572	506
350	576	601	614	623	616	594	555	619	633	646	660	660	654	625	574	511

（续）

到 SgRP 点的高度	车外侧方向：到驾驶人中心线距离							车内侧方向：到驾驶人中心线距离							
	400	300	250	200	100	50	0	0	50	100	200	250	300	400	500	600
300	574	597	612	622	611					639	660	662	658	626	572	§10
250	567	590	605	617	602					628	657	662	658	624	564	506
200	557	578	596	608	590					613	649	658	656	618	551	498
100	524	544	566	581							624	639	640	593	510	469
0	474										584	607	610	551	449	423
−100	410										528	561	567	493	367	360

注：表中空白区域是未测量或者设计极限值不能建立；灰色区域是手伸及模型与观测设计极限值的差异超过25mm，相关数据应谨慎使用。

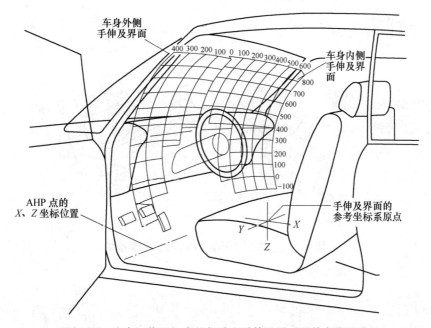

图 6-15　汽车工作空间中的驾驶人手伸及界面及其定位基准

驾驶人手伸及界面数据与总布置因子 G、驾驶人群体的性别构成比例、安全带约束类型三个因素有关。根据上述因素的不同组合，SAE J287 标准针对 A 类车给出了 42 种驾驶人手伸及界面数据表。表 6-1 所列为 G 小于−1.25、各 50%的性别构成比例、使用盆骨和肩部安全带约束条件下的数据。应用驾驶人手伸及界面来校核汽车控制台上的操纵装置的程序和方法，具体参见 SAE J287 标准。

6.1.7　其他人体工具

在转向盘、仪表台以及安全带的设计中，需要考虑驾驶人膝盖、小腿和腹部占据的空间范围，对应的人体工具是驾驶人对离合器踏板和加速踏板的胫膝位置以及驾驶人腹部位置。在 SAE 标准中，针对载货汽车驾驶人给出这两种工具，表现为二维曲线轮廓，都为一定大小的圆弧，其尺寸和定位参数具体参见 SAE J1521 和 SAE J1522 标准。

6.2 相关定位基准和尺寸代号

在运用 H 点人体模型进行汽车驾驶人和乘员的人体布置时，确定人体姿势、人体与车身相互位置的基准点、基准线和定位尺寸，有特定的代号。

6.2.1 人体模型上的基准点、基准线和关节角度

二维人体模型上的基准点和基准线如图 6-16 所示，三维 H 点装置上的基准点和基准线如图 6-17 所示。

	10 百分位 / mm	50 百分位 / mm	95 百分位 / mm
小腿长度 (A)	392.7	417.1	459.1
小腿长度 (B)	407.7	431.5	456.0

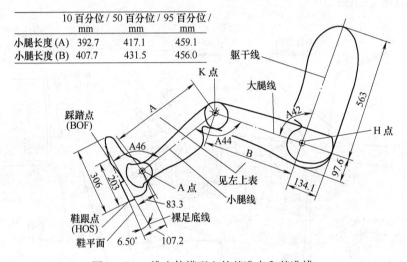

图 6-16 二维人体模型上的基准点和基准线

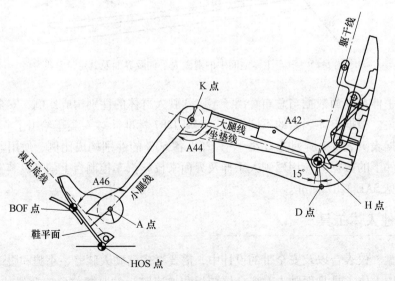

图 6-17 三维 H 点装置上的基准点和基准线

HOS 点：Heel of Shoe，人体模型鞋跟最后的最低点。在三维 H 点装置中，该点 Y 方向的位置在鞋的对称面上。当人体模型在汽车布置图中定位后，HOS 点定义了驾驶人 AHP 点的位置、乘员 FPR 点的位置。

BOF 点：Ball of Foot，人体模型鞋底中心线上，距离 HOS 点 203mm 的一个点。BOF 点代表驾驶人的鞋对加速踏板的踩踏位置。

A 点：Ankle Point，人体模型的鞋与小腿活动连接的转动中心，代表人体的踝关节中心。

K 点：Knee Point，人体模型的小腿与大腿活动连接的转动中心，代表人体的膝关节中心。

H 点：Hip Point，人体模型的大腿与躯干活动连接的转动中心，代表人体的髋关节中心。H 点是人体模型在车身中最重要的定位基准点。

D 点：位于 HPM II 装置的座板底部表面的中心截面线上，在 H 点之后 15° 方向，距离 H 点 25.5mm。D 点代表人体乘坐时臀部的最低位置。

鞋平面：Shoe Plane，人体模型的鞋底上过 HOS 点和 BOF 点且垂直于 Y 坐标面的平面。鞋平面用于定义驾驶人鞋子的姿势，在侧向视图中，描述驾驶人对加速踏板的踩踏角度（硬点尺寸 A47）。

裸足底线：Bare Foot Flesh Line，在侧向视图中代表人体模型的足底。其位置是：从 HOS 点向 BOF 点连线，其延长线上距离 HOS 点 286.9mm 的点是裸足底线的端点，裸足底线过端点与上述连线呈 6.5°。

小腿线：Leg Line，人体模型的 A 点与 K 点的连线。

大腿线：Thigh Line，人体模型的 K 点与 H 点的连线。

躯干线：Torso Line，在侧向视图中，人体模型躯干上 H 点与胸部中心点的连线。

坐垫线：Cushion Line，在侧向视图中，H 点装置的座板上过 H 点向前的一条直线，用来定义座椅的坐垫倾角。

踝关节角度：裸足底线与小腿线的夹角，人体姿势布置完成后，其硬点尺寸代号是 A46。驾驶人踝关节角度的舒适范围是 85°~110°，最佳角度为 87°。

膝关节角度：小腿线与大腿线的夹角，人体姿势布置完成后，其硬点尺寸代号是 A44。驾驶人膝关节角度的舒适范围是 95°~135°，最佳角度为 125°。

髋关节角度：大腿线与躯干线的夹角，人体姿势布置完成后，其硬点尺寸代号是 A42。驾驶人髋关节角度的舒适范围是 95°~110°，最佳角度为 95°。

此外，人体姿势布置完成后，躯干线与竖直方向的夹角为躯干角（硬点尺寸 A40），三维人体装置的坐垫线与水平方向的夹角为坐垫角（硬点尺寸 A27），它们与座椅靠背、坐垫的角度相关。

6.2.2 汽车布置图上人体的定位点

汽车平面布置图上的人体定位点如图 6-18 所示。

AHP（踵点）：Accelerator Heel Point，当人体模型的踝关节处于 87°，鞋底与加速踏板

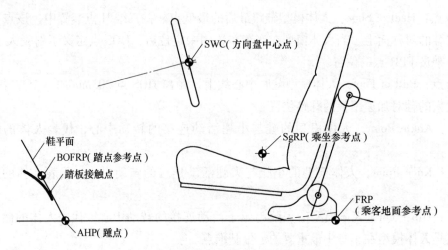

图 6-18　汽车布置图上人体的定位点

初始位置接触，鞋跟位于压塌的地板覆盖物上，此时人体模型的 HOS 点位置即为 AHP 点。AHP 点是驾驶人脚跟在汽车上的定位点。

BOFRP（踏点参考点）：Ball of Foot Reference Point，人体模型的鞋定位以后，其 BOF 点在布置图中的位置在一般情况下即为 BOFRP 点。它用来校核加速踏板的设计。

FRP（乘客地面参考点）：Floor Reference Point，后排乘客在汽车布置图中定位后，其鞋底在压塌的地板覆盖物上，此时人体模型的 HOS 点位置即为 FRP 点。FRP 点是乘客脚跟在汽车上的定位点。

SgRP（乘坐参考点）：Seating Reference Point。对于不同身材的乘员，在舒适驾驶姿势时，乘员群体的 H 点在汽车上的位置不是唯一的，要设计包含这些位置的 H 点移动轨迹。在上述 H 点移动轨迹内，需要定义一个特殊确定的 H 点位置作为乘员布置的基准点。为此，在汽车布置图中，根据设定的乘坐位置对 95 百分位人体模型进行定位，该人体模型的 H 点在汽车上的位置即为 SgRP 点。

SgRP 点的建立是针对设计乘坐位置中的最后位置。在汽车内饰设计中，通过座椅调节行程满足乘员 H 点的设计轨迹。

在乘员布置的前期就需要确定 SgRP 点。驾驶人的 SgRP 点是最关键的 SgRP 点，它决定了其他人体工具、其他成员的定位，以及很多汽车尺寸（如腿部空间、肩部空间等）。

6.2.3　汽车布置图上人体的定位尺寸

在汽车布置图中，确定人体姿势和位置的常用定位尺寸如图 6-19 和图 6-20 所示，表 6-2 给出了它们的代码和定义。

6.2.4　基于驾驶人布置参数的汽车分类

按照与驾驶人布置相关的参数的不同，SAE J1100 标准将汽车分为 A 类和 B 类，并在相关人机工程学标准中给出了不同的工作方法。常用分类中的乘用车属于 A 类。具体见表 6-3。

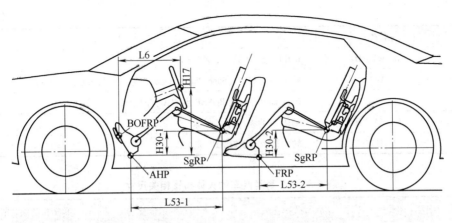

图 6-19　人体定位尺寸中的长度尺寸

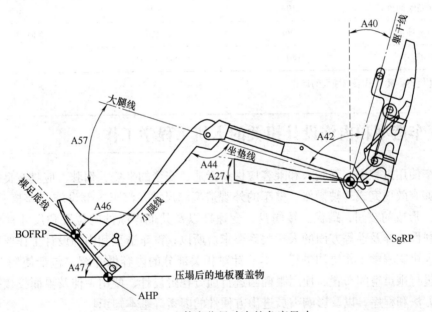

图 6-20　人体定位尺寸中的角度尺寸

表 6-2　汽车布置中的人体定位尺寸

基准点	代码	定　义
SgRP 点	L31，W20，H70	SgRP 点的 X, Y, Z 坐标
	H30	乘坐高度，SgRP 点与 AHP 点的高度差
	L53	SgRP 点与 AHP 点（驾驶人）或 FRP 点（乘客）的 X 方向距离
	A40	躯干角，躯干线与竖直方向的夹角
	A42	髋关节角度，躯干线与大腿线的夹角
	A57	大腿角，大腿线与水平线的夹角
	A27	坐垫角，坐垫线与水平线的夹角，用来定义座椅的坐垫倾角
K 点	A44	膝关节角度
A 点	A46	踝关节角度

（续）

基准点	代码	定　义
BOFRP 点	L1, W1, H1	BOFRP 点的 X, Y, Z 坐标
	A47	鞋平面角 SPA（Shoe Plane Angle），鞋平面与水平面的夹角
	L6	转向盘中心点到 BOFRP 点的 X 方向距离
AHP 点	L8, W8, H8	AHP 点的 X, Y, Z 坐标
	H17	转向盘中心点对 AHP 点的高度差

表 6-3　A、B 类汽车的人体布置相关尺寸

尺寸名称	尺寸代码	A 类车的取值范围	B 类车的取值范围
乘坐高度	H30-1	127~405mm	405~530mm
H 点移动线仰角	A19-1	>0°	0°
转向盘外径	W9	<440mm	440~560mm
躯干角	A40-1	15°~40°	8°~18°

注：尺寸代码后缀-1 代表驾驶人的尺寸。

6.3　汽车造型和内饰设计相关的人机工程学工作

在汽车使用过程中，驾驶人和乘客应保持舒适、安全的坐姿，驾驶人应具有良好的内外视野，能够有效地完成驾驶操作。整车的外观造型和尺寸，汽车内部设施（座椅、转向盘、仪表台等）形成的空间，踏板、转向盘、变速杆以及其他操纵件的位置和尺寸都要满足容纳性、可视性、伸及性等方面的人机关系要求。所以，汽车造型和内饰设计工作要和乘员空间布置等人机工程学工作协调进行。本节针对相关部分的内容做介绍，包括使用 H 点二维人体模型进行乘员空间布置、使用眼椭圆进行前方视野设计、使用手伸及界面校核操作件的布置等的方法和程序，以及影响乘员进出方便性的因素等基本知识。

6.3.1　乘员空间布置

乘员的空间布置是指满足乘员以舒适状态姿势完成驾乘操作的条件下，对 H 点人体模型的姿势、在车身中的位置进行确定的工作过程。具体体现为 H 点人体模型上的定位点安放到车身上具体的空间位置，如 H 点到 SgRP 点、BOF 点到 BOFRP 点、HOS 点到 AHP 点或 FRP 点等，从而确定乘员在车身中的姿势和位置，为汽车内部空间、外部造型、视野、座椅和操纵件等设计提供依据。

根据在概念设计阶段造型设计的需要，此处只介绍用 95 百分位 H 点二维人体模型进行乘员空间布置的程序，并且只限于车身 X 坐标和 Z 坐标方向的布置关系。具体程序参照 SAE J826 标准。

以下 1~4 是已知 SgRP 点和躯干角时的定位程序，5 是已知 H30 值、躯干角和 AHP 点位置（或者加速踏板位置）时的定位程序。

1. 用 H 点二维人体实物模型对驾驶人的定位程序

初始条件为：SgRP 点和躯干角已经设定。

首先确定躯干位置。将人体模型的 H 点放置到汽车布置图上的 SgRP 点处，调整躯干角参考臂的角度使其角度指示等于设定值，锁定该角度。绕 H 点转动躯干，使躯干角参考臂上的竖直参考线与布置图上的车身竖直坐标线平行。

躯干位置确定后，通过对鞋的定位，确定下肢的位置。分为两种情况：

（1）针对 AHP 点已经确定，加速踏板位置未确定的情况 保持躯干位置不变，将人体模型的踵点移动到布置图上设定的 AHP 点。AHP 点位于脚跟垫的顶端，或者地板覆盖物表面（压下后的）与加速踏板纵向中心线的交点处。

保持人体模型的踵点位置，将鞋向前转动，直到鞋底线接触到加速踏板（处于未压下的初始位置），并保证踝关节角度不小于 87°。此时鞋底线与踏板的接触点应在 BOF 点位置或低于 BOF 点的位置。如先将踝关节角度锁定在 87°，放置人体模型的踵点位置后，鞋底接触点也可以用来确定加速踏板的初始位置。

（2）针对加速踏板初始位置已经确定，AHP 点位置未确定的情况 保持躯干位置不变，在鞋底与加速踏板保持接触的同时，将脚跟沿地板尽可能向前移动，并注意踝关节角度不小于 87°。

至此，驾驶人在布置图中的姿势和位置确定完成。

2. 用 H 点二维人体实物模型对第二排乘客的定位程序

初始条件为：第一排座椅按照驾驶人 SgRP 点和躯干角调节到位，第二排的 SgRP 点和躯干角已经设定。

首先确定乘客躯干位置。按照与驾驶人躯干定位相同的方法，用第二排的 SgRP 点和躯干角定位乘客的躯干。

然后通过对鞋的定位，确定下肢的位置。保持躯干位置不变，将鞋底放置到地板覆盖物表面线（压下后的）上，即 BOF 和 HOS 点都在线上，将鞋沿着该线向前移动，直到脚尖、脚背、小腿或者膝盖当中的一个最先与前排座椅发生干涉。对于长间距座椅，在发生上述干涉接触之前，踝关节角度会超过 130°，对于这种情况，鞋的位置应停留在踝关节角度为 130°时。此时，HOS 点在地板线上的位置即为 FRP 点。

至此，乘客在布置图中的姿势和位置确定完成。

3. 用 H 点二维人体 CAD 模型对驾驶人的定位程序

由于 H 点三维人体模型的鞋都是平底的，为了有助于过渡，H 点二维人体 CAD 模型与实物模型相比，多提供了这种平底的鞋。需要注意的是平底鞋的 BOF 点到 AHP 点距离是 200mm。

该模型对驾驶人的定位程序初始条件为 SgRP 点和躯干角已经设定。SgRP 点和躯干角数据要么是主机厂指定，要么依据 SAE J4004 或 SAE J1516/ SAE J1517 标准确定。

首先按照 SgRP 点和躯干角数据确定躯干位置。

然后确定鞋的位置。把踝关节角度锁定在 87°，将鞋底与加速踏板（处于未压下的初始位置）接触，或者将鞋跟放置在主机厂给定的 AHP 点上同时使鞋底与加速踏板接触。

4. 用 H 点二维人体 CAD 模型对第二排乘客的定位程序

按照使用实物模型一样的方法定位躯干，然后将鞋底放置到地板覆盖物表面线（压下

后的）上，鞋跟在 FRP 点。

5. 未给出 SgRP 点时，对驾驶人的二维定位程序

根据初始条件的不同，分为两种情况：第一种情况为已知 H30 值、躯干角和 AHP 点位置；第二种情况为已知 H30 值、躯干角，加速踏板的形状位置已设定。按照 SAE J4004 的方法可以由 H30 等初始条件计算鞋上参考点和 SgRP 点的位置，进行驾驶人的定位。

H30 值、躯干角一般由主机厂提供或参照标杆车型。H30 的取值与汽车的类型有关，其中 A 类车在 127～405mm 之间，B 类车在 405～530mm 之间。对于躯干角，A 类车在 5°～40° 之间，推荐使用 25°；B 类车在 11°～18° 之间，取最大值。AHP 点、加速踏板的位置与车身前部的布置（如前轮位置）有关，应尽量靠前，有利于车内空间布置。

(1) 已知 H30 初始值、躯干角和 AHP 点位置时的布置程序

首先，用 AHP 点位置和 SPA 角定位人体模型的鞋，如图 6-21b 所示。

将人体模型的 HOS 点与布置图上的 AHP 点重合，同时转动鞋底线与地板线成 SPA 角。SPA 角可以用 H30 初始值按照下式计算：

$$SPA = 2.522 \times 10^{-7} \times (H30)^3 - 3.961 \times 10^{-4} \times (H30)^2 + 4.644 \times 10^{-2} \times (H30) + 73.374$$
$$(6-3)$$

人体模型的鞋定位后，鞋的 BOF 点在布置图上的位置即为 BOFRP 点。

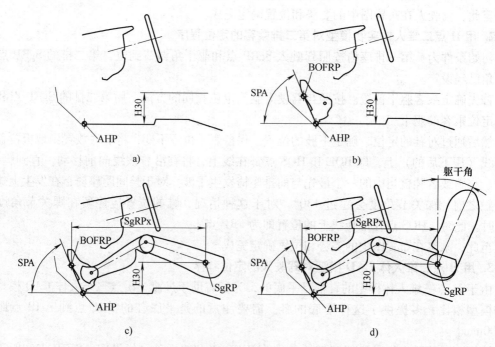

图 6-21 已知 H30 初始值、躯干角和 AHP 点位置时的布置程序

然后，用 SgRP 点和躯干角定位人体模型的躯干，如图 6-21c、6-21d 所示。

SgRP 点的位置由 H30 和 SgRPx 确定。其中，SgRPx 是从 BOFRP 点向后沿 X 坐标方向的距离。SgRPx 可以用 H30 初始值按照下式计算：

$$SgRPx = 913.7 + 0.672316 \times (H30) - 0.0019553 \times (H30)^2 \quad (6-4)$$

将人体模型的 H 点与 SgRP 点重合，调整躯干角参考臂的角度使其角度指示等于设定

值，锁定该角度。绕 H 点转动躯干，使躯干角参考臂上的竖直参考线与布置图上的车身竖直坐标线平行。

至此，人体模型的姿势和在车身 X 坐标和 Z 坐标方向的位置完全确定。

其中，式（6-4）描述了 SgRP 点相对于 AHP 点（H30）、BOFRP 点（SgRPx）的位置关系。该关系式的函数曲线称为 H 点适意线，如图 6-22 所示，是 SAE 对形成舒适驾驶姿势时 H 点与鞋的相互位置关系的研究得出的。具体参见 SAE J1517 标准。

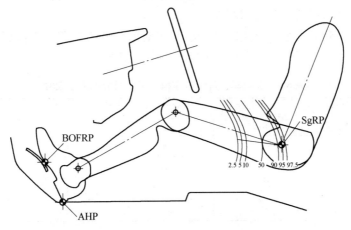

图 6-22　七种人体百分位的 H 点适意线

（2）已知 H30 初始值、躯干角和加速踏板的形状位置已设定时的布置程序

首先，确定鞋的位置，获得 AHP 点和 BOFRP 点。

按照式（6-3）计算 SPA 角，调整人体模型的鞋底线与地板线成 SPA 角，并将鞋的 HOS 点保持在地板线上，移动鞋直到鞋平面线与踏板接触。对于三种不同结构的踏板，鞋平面线与踏板的接触形式如图 6-23 所示。

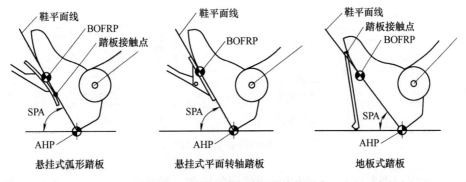

图 6-23　鞋平面线与踏板的接触形式

人体模型的鞋定位后，鞋的 BOF 点在布置图上的位置即为 BOFRP 点，BOS 点在布置图上的位置即为 AHP 点。

然后，用式（6-4）计算 SgRPx，结合 H30 确定 SgRP 点位置。利用 SgRP 点和躯干角定位人体模型的躯干，其方法和步骤与（1）中所述的相同。

6.3.2 驾驶人的视野设计

乘员在汽车中的姿势和位置确定以后，通过其布置参数可以定义眼椭圆的尺寸和位置，从而确定乘员的眼点分布范围，用于乘员的视野设计，指导前风窗玻璃、后视镜、组合仪表等方面的设计。以下按照 SAE J941、SAE J1050 标准，介绍眼椭圆尺寸、位置的确定方法，可用于 A 类车驾驶人、A 类车后排外侧固定座椅乘客视野的设计。

1. A 类车驾驶人眼椭圆的布置程序

（1）确定眼椭圆的大小 眼椭圆的大小与座椅前后调节行程、人体百分位有关，具体尺寸见表 6-4 和图 6-24 所示。左右眼的眼椭圆大小是相同的。

表 6-4 A 类车、可调节座椅乘员的眼椭圆大小尺寸

座椅前后调节行程 T23 /mm	人体百分位	X 轴长度 /mm	Y 轴长度 /mm	Z 轴长度 /mm
>133	95	206.4	60.3	93.4
	99	287.1	85.3	132.1
1～133	95	173.8	60.3	93.4
	99	242.1	85.3	132.1

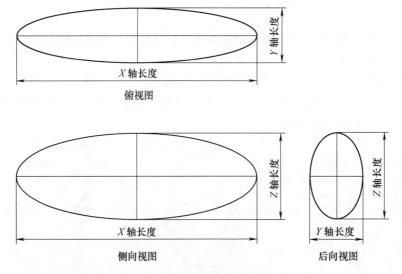

图 6-24 可调节座椅乘员的眼椭圆大小尺寸

（2）确定眼椭圆的位置 首先确定眼椭圆的转角，然后以其中心为基点定位到汽车布置图上，如图 6-25 所示。

眼椭圆的轴线在俯视图和后向视图中与汽车的坐标轴平行；在侧向视图中，眼椭圆的前端向下倾斜 β 角，β 角为 12°。

眼椭圆中心的坐标按照式（6-5）～式（6-8）计算。

$$Xc = (L1) + 664 + 0.587 \times (L6) - 0.176 \times (H30) - 12.5t \tag{6-5}$$

$$Ycl = (W20) - 32.5 \tag{6-6}$$

$$Ycr = (W20) + 32.5 \qquad (6-7)$$
$$Zc = (H8) + 638 + (H30) \qquad (6-8)$$

式中，Xc 为眼椭圆中心点的 X 坐标值；Ycl 为左眼椭圆中心点的 Y 坐标值；Ycr 为右眼椭圆中心点的 Y 坐标值；Zc 为眼椭圆中心点的 Z 坐标值；L1 为 BOFRP 点 X 坐标值；L6 为转向盘中心点到 BOFRP 点的 X 方向距离值；H30 为 SgRP 点到 AHP 点的 Z 方向距离值；t 为传动类型系数，有离合踏板时取 1，无离合踏板时取 0；W20 为 SgRP 点 Y 坐标值；H8 为 AHP 点 Z 坐标值。

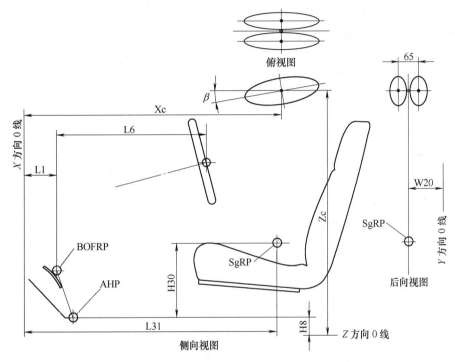

图 6-25 可调座椅乘员眼椭圆的轴线倾角和定位

式（6-5）中，去掉 L1，即为眼椭圆中心点到 BOFRP 点的 X 方向相对值；式（6-6）、式（6-7）中，去掉 W20，即为眼椭圆中心点到 SgRP 点的 Y 方向相对值。式（6-8）中，去掉 H8 和 H30，即为眼椭圆中心点到 SgRP 点的 Z 方向相对值。

2. A 类车固定座椅乘员眼椭圆的布置程序

坐面和靠背均不能调节的固定座椅，其乘员的 H 点位置、躯干角都是固定的。此类眼椭圆相对于 SgRP 点进行定位，其位置只由躯干角 A40 决定。

（1）确定眼椭圆的大小 眼椭圆的大小只与人体百分位有关，具体尺寸见表 6-5 和图 6-26 所示。

表 6-5 A 类车、固定座椅乘员的眼椭圆大小尺寸

人体百分位	X 轴长度/ mm	Y 轴长度/ mm	Z 轴长度/ mm
95	93.5	104.1	130.7
99	132.3	147.3	179.0

（2）确定眼椭圆的位置　按照式
（6-9）~式（6-12）计算眼椭圆中心的坐标，如图6-27所示定位眼椭圆。

$$Xc = (L31) + 619\sin\delta \qquad (6-9)$$
$$Ycl = (W20) - 32.5 \qquad (6-10)$$
$$Ycr = (W20) + 32.5 \qquad (6-11)$$
$$Zc = (H70) + 619\cos\delta \qquad (6-12)$$
$$\delta = 0.698 \times (A40) - 9.09 \quad (6-13)$$

式中，Xc 为眼椭圆中心点的 X 坐标值；Ycl 为左眼椭圆中心点的 Y 坐标值；Ycr 为右眼椭圆中心点的 Y 坐标值；Zc 为眼椭圆中心点的 Z 坐标值；δ 为眼椭圆中心点与 SgRP 点的连线对 Z 轴向后的倾角；$L31$ 为 SgRP 点 X 坐标值；$W20$ 为 SgRP 点 Y 坐标值；$H70$ 为 SgRP 点 Z 坐标值；$A40$ 为躯干角。

从式（6-9）~式（6-12）以及图6-27可以看出，在侧向视图中，过 SgRP 点向后作倾角为 δ 的直线，在该直线上距离 SgRP 点 619mm 处即为眼椭圆中心点的投影，眼椭圆的 Z 轴与上述直线重合；在俯视图和后向视图中，左右眼椭圆中心点的投影与侧向视图中眼椭圆中心点的投影对齐，并且在乘员对称线的两侧，距离都为 32.5mm。

3. 乘员的视野设计

在布置图上确定了代表乘员眼睛分布范围的眼椭圆后，按照乘员视野的要求，就能作出其视野范围，从而指导、审核汽车造型的相关设计，如车窗开口、A柱等的尺寸和位置。以下以前风窗为例，介绍在驾驶人前方视野设计中眼椭圆的基本用法。

图 6-26　固定座椅乘员的眼椭圆大小尺寸

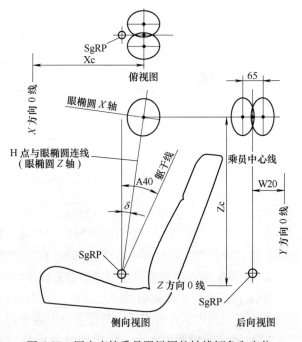

图 6-27　固定座椅乘员眼椭圆的轴线倾角和定位

（1）驾驶人个体的前方视野　如图
6-28 所示，驾驶人通过前风窗观察前方时，其视野表现为上视角、下视角。一般上视角应保证能看见汽车前方 12m 远、5m 高的信号灯，下视角应保证汽车前方地面的盲区不大于 5m。由此上视角、下视角的最小值可根据驾驶人的眼点高度和水平位置来确定，见式（6-14）、式（6-15）。

$$\alpha_u = \arctan\left[(5 - H)/(12 + L)\right] \qquad (6-14)$$

$$\alpha_d = \arctan\left[H/(5 + L)\right] \tag{6-15}$$

式中，α_u 为上视角的最小值，单位为（°）；α_d 为下视角的最小值，单位为（°）；H 为眼睛到地面的高度，单位为 m；L 为眼睛到汽车前端的水平距离，单位为 m。通常上视角应大于 14°，下视角应大于 5°。

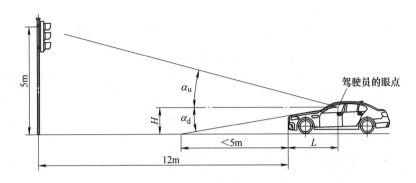

图 6-28　驾驶人个体的前方视野

（2）驾驶人群体的前方视野　对于驾驶人群体，其眼睛位置是一个分布范围，表现为眼椭圆。如图 6-29 所示，驾驶人群体的视野范围由眼椭圆的上下两条切线代表。其中，上切线与眼椭圆的上部相切，驾驶人群体的任意一个眼点位置都位于切线下方，如果上切线角度为上视角最小值，则所有眼点的上视角都不小于该值，所有眼点的上方视野都能满足要求；同理，下切线与眼椭圆的下上部相切，驾驶人群体的任意一个眼点位置都位于切线上方，如果下切线角度为下视角最小值，则所有眼点的下视角都不小于该值，所有眼点的下方视野都能满足要求。

图 6-29　驾驶人群体的前方视野

上视角、下视角的实际大小受到前风窗上下透明边界、发动机舱盖、仪表板上缘、转向盘上缘的约束。在造型方案中，前风窗的大小、位置和倾角设计，以及发动机舱盖、仪表板上缘、转向盘上缘的位置设计应避免其边界侵入要求的视角范围。

以上关于眼椭圆的尺寸和定位数据，都是基于美国人体数据以及 50∶50 的性别比例。对于其他人体数据和性别比例，对应的眼椭圆数据有一些差别，SAE J941 标准的附录中给出了相关数据和计算方法。

6.3.3　驾驶人的头部空间

乘员的头部分布范围代表其空间的需求，决定了乘员舱顶棚的设计，会影响汽车顶部的

造型设计。乘员布置和眼椭圆定位工作完成后，由座椅调节行程、选定的人体百分位、乘坐位置三个因素定义头廓包络的尺寸和位置，从而确定乘员的头部分布范围。以下按照 SAE J1052 标准，介绍 A 类车驾驶人和乘客头廓包络的尺寸、位置确定程序。对于 B 类车，驾驶人头廓包络的确定方法可参考 SAE J1052 标准的附录 B。

1. 确定椭球大小尺寸

根据选定的人体百分位、座椅调节行程，按照表 6-6 确定椭球大小。

表 6-6　头廓包络的基本椭球尺寸

百分位	座椅调节行程/ mm	X 轴半径/ mm	Y 轴半径/ mm	Z 轴半径/ mm
95	>133	211.25	143.75	133.50
	≤133	198.76	143.75	133.50
	0（固定座椅）	173.31	143.41	147.07
99	>133	246.04	166.79	151.00
	≤133	232.40	166.79	151.00
	0（固定座椅）	198.00	165.20	169.66

2. 确定头廓包络的形状和姿态

由于头廓包络只针对头部的上侧，所以只需要取椭球的上面一半。

（1）后排固定座椅乘客　对于后排固定座椅乘客，这半个椭球就是其头廓包络，如图 6-9 所示。在定位时，其轴线方向都与汽车坐标轴方向平行。

（2）驾驶人和前排外侧乘客　对于驾驶人和前排外侧乘客，将上半椭球沿纵向对称面（过中心的 Y 坐标面）切断，将外侧的那一半向外侧平移 23mm。平移后中间留下的空隙，用断面轮廓线沿 Y 坐标轴方向拉伸形成的柱面来填充，如图 6-30 所示的立体图。这样就可以获得驾驶人和前排外侧乘客的头廓包络形状，其定位基点仍然保持在原椭球中心。

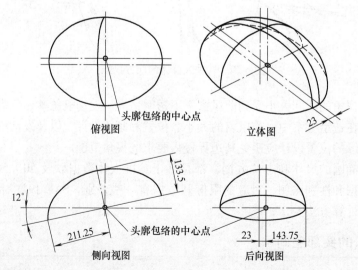

图 6-30　驾驶人的头廓包络（座椅调节行程大于 133mm、95 百分位）

在定位时，可调整座椅乘员的头廓包络，在侧向视图中其前端向下倾斜 12°，在其他视图中其轴线方向与汽车坐标轴方向平行，如图 6-30 所示。

3. 头廓包络的定位

头廓包络的中心点（定位基点）相对于中央眼椭圆的中心的位置见表 6-7。其中，中央眼椭圆的中心是指左右眼椭圆中心连线的中点。Xh、Yh、Zh 分别是头廓包络的中心点（定位基点）相对于中央眼椭圆的中心在 X、Y、Z 坐标方向上的相对坐标值。

表 6-7　头廓包络的中心点（定位基点）相对于中央眼椭圆的中心的位置

（单位：mm）

座椅调节行程	Xh	Yh	Zh
>133	90.6	0	52.6
≤133	89.5	0	45.9
0（固定座椅）	85.4	0	42.0

头廓包络的中心点（定位基点）在汽车坐标系中的坐标值按照式（6-16）~式（6-18）计算。

$$X = Xc + Xh \tag{6-16}$$

$$Y = W20 \tag{6-17}$$

$$Z = Zc + Zh \tag{6-18}$$

式中，X 为头廓包络中心点的 X 坐标值；Xc 为眼椭圆中心点的 X 坐标值，按照式（6-5）或式（6-9）计算；Xh 由表 6-7 确定；Y 为头廓包络中心点的 Y 坐标值；W20 是 SgRP 点的 Y 坐标值；Z 为头廓包络中心点的 Z 坐标值；Zc 为眼椭圆中心点的 Z 坐标值，按照式（6-8）或式（6-12）计算；Zh 由表 6-7 确定。

4. 用头廓包络评定头部间隙

在乘员布置中，乘员头部（含头发）与汽车内舱表面或其凸出物应留有间隙，以避免接触，应用头廓包络可以评定选定百分位人体的头部间隙。按照 SAE J1100 标准，基于汽车侧向视图、后向视图中头廓包络的断面图，可以定义头部间隙尺寸。在头部间隙的评定中，选用 95 人体百分位。

（1）汽车侧向视图中的头部间隙　在汽车侧向视图中，使用过 SgRP 点的 Y 坐标面（即乘员的纵向对称面）来作头廓包络的断面，如图 6-31 所示。在侧向视图中，描述头部间隙尺寸的是 L38、L39、H46 和 H47。

L38、L39 是断面上头廓包络与相关的汽车内舱表面最低点的法向距离；H46 是断面上头廓包络与相关的汽车内舱表面竖直方向上的距离；H47 是断面上头廓包络与相关的汽车内舱表面的最小距离。

（2）汽车后向视图中的头部间隙　在汽车后向视图中，使用过头廓包络最高点的 X 坐标面来作头廓包络的断面，如图 6-32 所示。在后向视图中，描述头部间隙尺寸的是 W27、W35 和 H35。

W27 是断面上头廓包络与相关的汽车内舱表面在 30°方向上的距离；W35 是断面上头廓包络与相关的汽车内舱表面在水平方向上的距离；H35 是断面上头廓包络与相关的汽车内舱表面在竖直方向上的距离。

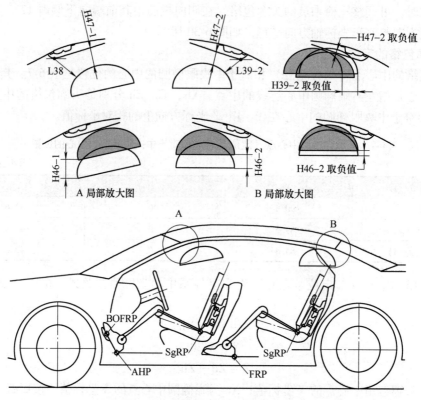

图 6-31　侧向视图中的头部间隙尺寸

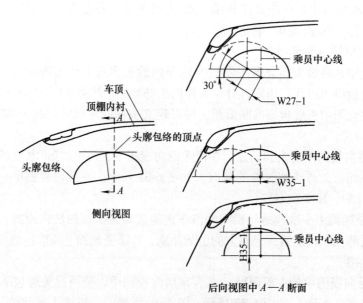

图 6-32　后向视图中的头部间隙尺寸

（3）三维空间中的最小头部间隙　以上头部间隙尺寸都是基于二维关系的最小间距，对于三维空间最小间距，SAE J1100 给出了尺寸 W38，如图 6-33 所示。

对于头部包络与汽车内舱表面有干涉的情况，上述尺寸取负值。

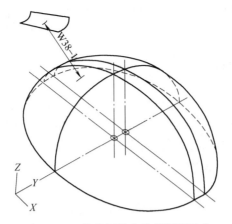

图6-33　三维空间最小头部间距尺寸

6.3.4　驾驶人的操纵伸及性

用6.1.6中所定义的驾驶人手伸及界面及其数据，可以进行驾驶人对操作钮的操作可及性审核。按照 SAE J287 标准，其步骤如下。

1. 确定相关参数

按照6.1.6所述，计算 G 和 HR 值，明确驾驶人安全带约束类型，驾驶人性别构成比例。

2. 确定驾驶人手伸及界面的基准

该基准是三个正交的平面，即过 SgRP 点的 Z 坐标面、过 SgRP 点的 Y 坐标面、距离 AHP 点向后为 HR 的 X 坐标面。如果 HR 大于 L53，则该 X 坐标面将位于 SgRP 点后方，对于这种情况，该 X 坐标就设置在 SgRP 点处。

3. 选定对应的数据表

根据参数 G、驾驶人安全带约束类型、驾驶人性别构成比例，在 SAE J287 标准的 42 种数据表中确定对应的数据表。

4. 确定操纵对象是否可及

（1）确定操纵对象横向、高度位置　操纵对象的横向位置由其相对于 SgRP 点（或驾驶人中心线）的横向距离值描述；操纵对象的高度位置由其相对于 SgRP 点的高度差值描述。

（2）查表确定手伸及极限值　在选定的数据表中，由操纵对象横向位置与高度位置，查出对应的数值即为该位置的手伸及极限值。手伸及极限值就是在该横向位置与高度位置上，从 HR 基准面向前能够达到的最大伸及距离。如果表中未直接包含操纵对象横向位置与高度位置数据，则需要进行插值计算来获得手伸及极限值。插值计算时，优先进行横向插值，再进行高度方向插值。也可以考虑曲线插值，但预计会带来一些微小的数值差异。

此外，也可使用拟合曲面来确定手伸及极限值。相关标准规定，拟合曲面是根据数据表中所有点得出，并且对数据表中所列数值的偏差不大于1mm。

（3）判定操纵对象是否可及　取操纵对象上最靠近驾驶人的表面的几何中心作为评判点，用评判点的 X 坐标位置、步骤（2）中确定的手伸及极限值，确定评判点与手伸及界面的位置关系。如果评判点在手伸及界面上或在手伸及界面后，即判定操纵对象是可及的。

6.3.5　乘员的进出方便性

乘员进出汽车的过程包括从车外开启车门、入座、关闭车门，以及在车内开启车门、出座站立到地面并关闭车门等一系列动作。其方便性是指完成上述操作的效率和舒适性，与车门操作把手的位置和大小、车门打开角度、门框的尺寸和形状、座椅的位置等因素相关。以下针对 A 类车驾驶人的进出方便性进行分析。

1. 开启车门

影响操作舒适性的因素包括外把手的位置和抓握空间尺寸。

（1）外把手位置　外把手位置对地面的高度应合适，到门边缘的水平距离要小。把手高度参照人体立姿对肩部以下的抓握高度范围来确定，以 5 百分位女性的最高抓握高度为上限，95 百分位男性的最低抓握高度为下限，如图 6-34 所示。

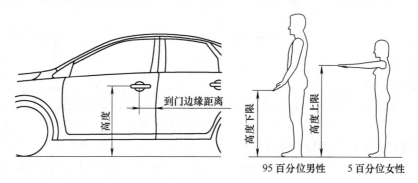

图 6-34　外把手的位置

（2）外把手抓握空间　外把手抓握空间的尺寸如图 6-35 所示，参照 95 百分位男性的抓握要求取值。

2. 入座

影响操作舒适性的因素包括车门打开角度、门框的尺寸和形状、座椅和转向盘的位置等。

（1）车门打开角度　车门打开后与门框一起构成驾驶人入座的通道。车门打开角度大有利于入座，但过大的打开角度会使入座后的驾驶人对关门把手的手伸及距离过长，导致关门困难。

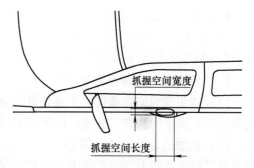

图 6-35　把手抓握空间的尺寸

前排车门最大打开角度一般为 65°~70°；后排车门最大打开角度一般为 70°~80°。

（2）门框的尺寸和形状　从汽车侧向视图方向来看，门框上边缘的高度位置 H50 和 H11、前后边缘的水平间距决定了入座时头部、肩部和腿部空间的大小，如图 6-36 所示。其中，根据入座姿势，在前后边缘的水平间距相同的情况下，前后边缘向后倾斜能够提供更好的头部和肩部空间。门框下边缘的高度位置决定了入座时的抬腿高度。

从汽车后向视图方向来看，门框到座椅的水平方向距离越小，入座越方便。此外，车身侧壁的上部适当向内侧倾斜（倾角 A122），有利于入座。在这种情况下，门框上边缘相对于下边缘更靠内，通过入座通道时人体躯干的倾角更小。但上述倾角过大会影响驾驶人和外侧乘客的头部空间，如图 6-37 所示。

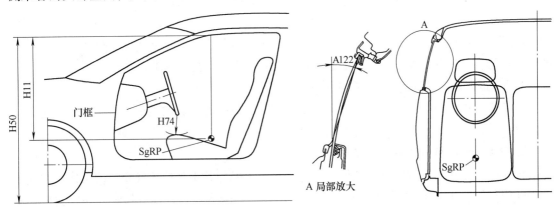

图 6-36　汽车侧向视图中的入座通道　　　　图 6-37　汽车后向视图中的入座通道

（3）座椅和转向盘的位置　如前所述，从汽车后向视图方向来看，座椅到门框的水平方向距离越小，入座越方便。从汽车侧向视图方向来看，坐垫与门框上边缘的高度距离会影响入座时的头部空间，坐垫与转向盘下边缘的高度距离（H74）会影响入座时的腿部空间，如图 6-36 所示。

3. 在车内关门、开门和出座

在车内关门、开门的操作方便性与车门内侧的关门、开门把手相关，其位置和抓握空间按照坐姿位置侧向抓握的操作要求设定，如图 6-38 所示。

影响出座方便性的因素和入座的情况类似，不再赘述。

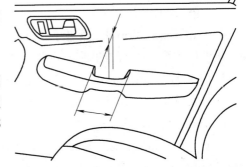

图 6-38　车门内侧把手的位置和抓握空间

6.4　汽车人机工程学软件

在产品的人机关系设计工作中，传统的方式是应用实物人体模型（如二维人体模型、三维人体装置）与产品平面设计图、产品三维实物模型相配合，并使用相关测量设备进行设计、校核。随着计算机辅助设计、并行设计的发展，在设计中普遍使用产品的数字化模型。在数字化设计环境下，应使用数字化人体模型、计算机辅助分析工具进行人机关系设计。计算机辅助人机工程学软件为此提供了强有力的支撑，目前相关软件能够提供数字化的人体模型、姿势设定、伸及性及视野校核等功能，使产品的人机关系设计工作更为高效、快捷。

在汽车人机工程学工作中常用的是 NX 软件和 CATIA 软件的人机工程学模块，以下介绍其主要功能。

6.4.1　NX 软件的人机工程学模块

NX 软件涉及人机工程学的功能模块在"工具"菜单下的"人体建模"和"车辆设计——总布置"当中。其中，"人体建模"面向产品设计的通用需要，提供人体模型库、人体尺寸自定义、人体定位、姿势设定、伸及范围等功能。汽车人机工程学的相关工作在"总布置"模块中进行。该模块集成了 SAE 等相关标准的人体数据和工作程序，以使用向导的形式进行各子模块的操作。"总布置"下面人机工程子模块的功能如下。

1. Vehicle Packaging，整车布置

该模块依据 SAE J1100 规定的整车布置参数、乘员空间参数的类别，提供参数创建和验证流程。

2. H-Point Design Tool，H 点设计工具

该模块是创建三维数字化人体模型，并在汽车上确定其乘坐位置和姿势的工作流程。该流程使用了符合 SAE 标准的 H 点设计工具（HPD）和操作规程，针对驾驶人和外侧乘客的布置。

3. 2D Manikin，二维人体模型

该模块是创建二维数字化人体模型，在汽车上确定其乘坐位置和姿势，并分析其舒适性的工作流程。该流程使用符合 SAE 标准的二维数字化人体模型和操作规程，针对汽车设计早期对驾驶人的布置。

4. Seat Lines/Travel，乘坐线/行程

该模块按照 SAE 标准的乘坐适意线公式，计算驾驶人 H 点位置并创建座椅调节行程。

5. Seat Belt Anchorage，安全带固定位置

依据乘员布置，该模块给出符合 SAE 标准的安全带固定点的位置区域。

6. Hand Reach Zones，手伸及范围

依据驾驶人布置，该模块创建符合 SAE 标准的手伸及界面，并能进行操作件的可及性检验。

7. Eye Ellipses，眼椭圆

依据乘员布置，该模块创建符合 SAE 标准的眼椭圆和头廓包络、符合 EEC（欧共体）法规的视点，用于相关视野、头部空间校核。

8. Instrument Panel Visibility，仪表板视野

依据确定的驾驶人眼椭圆、转向盘、仪表板位置，该模块创建转向盘在仪表板所在面上形成的盲区，以便在仪表板上的可见区域布置仪表。

9. Windshield Zones，前风窗刮扫区域视野

该模块提供了按照 SAE 标准、ECE（欧盟标准）标准或者 FMVSS（美国联邦机动车安全标准）标准，对前风窗刮扫区域视野的校核流程和校核结论。

10. Direct Field of View，直接视野

依据确定的驾驶人眼椭圆（或视点）、窗口，该模块创建直接视野，并给出视野角度报告。

11. A Pillar Obscuration，A 柱障碍角

依据确定的驾驶人眼椭圆（或视点）、A 柱，该模块按照 SAE 标准或 EEC 标准计算 A 柱障碍角，并给出相应的眼球、头部转动角。

12. Mirror Certification，后视镜视野校核

依据确定的驾驶人眼椭圆（或 H 点）、镜子参数和有关整车尺寸，该模块生成驾驶人侧、副驾驶侧和车内后视镜的视野范围，并可按照美国-加拿大、欧盟、日本等五种标准给出视野校核参数。

13. Reflection Data，反射数据

车内物体通过车窗玻璃的内外表面反射形成镜像，当车内亮度大于车外时，这种镜像会影响驾驶人的直接视野。依据确定的眼点、车内目标物和车窗玻璃，该模块能够生成进入眼点的反射光路和镜像。

14. Glazing Shade Band，玻璃窗遮阳带

依据确定的驾驶人眼椭圆、各车窗玻璃，该模块创建符合 SAE 标准的玻璃窗遮阳带边界线。

6.4.2　CATIA 软件的人机工程学模块

CATIA 软件中的人机工程学模块来自于 RAMSIS 软件的集成，后者是针对交通工具人机关系设计和分析的专业软件。

CATIA 软件中涉及人机工程学的功能模块在"开始"菜单下的"人机工程学设计与分析"当中，共四个子模块，提供了人体模型库、人体尺寸自定义、人体姿势和位置设定、伸及范围、视野、姿势分析、动作分析等功能，具体介绍如下。

1. Human Measurements Editor，人体尺寸编辑

该模块可对已经调入系统的标准人体模型进行尺寸修改，生成自定义尺寸的人体模型。

2. Human Activity Analysis，人体动作分析

该模块可对已经调入系统的人体模型进行姿势、位置设定以及动作分析。

对于姿势的设定，提供两种方式：其一是直接对人体调节，包括选择立、坐、蹲、弯腰等标准的整体姿势设置，以及各肢体段局部的自定义调节方式；其二是通过定义操作目标来生成姿势，包括人体选定部位与操作目标的直接约束方式，以及针对约束运用逆向运动学生成关节链的方式。

对于人体位置的设定，采用创建人体模型时的基准点对目标位置的移动、转动来实现。

对于动作分析，提供了快速上肢评价分析、举放动作分析、推拉动作分析、搬运动作分析、对单个动作的生物力学分析。

3. Human Builder，人体模型创建

该模块可从系统自带的模型库中，创建标准人体模型。系统自带的模型库包括美国、加拿大、法国、日本、韩国、德国和中国的人体模型数据，按照性别和百分位选择。调入的人体模型可以选择整个人体或者左前臂、右前臂。人体模型包含了骨骼系统、体表和视野范围。

4. Human Posture Analysis，人体姿势分析

该模块可对已调整好姿势的人体模型的各个关节进行分析和优化。设置各关节的角度极限范围和分值后，运用评估命令可对当前人体姿势的关节状况进行评分，运用优化命令可对当前姿势的关节角度进行优化。

此外，在相关模块的操作中，通过 CATIA "工具" 菜单中的命令，可生成肢体的伸及界面、肢体的运动包络、第一人称的视野图像、运动仿真动画，以及工作空间测量、干涉检测等。

对于汽车的乘员布置，CATIA 提供了专门的工具栏。在创建人体模型后，在汽车乘员空间工具栏（Vehicle Occupant Accommodation）中输入汽车的室内布置参数，并用乘员姿势预测命令选定人体模型，人体模型将按照布置参数自动调整到对应位置和姿势。

参 考 文 献

［1］ 汽车百科全书编纂委员会．汽车百科全书［M］．北京：中国大百科全书出版社，2010.
［2］ 日本自动车技术会．汽车工程手册：3 造型与车身设计篇［M］．中国汽车工程学会，译．北京：北京理工大学出版社，2010.
［3］ 赖晨光．汽车工程概论［M］．北京：人民邮电出版社，2016.
［4］ 任恒山，周水庭．现代汽车概论［M］．2 版．北京：人民交通出版社，2009.
［5］ 全国汽车标准化技术委员会．汽车和挂车类型的术语和定义：GB/T 3730.1—2001［S］．北京：中国标准出版社，2004.
［6］ 工业和信息化部．道路车辆 车辆识别代号（VIN）：GB 16735—2004［S］．北京：中国标准出版社，2004.
［7］ 陈家瑞，张建文，高莹，等．汽车构造：上册［M］．3 版．北京：机械工业出版社，2009.
［8］ 陈家瑞，张建文，高莹，等．汽车构造：下册［M］．3 版．北京：机械工业出版社，2009.
［9］ 于海东．图解汽车构造与原理［M］．北京：化学工业出版社，2018.
［10］ 陈新亚．汽车为什么会跑 图解汽车构造与原理［M］．3 版．北京：机械工业出版社，2017.
［11］ 关文达．汽车构造［M］．4 版．北京：机械工业出版社，2016.
［12］ 余志生．汽车理论［M］．5 版．北京：机械工业出版社，2009.
［13］ 王望予．汽车设计［M］．4 版．北京：机械工业出版社，2017.
［14］ 傅立敏．汽车空气动力学［M］．北京：机械工业出版社，2006.
［15］ 黄向东．汽车空气动力学与车身造型［M］．北京：人民交通出版社，2000.
［16］ 曾东建，贺曙新，徐霈，等．汽车制造工艺学［M］．北京：机械工业出版社，2006.
［17］ 韩英淳．汽车制造工艺学［M］．3 版．北京：人民交通出版社，2005.
［18］ 赵晓昱，刘学文．汽车车身制造工艺［M］．北京：清华大学出版社，2016.
［19］ 邹平．汽车车身制造工艺学［M］．3 版．北京：北京航空航天大学出版社，2017.